职业教育烹饪（餐饮）类专业"以工作过程为导向"
课程改革"纸数一体化"系列精品教材

FUWU YUWEN

服务语文

主　编　杨志华
参　编　齐　新　范春玥　祁月英　田　杰
　　　　李智辉　刘　宁　周晶晶

华中科技大学出版社
http://www.hustp.com
中国·武汉

内 容 简 介

本书是职业教育烹饪(餐饮)类专业"以工作过程为导向"课程改革"纸数一体化"系列精品教材。

本书共分为四个单元,分别为"善解人意""温文有礼""能说会道""下笔有神"。本书采用语文能力培养与职业道德浸润的双主线结构,除了培养学生在职业领域的语言洞察力、语言亲和力、语言感染力和语言表现力外,还提炼了服务类职业岗位人员的核心职业道德要求,以期助力学生的职业道德养成。

本书可供服务类专业学生使用。

图书在版编目(CIP)数据

服务语文/杨志华主编. —武汉:华中科技大学出版社,2020.9
ISBN 978-7-5680-6492-7

Ⅰ.①服… Ⅱ.①杨… Ⅲ.①语文课-中等专业学校-教材 Ⅳ.①G634.301

中国版本图书馆 CIP 数据核字(2020)第 172701 号

服务语文　　　　　　　　　　　　　　　　　　　　杨志华　主编
Fuwu Yuwen

策划编辑:汪飒婷

责任编辑:张　琳　汪飒婷

封面设计:原色设计

责任校对:李　琴

责任监印:周治超

出版发行:华中科技大学出版社(中国·武汉)　　电话:(027)81321913
　　　　　武汉市东湖新技术开发区华工科技园　　邮编:430223

录　排:华中科技大学惠友文印中心

印　刷:武汉科源印刷设计有限公司

开　本:889mm×1194mm　1/16

印　张:15

字　数:363 千字

版　次:2020 年 9 月第 1 版第 1 次印刷

定　价:49.80 元

本书若有印装质量问题,请向出版社营销中心调换
全国免费服务热线:400-6679-118　竭诚为您服务
版权所有　侵权必究

职业教育烹饪（餐饮）类专业"以工作过程为导向"
课程改革"纸数一体化"系列精品教材

编委会

主任委员

郭延峰　北京市劲松职业高中校长

董振祥　大董餐饮投资有限公司董事长

副主任委员

刘雪峰　山东省城市服务技师学院中餐学院院长

刘铁锁　北京市延庆区第一职业学校校长

刘慧金　北京新城职业学校校长

赵　军　唐山市第一职业中专校长

李雪梅　张家口市职业技术教育中心校长

杨兴福　禄劝彝族苗族自治县职业高级中学校长

刘新云　大董餐饮投资有限公司人力资源总监

委　员

王为民　张晶京　范春玥　杨　辉　魏春龙

赵　静　向　军　刘寿华　吴玉忠　王蛰明

陈　清　侯广旭　罗睿欣　单　蕊

总 序
FOREWORD

职业教育作为一种类型教育，其本质特征诚如我国职业教育界学者姜大源教授提出的"跨界论"：职业教育是一种跨越职场和学场的"跨界"教育。

习近平总书记在十九大报告中指出，要"完善职业教育和培训体系，深化产教融合、校企合作"，为职业教育的改革发展提出了明确要求。按照职业教育"五个对接"的要求，即专业与产业、职业岗位对接，专业课程内容与职业标准对接，教学过程与生产过程对接，学历证书与职业资格证书对接，职业教育与终身学习对接，深化人才培养模式改革，完善专业课程体系，是职业教育发展的应然之路。

国务院印发的《国家职业教育改革实施方案》（国发〔2019〕4号）中强调，要借鉴"双元制"等模式，校企共同研究制定人才培养方案，及时将新技术、新工艺、新规范纳入教学标准和教学内容，建设一大批校企"双元"合作开发的国家规划教材，倡导使用新型活页式、工作手册式教材并配套开发信息化资源。

北京市劲松职业高中贯彻落实国家职业教育改革发展的方针和要求，与大董餐饮投资有限公司及20余家星级酒店深度合作，并联合北京、山东、河北等一批兄弟院校，历时两年，共同编写完成了这套"职业教育烹饪（餐饮）类专业'以工作过程为导向'课程改革'纸数一体化'系列精品教材"。教材编写经历了行业企业调研、人才培养方案修订、课程体系重构、课程标准修订、课程内容丰富与完善、数字资源开发与建设几个过程。其间，以北京市劲松职业高中为首的编写团队在十余年"以工作过程为导向"的课程改革基础上，根据行业新技术、新工艺、新标准以及职业教育新形势、新要求、新特点，以"跨界""整合"为学理支撑，产教深度融合，校企密切合作，审纲、审稿、论证、修改、完善，最终形成了本套教材。在编写过程中，编委会一直坚持科研引领，2018年12月，"中餐烹饪专业'三级融合'综合实训项目体系开发与实践"获得国家级教学成果奖二等奖，以培养综合职业能力为目标的"综合实训"项目在中餐烹饪、西餐烹饪、高星级酒店运营与管理专业的专业核心课程中均有体现。凸显"跨界""整合"特征的《烹饪语文》《烹饪数学》《中餐烹饪英语》《烹饪体育》等系列公共基础课职业模块教材是本套教材的另一特色和亮点。大董餐饮投资有限公司主持编写的相关教材,更是让本套教材锦上添花。

本套教材在课程开发基础上,立足于烹饪(餐饮)类复合型、创新型人才培养,以就业为导向,以学生为主体,注重"做中学""做中教",主要体现了以下特色。

1. 依据现代烹饪行业岗位能力要求,开发课程体系

遵循"以工作过程为导向"的课程改革理念,按照现代烹饪岗位能力要求,确定典型工作任务,并在此基础上对实际工作任务和内容进行教学化处理、加工与转化,开发出基于工作过程的理实一体化课程体系,让学生在真实的工作环境中,习得知识,掌握技能,培养综合职业能力。

2. 按照工作过程系统化的课程开发方法,设置学习单元

根据工作过程系统化的课程开发方法,以职业能力为主线,以岗位典型工作任务或案例为载体,按照由易到难、由基础到综合的逻辑顺序设置三个以上学习单元,体现了学习内容序化的系统性。

3. 对接现代烹饪行业和企业的职业标准,确定评价标准

针对现代烹饪行业的人才需求,融入现代烹饪企业岗位工作要求,对接行业和企业标准,培养学生的实际工作能力。在理实一体教学层面,夯实学生技能基础。在学习成果评价方面,融合烹饪职业技能鉴定标准,强化综合职业能力培养与评价。

4. 适应"互联网+"时代特点,开发活页式"纸数一体化"教材

专业核心课程的教材按新型活页式、工作手册式设计,图文并茂,并配套开发了整套数字资源,如关键技能操作视频、微课、课件、试题及相关拓展知识等,学生扫二维码即可自主学习。活页式及"纸数一体化"设计符合新时期学生学习特点。

本套教材不仅适合于职业院校餐饮类专业教学使用,还适用于相关社会职业技能培训。数字资源既可用于学生自学,还可用于教师教学。

本套教材是深度产教融合、校企合作的产物,是十余年"以工作过程为导向"的课程改革成果,是新时期职教复合型、创新型人才培养的重要载体。教材凝聚了众多行业企业专家、一线高技能人才、具有丰富教学经验的教师及各学校领导的心血。教材的出版必将极大地丰富北京市劲松职业高中餐饮服务特色高水平骨干专业群及大董餐饮文化学院建设内涵,提升专业群建设品质,也必将为其他兄弟院校的专业建设及人才培养提供重要支撑,同时,本套教材也是对落实国家"三教"改革要求的积极探索,教材中的不足之处还请各位专家、同仁批评指正!我们也将在使用中不断总结、改进,期待本套教材能产生良好的育人效果。

职业教育烹饪(餐饮)类专业"以工作过程为导向"课程改革

"纸数一体化"系列精品教材编委会

前言

您手里的这本书是一本中职语文课程职业模块学习用书,主要面向中等职业学校餐饮酒店服务、养老休闲娱乐服务、商务营销服务等服务类专业,满足学生专业语文学习需要。

这本书的结构和内容与传统语文教科书有所不同。

一、双主线互补

这本书坚定地走职业教育特色语文路线,采用了语文能力培养与职业道德浸润的双主线结构:

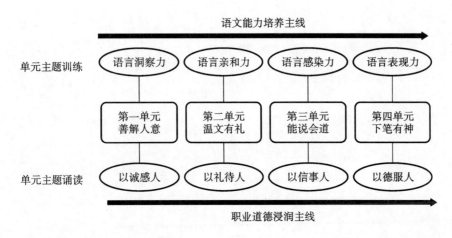

在语文能力培养主线,我们对服务类专业学生在职业领域的语言应用能力进行了调研分析,从服务类职业人际交往、商务交往的应用需求出发,将语言应用能力划分为语言洞察力、语言亲和力、语言感染力和语言表现力,每个单元安排一个能力主题训练,旨在培养同学们基于语文学科的综合素养和语言应用能力。

在职业道德浸润主线,我们提炼了服务类职业岗位人员在与人交往中的四项核心职业道德要求:诚、礼、信、德。以传统典籍为主,收集整理了相关经典论述和片段,供同学们日常诵读,以期能在潜移默化中助力职业道德的养成。

二、双方向并重

这本书改变了传统教材以选文阅读为主要内容的模式,将语言信息的输入训练(听和读)和输出训练(说和写)进行有机整合,两个方向上的四个训练形式交替穿插,改变了过去重读写、轻听说的状况,真正做到了听说读写并重。

三、双主体兼顾

这本书能力训练内容有两个主体:语文基础能力训练和服务类职业的语文专项应用技能训练。这两个主体先基础后专项,融为一个互不偏废的有机整体。

四、双渠道吸收

作为语文和服务类专业的交叉领域,本书在内容上采用站在巨人肩膀上的策略,注重从两方面渠道吸收精华:在基础能力训练内容上,充分吸收了语文以及相关学科前沿学术研究成果;在职业专项应用技能训练上,则广泛吸收了行业内部专家在倾听、表达和写作方面的专著和文章精华,以可操作的技能方法为重点,注重了实效。

以上"四双"特色,体现了编写团队在设计编写本书时的一些有新意的尝试和探索。限于编者学识浅陋、成书时间仓促,各种疏漏错误在所难免,恳请读者不吝赐教!

本书由北京市劲松职业高中语文高级教师杨志华主编。参与编写的团队成员有:齐新、范春玥、祁月英、田杰、李智辉、刘宁、周晶晶。

编　者

目录 CONTENTS

- 1   **第一单元　善解人意**
- 2   单元主题训练——培养语言洞察力
- 3   **主题一　精准解读书面信息**
- 4   第一节　迅速把握主要内容
- 14   第二节　领会文字背后真意
- 21   **主题二　高效倾听言谈话语**
- 22   第一节　抓住言语核心要点
- 29   第二节　洞察言谈背后真意
- 44   单元主题诵读——以诚感人

- 45   **第二单元　温文有礼**
- 46   单元主题训练——培养语言亲和力
- 47   **主题一　字正腔圆声悦耳**
- 48   第一节　发音吐字清晰
- 56   第二节　语速节奏恰当
- 62   第三节　语调音量合适
- 69   **主题二　得体准确礼貌周**
- 70   第一节　交际得体称呼
- 75   第二节　表达谦恭有礼
- 85   第三节　言谈避开禁忌
- 92   单元主题诵读——以礼待人

- 93   **第三单元　能说会道**
- 94   单元主题训练——培养语言感染力
- 95   **主题一　口语表达丝丝入扣**
- 96   第一节　能讲一个有说服力的观点

第二节　会讲一个有吸引力的故事	103
主题二　当众演讲头头是道	110
第一节　如何准备命题演讲	111
第二节　如何构思即兴演讲	125
主题三　商务沟通句句动心	133
第一节　客户接待与咨询	134
第二节　产品介绍与销售	143
单元主题诵读——以信事人	152

第四单元　下笔有神	153
单元主题训练——培养语言表现力	154
主题一　书面表达有技巧	155
第一节　让文字更简洁	156
第二节　让文字更生动	164
第三节　让文字更顺畅	172
主题二　职场文书有规范	180
第一节　商务信函	181
第二节　致辞	187
第三节　工作总结	194
主题三　宣传文案有创意	201
第一节　创意广告文案	202
第二节　创意海报文案	215
单元主题诵读——以德服人	227

参考文献	229

第一单元 善解人意

单元主题训练——培养语言洞察力

中国有句俗语叫"说话听声,锣鼓听音",对于服务业的从业者,书面沟通和言语交际是必备能力。能在别人的篇章、语句、言词、表情、动作里阐幽探赜,洞察其中的要义与关键,领会别人的真实意图,说话办事自然就能顺风顺水。事实上,在某些场合,说话者表达自己的真实意图常常是委婉含蓄的,只有借助高超的语言洞察力,领会表达者的心意,才能给予正确的反馈,提供正确的服务。这就需要我们进行相关知识和技能的学习与练习。

本单元通过"精准解读书面信息""高效倾听言谈话语"两个主题,系统全面地学习在口头和书面交际中有关提升语言洞察力的知识与技巧,让我们每一个人都拥有一双洞悉服务对象的慧眼。

主题一
精准解读书面信息

◆ 主题说明

对书面语言的理解能力，是语文核心能力的重要方面。一名服务行业从业者在工作岗位上会遇到很多阅读书面材料的情况，提高精准解读书面信息的能力，对于做好本职工作、拓展职业空间作用巨大。

一个善解人意的服务工作者，在解读书面语言信息时，既要能迅速把握主要内容，更要能准确理解文字背后作者所要表达的思想情感和立场。在这个主题，我们将围绕这两个方面，通过知识学习、案例分析和语言实践，提升对文字信息的解读能力。

第一节

迅速把握主要内容

▶ 情景再现

《三国演义》第三十七回的"三顾草庐"中有一段侧面介绍诸葛亮的文字。写的是刘备在去诸葛亮家的路上,遇到司马徽。司马徽告诉刘备,诸葛亮与崔州平、石广元、孟公威、徐元直四人是好朋友。这四人读书总是追求达到特别精通纯熟的程度,只有诸葛亮独"观其大略"。诸葛亮经常指着他们四个说:"公等仕进可至刺史、郡守",而常常将自己比作当年的名相管仲和名将乐毅。司马徽告诉刘备,其实诸葛亮的才干可以比肩周朝的姜子牙、汉代的张良。

这一段故事中,司马徽把诸葛亮和他的好友做了一番比较,其重要的不同点就是读书方法的不同。司马徽给了诸葛亮这么高的评价,也间接表明了他对诸葛亮独"观其大略"的读书方法的肯定。诸葛亮能"成大才"与他"观大略"的阅读方法是有着密切的关系的,那么,"观其大略"是"看个大概"的意思吗?你是怎么理解诸葛亮这种"观其大略"的读书方法的呢?

▶ 知识积累

"略",有简单、扼要的意思,例如史略、要略。诸葛亮的"观其大略",是一种提纲挈领、整体把握文章主要内容、领会精神实质的读书方法。读书可以这样,读文章自然也是可以的。阅读中,要怎么样才能提纲挈领,通过抓住要点来把握文章的主要内容呢?我们可以提供以下三种有力工具。

一、给你一个公式——透过表述方式把握主要内容

文章的表述方式,从生活和工作出发,可以分为叙事、说明描述、议论阐述三大类。每一类表述方式,在内容要素的构成上,都呈现出各自规律性特征。我们在阅读文章时,首先要判断文章的基本表述方式,然后遵循各类表述方式的特征,通过抓取要素迅速准确地把握内容要点。

(一)叙事类文字的要点归纳公式

叙事类文字往往通过具体的事件记叙、形象的人物描写来表现文章的中心思想和作者的感情立场,使人读后受到感染和影响。

1. 标准式 时间、地点、人物及事件的起因、经过和结果是叙事的要素。分析要素有助于把握文章的内容。叙事类文字的要素归纳,要聚焦事件的起因、经过、结果,理清事情的来龙去脉。一般情况下,可以用以下公式来归纳要素。

什么时间＋什么地点＋谁＋在什么情况下＋干了什么＋结果怎样

只要把文章的相关信息填入这个公式,就可以轻松把握故事的主要内容了。例如,莫言的《卖白菜》一文。如果我们套用以上公式,事件就会很清晰地呈现出来:

什么时间——春节前

什么地点——邻村的集市

谁——我

在什么情况下——在极度厌恶那个买走我们三棵白菜的老太太的情况下

干了什么——故意多算了她一毛钱

结果怎样——被老太太发现,她羞辱了母亲一顿,坚强的母亲第一次在孩子面前流下眼泪

把上面的内容整理一下,就是这篇文章的主要内容:

春节前,在邻村集市上,我在极度厌恶那个买走我们三棵白菜的老太太的情况下,故意多算了她一毛钱。结果被老太太发现,她羞辱了母亲一顿,坚强的母亲第一次在孩子面前流下眼泪。

2. 变式 在阅读中,并不是每篇文章都是六个要素齐全的。我们可根据实际情况做出变化和调整:

谁＋干了什么＋结果怎样

什么地点＋干了什么＋结果怎样

什么时间＋干了什么＋结果怎样

(二)说明描述类文字的要点归纳公式

在工作和生活中,我们经常接触到一些说明描述事物、人物、景物的文字:或是介绍事物的状态、性质、功能;或是介绍人物的肖像、外貌;或是对自然或社会环境进行描述介绍;或是给读者介绍某种知识或方法。

说明描述类文字的要素归纳,要在通读全文的前提下,对所阅读的内容有一个概括性的提炼意识,知道作者在说明描述谁(对象),按什么顺序说明描述的(顺序),被说明描述的对象有什么特点(特征)。

那么,我们在把握说明描述类文字内容要点的时候,可以套用这样的公式:

按_____顺序,描述(介绍)了_____的_____特点(特征)

例如,叶圣陶的《苏州园林》,如果我们套用上面的公式,可以进行这样的归纳:

描述谁(对象)——苏州园林。(我国各地园林的标本。)

按什么顺序进行描述(顺序)——先总后分。先概括园林整体的特点,再通过具体的各部分园林构造的介绍说明特点。

被说明描述的对象有什么特点(特征)——富于图画美。(如在图画中,务必使游览者无论站在哪个点上,眼前总是一幅完美的图画。一切都要为构成完美的图画而存在。)

读者只要把上面的内容整理一下,就可以得到《苏州园林》这篇文章的主要内容:

《苏州园林》一文按先总后分的顺序,介绍了苏州园林作为中国各地园林的标本富于图画美的特点。

(三) 议论阐述类文字的要点归纳公式

议论阐述类文字常见于一些剖析事物、论述事理、发表意见、提出主张的文章。作者围绕某一个议题，表达自己的观点态度，树立或否定某种主张。

在这类文章中，构成内容要点的要素有三个：结论、理由和事实。

利用三个要素归纳文章要点大致分成以下四个步骤：

1. 区分文章中的观点和事实　观点，就是从一定立场或角度出发，对事物或问题所持的看法。而事实则是在这个世界上实实在在存在或已经发生的状况。在文章中，事实是用来支持观点的材料。而观点本质特征在于它是基于事实的个人看法。我们首先要做的，就是从文章中区分出哪些是事实，哪些是观点。

2. 区分观点中结论和理由　区分了观点和事实，会面临一个问题：结论是一个观点，理由也是观点，二者怎样区分呢？结论是总结性观点，它需要被别的观点（理由）或事实支撑，否则就不能称为结论。理由是解释结论被认可的原因。理由和结论之间存在因果关系。我们第二步要做的，就是区分观点中，哪些是真正代表中心思想的结论，哪些是支撑结论的观点。

比如下面这段话：

一些专家建议吸烟的求职者在面试时尽力隐瞒自己吸烟的事实。我个人认为，这些欺骗雇主的建议都是不明智的。隐瞒又有什么用呢？被雇佣以后还是会被发现。讨厌抽烟的老板仍可以找一两个借口把你辞退，甚至不用提"抽烟"两个字。我手头有个统计数据，在入职半年内被辞退的员工中，有近一半的人是因为实际状况与求职面试时提供的信息不符。所以，不要试图隐瞒。

在这段话中，如果区分事实、理由和结论的话，应该是这样：

（1）结论："所以，不要试图隐瞒。"

（2）理由："这些欺骗雇主的建议都是不明智的。隐瞒又有什么用呢？被雇佣以后还是会被发现。讨厌抽烟的老板仍可以找一两个借口把你辞退，甚至不用提'抽烟'两个字。"

（3）事实："我手头有个统计数据，在入职半年内被辞退的员工中，有近一半的人是因为实际状况与求职面试时提供的信息不符。"

3. 整理结论、理由和事实三者之间的对应结构关系　多数议论型的书面文章，支撑结论的理由和事实往往不止一个，为了准确把握文章的内容要点，第三步就要理清文章结论、理由和事实三者的对应结构关系。我们可以采用思维导图的方式（图 1-1-1）：

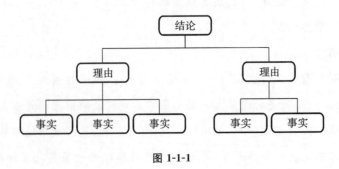

图 1-1-1

4. 用一句话概括文章的内容要点　在理清了文章内部结论、理由和事实之间的对应结构关系之后,我们就可以用下面的公式来简要概括出议论阐述类文章的内容要点:

在_____的基础上,从_____、_____、_____方面,说明了_____

比如上文吸烟的例子就可以概括如下:

在列出辞退统计数据的基础上,从建议欺骗雇主不明智和隐瞒信息没有用两个方面,说明了在面试中吸烟者不要试图隐瞒。

二、给你一把钥匙——借助文章题目把握主要内容

借助文章题目把握主要内容是高水平阅读者都有的习惯。无论是公文、各类实用文章还是散文、小说等文学作品,文章的题目本身往往就已经高度概括了文章的主要内容。题目就像一把解读文章的金钥匙,我们可以凭借这把钥匙,顺着题目指示的内容,将其扩展,使之变得更加具体明了,文章的内容要点,就会自然而然地得出。

(一) 基本步骤

第一步:通读全文。

第二步:以题目为中心,通过生发问题的方式,在文章中寻找相关的内容。

第三步:将相关的内容用简练的语言概括出来。

第四步:将概括后的意思组织串联起来,就是文章的内容要点。

(二) 注意事项

1. 借助文章题目把握主要内容的适用范围　除去公文和普通应用文之外,借助文章题目把握主要内容特别适用于某些特定题目的文章。例如,以人、地点、物、中心事件、核心观念等命名的文章。因为这样的文章,题目本身往往就是主要内容的核心部分,我们抓住题目进行补充说明,就是文章的大意了。

2. 在文章中寻找需要补充的相关内容时,要紧扣题目　以人命名的文章,主要寻找"这个人做了什么事":比如老舍《我的母亲》,就要围绕"母亲做了哪些事"来把握要点。以物命名的文章,主要看"这个物怎么样":比如《离太阳最近的树》,就要围绕"红柳怎么样——生长环境怎么样、样子特点怎么样、命运遭遇怎么样"来把握要点。以地点或中心事件命名的文章,主要寻找"发生了什么事":比如《卖白菜》,就要围绕卖白菜这个中心事件的起因、经过、结果来把握主要内容。以核心观念命名的文章,主要看"哪些方面":比如《人生的境界》,就要围绕人生境界的哪些方面来探求文章要点。

三、给你一份图纸——依托文章纲目把握主要内容

善于阅读的人在读一本书时,总是习惯先总览书的目录。一本书的目录,就是这本书的纲目,是它内容的框架结构,也是它内容的精华浓缩。目录就好比是书的一份结构"图纸"。让你能迅速找到想找的内容,也方便你对内容要点有一个清晰的把握。

一本书是这样,一篇经过构思写成的文章也是这样。我们要想准确快速地把握一篇文章的内容要点,就可以通过了解它的"图纸"——文章纲目来实现。但文章的纲目并不都是如一本书的目录那般明确。因此我们要分类对待。

(一) 学术类文章看提要

学术类文章,一般都要求有提要(摘要),方便读者快速了解文章的内容要点。因此我们阅读学术类文章,把握其要点是最简单的——直接看提要(摘要)(图1-1-2)。

2012年第4期　　暨南学报(哲学社会科学版)　　总第159期
No. 4 2012　　Jinan Journal (Philosophy and Social Sciences)　　Sum No. 159

论汉语言说类话语标记的基本特征

孙利萍

(暨南大学 文学院,广东 广州　510632)

[摘　要]　汉语言说类话语标记是使用频率较高的一类话语标记。汉语言说类话语标记的界定是重要问题,其基本特征表现在两方面,一是形式特征,如内部构成、分布特征及管界等;二是语义特征,如意义的程序性及主观性、交互主观性等,其中主观性特征具体表现在言说类话语标记中人称代词的使用、谓语动词的感情倾向等方面。

[关键词]　言说词;话语标记;程序性;主观性;交互主观性

[中图分类号]　H146　[文献标识码]　A　[文章编号]　1000-5072(2012)04-0138-08

图 1-1-2

(二) 篇幅较长的文章看目录

篇幅较长的文章,如各类专题报告、大型综合计划规划等,因内容体系庞大,一般会列出文章的目录。这类文章的目录,就是它的要点纲目,我们可以通过浏览其目录来了解其内容要点。

(三) 实用性文章看标题

更多的文章由于内容容量没有那么丰富,一般没有目录,这时我们就要看文章的标题。如果文章内容实用性非常强,为了让读者快速理解并接受文章所传达的信息,一般会采用分条列项的小标题结构形式。这时,全文的各级标题,其实就是这篇文章的内容要点。我们可以通过串联标题,快速提取出这篇文章的要点(图1-1-3)。

(四) 普通文章看中心句和过渡句

如果一篇文章既没有目录、提要,也没采用小标题结构形式,通过文章纲目把握要点就会更困难一些。这时我们可采用的方法是找中心句和过渡句。

1. 找整篇中心句　一篇文章的中心句,是对整篇文章的整体概括,找到了中心句也就基本把握了文章的内容要点。中心句一般出现在文章的开头或者结尾。所以找中心句先要浏览文章的开头、结尾部分,看有没有体现总体内容的语句。

比如茅盾的《白杨礼赞》中,在文章的开篇即给出中心句:"白杨树实在不是平凡的,我赞美白杨树!"在文章的结尾两段,作者再次重复强调:"白杨不是平凡的树。""我要高声赞美白杨树!"我们就可以得出这篇文章的要点是"描写白杨树的不平凡"。

2. 找段落中心句　有时文章整体没有中心句,我们就要看是不是主要段落有中心句。段落

```
一、项目成果针对的问题
(一) 学生学习技能单一，课程内容整合不够
    原有烹饪课程主要以"单一菜品"为教学项目进行实训教学，突出了学生对某项基础
烹饪技能的反复训练，但是学生对菜品搭配、组合、变化等知识技能缺乏应用和理解，局
限了学生营养知识的灵活应用和菜品设计能力、创新能力的培养，造成学生对知识技能的
应用能力的整体不足。
(二) 学生训练过程不完整，迁移拓展能力不足
    学校原有行动导向课程在一定程度上提高了实训教学质量，但工作过程综合性、完
整性不足，学生学习没有与上下游岗位进行衔接，迁移、拓展和创新能力没有得到培养
训练，在一定程度上影响了实训效果。
(三) 学生综合能力不足，面临竞争和发展危机
    中餐烹饪行业对毕业生的能力要求趋向综合化、多元化。原实训课程局限于水台、砧
板、打荷、炒锅等厨房工作岗位，对相关的预算、采购、食材鉴别、对客服务等能力缺乏
训练。课程及实训的封闭性和局限性，难以承载学生综合能力的培养，亟需调整、改革。
```

图 1-1-3

的中心句一般也是出现在段首或段尾。例如冯友兰《人生的境界》中的一段：

一个人做事，可能只是顺着他的本能或其社会的风俗习惯。就像小孩和原始人那样，他做他所做的事，然而并无觉解，或不甚觉解。这样，他所做的事，对于他就没有意义，或很少意义。他的人生境界，就是我所说的自然境界。

这段的中心句就是最后一句："他的人生境界，就是我所说的自然境界。"通过这个中心句，我们就可以把握这段的要点是"自然境界的内涵"。

发现了各个主要段落的中心句，按照一定逻辑顺序将它们叠加或归并就可以得出文章的内容要点。

3. 找过渡句　有时候，在文章中间，会出现过渡句或过渡段，这类语句，一般前半句是对前面的概括总结，后半句是对后面内容的总起。找到这样的语句，也相当于找到了文章内在纲目。

比如谢冕《读书人是幸福人》中间部分出现一句：

更为重要的是，读书加惠于人们的不仅是知识增广，而且还在于精神的感化与陶冶。

这就是一句体现结构纲目的过渡句。前半句"读书加惠于人们的不仅是知识增广"是前两段的中心句。后半句"而且还在于精神的感化与陶冶"则是对后面内容的概括总结。找到这一句，文章的结构纲目一下就豁然开朗，内容要点也就一目了然。

≡▶ 案例分析

一、案例呈现

近墨者未必黑

我赞成近墨者未必黑。

也许有人会用荀子的话来反驳我:"蓬生麻中,不扶自直;白沙在涅,与之俱黑。"这话当然有一定的道理,但它只是谈到事物的这一面,而没有言及事物的另一面;或者说,只是看到了事物的这种现象,而没有看到事物的另一种现象。荷花,是大家所熟悉的植物,出水之后,成了"凌波仙子",美丽又芳香,列入我国四大名花。所以,周敦颐就写了《爱莲说》来赞美它"出淤泥而不染",称道它是"花之君子"。

物本如此,人当固然。长篇小说《林海雪原》中的杨子荣,为得虎子,深入虎穴,卧底于匪窟威虎山。虽然天天与坐山雕等穷凶极恶的土匪生活在一起,表面也极像土匪,但一点儿也不改共产党员和解放军战士的本色,最后凭机智勇敢,配合小分队的战友们,一举歼灭了这股土匪。革命老前辈周恩来,长期在白区工作,周旋于国民党的达官贵人之中,面对醉生梦死之流和污秽弥漫之气,永葆无产阶级革命家的本质和风范。

如果以上谈的还不足以使人信服我的观点,这里不妨再举个集体近墨者未必黑的例子。上海解放以后,解放军某八连进驻南京路。当时的上海,灯红酒绿里散发着腐浊之气,既是一个繁华的花花世界,又是一个黑色的大染缸。有人预言,共产党的军队会红着进去,黑着出来。八连所进驻的南京路,又是上海最繁华和最复杂的地段。可是八连进驻以后近墨不黑,指战员换了一茬又一茬,个个都是红着进去红着出来,环境不但没有影响他们的品质,他们反而改造了环境,使南京路成了一条既熙攘繁华又新风飘荡的路。毛泽东同志曾写诗称赞他们:好八连,天下传。为什么?意志坚。为人民,几十年。拒腐蚀,永不沾。

近墨者黑或不黑,起决定作用的不是环境,而是物的本性。"白沙在涅,与之俱黑",是由于沙子容易同污合泥,如果是白璧在涅,就会黑白分明了。因为白璧是不容易沾上污泥的,即使沾了一点儿也是表面的,擦去或洗掉之后,永远是白洁光亮的。

人怎样才能做到近墨不黑?我认为:一是要有识别黑的眼光,二是要修身养德,三是要在修养中不断提高拒黑防腐的能力。如果我们能这样,就会做到:同其流而不合其污,出其淖而不染其秽。

二、思考与分析

(1) 请你阅读上面这篇文章,按事实、理由、结论三个要素概括梳理内容。

事实:①物_____

②个人_____
_____

③集体_____

理由:_____
_____

结论:_____

扫码看答案

(2) 请你仿照知识积累中提供的思维导图模式,将这篇文章的结论、理由和事实的对应结构关系画出来。

第一单元 善解人意

语言实践

一、区分不同表述方式，尝试运用学过的公式，用一句话表达语段的内容要点

1. 某镇两所中学有50个初中学生没有入学，失学率达10%。学校通过调查发现，50个失学学生大部分不是因经济问题，而是家长认为读书无用而没有入学。这些家长文化水平很低，受教育的程度平均只有小学二年级，近一半家长没有进过学校。镇政府在听取学校汇报后，采取了措施，为困难学生减免学费，召开党员大会配合做家长的思想工作，减免学杂费，但收效甚微。在这种情况下，镇政府依照《中华人民共和国教育法》和其他有关法规规定，对辍学学生家长下达了行政处罚决定书，每户罚款500元。同时决定书告知，对本处罚不服的可在15日内向镇政府提起复议，也可向法院提起诉讼。然而，半个月过去了，家长既没有执行决定书，也没有提起复议和诉讼，镇政府申请法院执行。法院认为镇政府处罚符合法律规定，应该执行，但非常慎重，同镇政府一道组织家长学习法律，并让家长写了保证书。但家长没有履行诺言。于是人民法院送达强制执行通知书，强制执行通知书送达后，除3名外出打工者，另外47名学生全部入学。

表达方式：_____
内容要点：_____

2. 金属也会"疲劳"。这种疲劳可以引起车轮断裂、火车颠覆。据统计，金属构件有80%以上的损坏是由"疲劳"引起的。金属的内部结构不均匀，有的地方会成为应力集中区。内部缺陷处还会有许多小裂纹。在力的持续作用下，裂纹增大，直到材料不能继续负载应力，构件就会毁坏。在金属构件中添加各种"维生素"（稀土元素）、采取免疫疗法等，是增强金属抗"疲劳"能力的有效办法。金属"疲劳"也能产生妙用，利用它的断裂特性制造的应力断裂机，可以切削许多过去难以切削的材料。

表达方式：_____
内容要点：_____

二、先用叙事类文章要素归纳的方法概括各个主要自然段的内容要点，然后归并串联出整篇文章的内容要点

冬天
朱自清

说起冬天，忽然想到豆腐。是一"小洋锅"（铝锅）白煮豆腐，热腾腾的。水滚着，像好些鱼眼睛，一小块一小块豆腐养在里面，嫩而滑，仿佛反穿的白狐大衣。锅在"洋炉子"（煤油不打气炉）上，和炉子都熏得乌黑乌黑，越显出豆腐的白。这是晚上，屋子老了，虽点着"洋灯"，也还是阴暗。围着桌子坐的是父亲跟我们哥儿三个。"洋炉子"太高了，父亲得常常站起来，微微地仰着脸，觑着眼睛，从氤氲的热气里伸进筷子，夹起豆腐，一一地放在我们的酱油碟里。我们有时也自己动手，但炉子实在太高了，总还是坐享其成的多。这并不是吃饭，只是玩儿。父亲说晚上冷，吃了大家暖和些。我们都喜欢这种白水豆腐；一上桌就眼巴巴望着那锅，等着那热气，等着热气里从父亲筷子上掉下来的豆腐。

又是冬天，记得是阴历十一月十六晚上，跟S君P君在西湖里坐小划子。S君刚到杭州教书，事先来信说："我们要游西湖，不管它是冬天。"那晚月色真好，现在想起来还像照在身上。本来前一晚是"月当头"；也许十一月的月亮真有些特别吧。那时九点多了，湖上似乎只有我们一只划子。有点风，月光照着软软的水波；当间那一溜儿反光，像新砑的银子。湖上的山只剩了淡淡的影子。山下偶尔有一两星灯火。S君口占两句诗道："数星灯火认渔村，淡墨轻描远黛痕。"我们都不大说话，只有均匀的桨声。我渐渐地快睡着了。P君"喂"了一下，才抬起眼皮，看见他在微笑。船夫问要不要上净慈寺去；是阿弥陀佛生日，那边蛮热闹的。到了寺里，殿上灯烛辉煌，满是佛婆念佛的声音，好像醒了一场梦。这已是十多年前的事了，S君还常常通着信，P君听说转变了好几次，前年是在一个特税局里收特税了，以后便没有消息。

在台州过了一个冬天，一家四口子。台州是个山城，可以说在一个大谷里。只有一条二里长的大街。别的路上，白天简直不大见人；晚上一片漆黑。偶尔人家窗户里透出一点灯光，还有走路的拿着的火把；但那是少极了。我们住在山脚下。有的是山上松林里的风声，跟天上一只两只的鸟影。夏末到那里，春初便走，却好像老在过着冬天似的；可是即便真冬天也并不冷。我们住在楼上，书房临着大路；路上有人说话，可以清清楚楚地听见。但因为走路的人太少了，间或有点说话的声音，听起来还只当远风送来的，想不到就在窗外。我们是外路人，除上学校去之外，常只在家里坐着。妻也惯了那寂寞，只和我们爷儿们守着。外边虽老是冬天，家里却老是春天。有一回我上街去，回来的时候，楼下厨房的大方窗开着，并排地挨着她们母子三个；三张脸都带着天真微笑地向着我。似乎台州空空的，只有我们四人；天地空空的，也只有我们四人。那时是民国十年，妻刚从家里出来，满自在。现在她死了快四年了，我却还老记着她那微笑的影子。

无论怎么冷，大风大雪，想到这些，我心上总是温暖的。

第一段内容要点：＿＿＿＿＿＿＿＿＿＿＿＿＿＿＿＿＿＿＿＿＿＿＿＿＿＿＿＿＿＿＿＿＿＿＿＿＿＿
＿＿
＿＿

第二段内容要点：＿＿＿＿＿＿＿＿＿＿＿＿＿＿＿＿＿＿＿＿＿＿＿＿＿＿＿＿＿＿＿＿＿＿＿＿＿＿
＿＿
＿＿

第三段内容要点：＿＿＿＿＿＿＿＿＿＿＿＿＿＿＿＿＿＿＿＿＿＿＿＿＿＿＿＿＿＿＿＿＿＿＿＿＿＿
＿＿
＿＿

全文内容要点：＿＿＿＿＿＿＿＿＿＿＿＿＿＿＿＿＿＿＿＿＿＿＿＿＿＿＿＿＿＿＿＿＿＿＿＿＿＿＿
＿＿

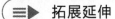 拓展延伸

如何进行概括

一、概括的内涵特点

从认识的角度来说,概括就是站在更高的层次上认识一类事物的共同本质特征及发展规律;从思维的角度来说,概括就是从分析到综合,从具体到抽象;从表达的角度来说,概括就是从含蓄到直白,从间接到直接,以简驭繁、化繁为简的语言运用过程。

概括性语言的特点是综合的、抽象的、直白的、正面的,而非概括性语言的特点则是具体的、形象的、含蓄的、侧面的、反面的。

二、概括的不同层级

1. 初级概括 对具体事物、事情进行分析、整理、分类、综合并初步归类,即在感知和表象水平上概括,如归纳段意或归纳主要内容。

2. 高级概括 把事物、事情进一步归纳、综合到本质的概括,即根据事物内在联系和本质属性进行的概括。

三、概括的基本原则

(1) 变隐晦为直白。

(2) 化具象为抽象。

(3) 保主要舍次要。

四、概括不同内容的具体策略

1. 特殊句式的概括 被动句要改为主动句;感叹句、反问句要改为陈述句;双重否定句要改为肯定句。含蓄的要变为直白的。

2. 特殊表现手法的文段 正反对比手法,一般丢掉反面表达,抓住正面意思提炼;欲扬先抑手法,去掉"抑"的部分,保留"扬"的内容。铺垫衬托手法,保留铺垫衬托的对象。

3. 特殊逻辑关系的文段

(1) 并列关系的文段:如果各要素之间没有轻重主次之分,概括时采用"累加法";如果在内容上有轻重主次之分,概括时"保主舍次",直接摘录主要内容。

(2) 转折关系的文段:句子、文段采用转折关系,一般是为了强调转折连词后的内容,即转折关系的句子、句群、文段,重心在转折的后面,概括时抓住重心,遵循"保主舍次"原则,直接摘录主要部分。

(3) 因果关系的文段:在因果关系文段中,要区分表达意图重点是在"因"还是在"果",还是"因果并重"。总体遵循"保主舍次"原则。重点在"因",就保留"因";重点在"果",就保留"果"。因果并重,就用缩句法,二者都保留。

(4) 总分关系的文段:总分关系"总"的部分有的是完全概括,有的是不完全概括。对于完全概括的总说部分,摘录即可,不完全概括的总说部分,则要补充完整。如果"总"的部分综合概括力度不强,就要进一步进行综合、概括。如果总说或总结部分有主次之分,要对其进行"保主舍次"。

第二节

领会文字背后真意

▶ 情景再现

钢琴之王李斯特有一次到克里姆林宫为沙皇演奏。演奏开始了,沙皇还在和别人说话。于是,李斯特停止了演奏。沙皇问他为什么不演奏了,李斯特欠了欠身子说:"陛下在说话,我理应恭听。"沙皇马上意识到了自己的不礼貌,停下了谈话。

在这个故事中,沙皇准确理解到了李斯特的言外之意,聪明的你,也理解到了吗?李斯特说"陛下在说话,我理应恭听",表面上是说陛下您在说话,作为臣民应该停下演奏认真听您讲话,而实际上是说,陛下您开小差,不注意听我演奏,这是对我的不尊重。李斯特是言在此而意在彼,既维护了沙皇的颜面,又委婉地提醒了沙皇,一语双关,用得很巧妙。

阅读活动最根本的目标在于理解作者的表达意图,接收到蕴藏在语言中的思想、情感、观点、态度。而我们在工作和生活中,恰恰会有很多文字以言在此而意在彼的方式表达,这就需要我们掌握一定方法,做一个敏于理解、善于发现的阅读者。

▶ 知识积累

文章的思想观点是指作者在作品中体现自己对事物所持的看法、主张以及所蕴含的道理,文章的情感态度就是指作者在文中所流露的自己的喜怒哀乐以及对待事物的爱憎、好恶、肯定与否定、赞扬与批评等感情倾向。

作者通过文章传达自己思想观点、情感态度的方式很多,既有直白明确的表达,也有隐晦曲折的表达;既有着眼于全篇的主旨主题,也有微观层面具体语句的情感态度。

下面我们就按照从宏观到微观的顺序说明如何把握文字思想观点和情感态度。

一、发现作者切题方式,捕捉文字背后真意

所谓切题,就是直截了当切入主题,将自己的表达意图、将自己的观点态度准确鲜明地呈现给读者。所有实用性文章和多数议论性、说明性文章都会采用这种方式。切题的方式也是我们领会文章主题的方式,最典型的有以下三类。

(一) 题目点睛

题目是文章的"眼睛",通过题目所传达出来的信息,可以捕捉到作者所要表达的思想感情和倾向,进而得出文章的主旨。例如谢冕的《读书人是幸福人》,题目就是文章的中心论点。朱自清

的散文《匆匆》,直接点出对时光流逝的情感态度。

能显示主旨的文章题目,要么含有对事物的主观判断,要么有流露主观感情的关键词。看到这样的文章题目,我们就要顺着题目所指,快速把握作者的观点、情感与态度。

(二) 开门见山

切题的第二种典型方式是开门见山,在文章的开头直接切入主旨。白居易在《新乐府》中说"首句标其目",李涂在《文章精义》里说"文字起句发意最好",都是在强调这种方法。如茅盾的《白杨礼赞》开头:"白杨树实在不是平凡的,我赞美白杨树!"直抒胸臆,直击中心,读这样的开头便可准确把握文章立意主题。

(三) 卒章显志

文章切题的第三个关键处在结尾。所谓卒章显志,就是在文章的结尾,总括全文,将文章的主题立意亮明点出,加以进一步强调与深化。因此,我们理解文章的立意主题,一定要关注它的结尾处。可以对照开头,看有没有显示主旨的语句出现。

二、锁定作者点题语句,领会文字背后真意

所谓点题,就是在文中大篇幅的叙事描写中,加入一些议论性、抒情性的句子,用这些语句来引起读者的思考与共鸣,点出作者所要传达的思想观点与情感态度。

比如马致远的《天净沙·秋思》:

枯藤老树昏鸦,小桥流水人家,古道西风瘦马,夕阳西下,断肠人在天涯。

最后一句"断肠人在天涯"就是点题之笔。用"天涯之远"和"断肠之痛"来指引读者去体会作者写这首诗的情感立意于思乡之情。

再比如鲁迅的《故乡》,小说描绘了农村衰败、萧条、日趋破败的景象,刻画了闰土从外貌到思想、性格二十多年的变化,文章末尾写道:"希望是本无所谓有,无所谓无的。这正如地上的路,其实地上本没有路,走的人多了,也便成了路。"这句议论性的话,也是属于点题之句,分析这句话,就能理解到鲁迅对于改造旧社会,创造新生活的迫切愿望。

对于这类没有明显主旨中心句的文章,我们应善于抓住文章在某些节点上插入的议论性、抒情性的句子。这些句子要么蕴含了深刻的含义,要么蕴含了强烈的情感色彩,我们要运用在本单元学到的各种文本细节分析方法,结合上下文、结合文章背景,在理解字面意义的基础上,发掘并提炼出作者所要表达的立意主题。

三、破解作者隐晦手法,发现文字背后真意

想要理解文章真意,有时候我们还要面对一些特殊表现手法带给我们的困难,比如象征隐喻、借景抒情等。解读文章的真意,我们要学会揭开这些表现手法的神秘面纱。

(一) 破解象征手法

所谓象征手法,通俗地讲,就是表面上描写一个具体形象的事物(象征体),但实际上是借助相关相似性,用这一事物来代替表现一类人、一类情感或一类抽象的道理(象征对象)。我们学过很多带有象征手法的文章,如《海燕》《白杨礼赞》《井冈翠竹》,都能发现其中的象征体和象征对象。

当碰到这种象征手法,我们应该通过三个步骤发现其要表达的真实意图,下面结合《永远的蝴蝶》中的例子来展开:

随着一阵拔尖的刹车声,樱子的一生轻轻地飞了起来。缓缓地,飘落在湿冷的街面上,好像一只夜晚的蝴蝶。

虽然是春天,好像已是秋深了。

她只是过马路去帮我寄信。这简单的行动,却要叫我终身难忘了。我缓缓睁开眼,茫然站在骑楼下,眼里裹着滚烫的泪水。世上所有的车子都停了下来,人潮涌向马路中央。没有人知道那躺在街面的,就是我的,蝴蝶。

1. 明确象征体的特点　象征手法的段落,一般都会大篇幅描写象征体的特点,有时虽不明说,但象征体本身具有的特点也是非常明确的。我们要首先把握住这些特点。在《永远的蝴蝶》中,蝴蝶的特点是:除美丽、生命短暂、轻盈飞舞的自然特点外,在文化层面,不仅有"庄周梦蝶"中生与死的亦幻亦真,还有"梁祝化蝶"中爱人的生命神奇转化的特点。这些特点是我们理解其象征意义的基础。

2. 结合上下文或背景确定象征对象　要理解象征意义,必须要明确象征对象是谁,有的文章会在上下文中直接给出象征的对象,如《白杨礼赞》就直接指出白杨树"宛然象征了今天在华北平原纵横决荡用血写出新中国历史的那种精神和意志","不但象征了北方的农民,尤其象征了今天我们民族解放斗争中所不可缺的朴质,坚强,以及力求上进的精神"。

有的文章则是含蓄点明,比如前面《永远的蝴蝶》的例子,文中提道:"樱子的一生轻轻地飞了起来。缓缓地,飘落在湿冷的街面上,好像一只夜晚的蝴蝶。""没有人知道那躺在街面的,就是我的,蝴蝶。"用诗意的表达,含蓄显示出樱子与蝴蝶之间的对应关系。

还有一类是通篇象征,比如高尔基的《海燕》,这种情况就需要结合文章的写作背景去判断象征体的具体所指,有时因理解的不同,对文章象征意义的解读也会产生不同见解。

3. 对照特征明确象征意义　解读象征手法的第三步,就是将象征体的特点和象征对象对照起来,从而明确文章的象征意义。《永远的蝴蝶》中,樱子和蝴蝶一样,也拥有美丽而短暂的生命,在失去爱人的瞬间,作者同样产生了亦幻亦真的不真实感,这其实是内心无法接受的一种复杂感受。他多么希望樱子就是睡去后的梦中蝴蝶,一会儿还会醒来变成樱子;化蝶的梁祝在彼世界双宿双飞,而樱子却先行一步化蝶而去,留自己面对这巨大的生离死别之痛。这些复杂而深刻却又难以言表的情感,通过蝴蝶这个象征意象,就形象而含蓄地表达出来了。

(二)破解借景抒情

在文学作品中,作者思想感情还有一种含蓄的表达手法——借景抒情。王国维说:一切景语皆情语。通过对文中景物描写的分析,我们可以准确理解作者隐藏的情感态度。

如何解读融于场景中的隐含情感态度呢?我们可以从分析景物特点、品味作者写景状物所选词语意象的色彩倾向入手。

我们先来看一个"宁静"的片段——《荷塘月色》。

曲曲折折的荷塘上面,弥望的是田田的叶子。叶子出水很高,像亭亭的舞女的裙。层层的叶子中间,零星地点缀着些白花,有袅娜地开着的,有羞涩地打着朵儿的;正如一粒粒的明珠,又如碧天里的星星,又如刚出浴的美人。微风过处,送来缕缕清香,仿佛远处高楼上渺茫的歌声似的。这时候叶子与花也有一丝的颤动,像闪电般,霎时传过荷塘的那边去了。叶子本是肩并肩密密地挨着,这便宛然有了一道凝碧的波痕。叶子底下是脉脉的流水,遮住了,不能见一些颜色;而叶子却更见风致了。

在这段景物描写中,作者用在景物色彩描述上的词语和短语有"白花""明珠""星星""刚出浴的美人"等,都是让人平心静气的素雅洁白。作者用在景物情态描述上的词语和短语有"田田""袅娜""羞涩",都给人以柔美恬静之感。作者用在景物动态描述上的词语和短语有"微风""缕缕清香""渺茫的歌声""一丝的颤动""凝碧的波痕""脉脉的流水"。这些都显示出轻微静谧的特色。

综合上述三个方面,我们就能从中感受到当时观景之人,内心已经完全摒除了忧愁杂念,处于一片宁静闲适的情感状态。

我们再来看一个"悲壮"的例子——《离太阳最近的树》。

把红柳根从沙丘中掘出,蕴含着很可怕的工作量。红柳与土地生死相依,人们要先费几天的时间,将大半个沙山掏净。这样,红柳就枝桠遒劲地腾越在旷野之上,好似一副镂空的恐龙骨架。这时需请来最有气力的男子汉,用利斧,将这活着的巨型根雕与大地最后的联系一一斩断。整个红柳丛就訇然倒下了。

在作者笔下,挖出的红柳是触目惊心的"尸骨",是还没死就被做成的根雕,挖的工具是"利斧",挖的动作是"斩断",极力突出其砍伐红柳过程的惨烈与残忍。写红柳的反应,则选用"生死相依""遒劲""腾越""訇然倒下",在刻意突出红柳的抗争与不屈服。

两相结合,就能明显感觉到作者对待"挖红柳"的极力反对态度,感受到她对红柳这一生命的同情,和对砍伐红柳的人的愤怒与无奈。

案例分析

一、案例呈现

唐代诗人朱庆余是越州人,有一年到长安参加科举考试,他的诗写得很好,但还是担心不合主考官的要求,于是就采取当时通行的做法——行卷,即把自己的作品请有名望、对录取有影响力的名人进行鉴定,于是他就给当时著名诗人张籍写了封信,整封信就是一首诗:

近试上张籍水部

洞房昨夜停红烛,待晓堂前拜舅姑。

妆罢低声问夫婿,画眉深浅入时无。

诗中写了一个新娘,成亲入了洞房,按照习俗,第二天一早要先去给公公婆婆(当时称舅姑)请安问好。由于拜见是一件大事,所以她一早就起了床,在红烛光照中进行梳妆打扮,等待天亮,好去堂前行礼。这时,她心里不免有点嘀咕,自己的打扮是否妥当?能不能讨公婆的喜欢呢?因此,她在用心梳好妆、画好眉之后,羞涩低声地问了问身边丈夫:"我的妆容是不是妥当呢?"

不久之后,朱庆余获得了张籍明确的回答。张籍的回信也是一首诗:

服务语文

酬朱庆余

越女新妆出镜心，自知明艳更沉吟。

齐纨未足时人贵，一曲菱歌敌万金。

在这首诗中，张籍写了一位采菱姑娘，她是越州人，一大早她刚刚打扮好，就出现在了美丽的越州镜湖的湖心，边采菱边唱着歌。这个姑娘虽然知道自己长得美艳，光彩照人，但还是有些不自信，担心自己比不过身边那些穿着时髦的人，以至于变得沉吟忧虑起来。在诗的后两句张籍劝导说：虽然有许多其他姑娘，身上穿的是齐地（今山东省）出产的贵重丝绸制成的衣服，可是那并不值得人们看重，而你这位采菱姑娘口中唱出的采菱曲，却十分动人，真抵得上万两黄金。

两首奇诗，一段佳话，你看懂了吗？

二、案例分析

两首诗都巧妙地运用了象征隐喻的方式，张籍是一个解读言外之意的高手，解读得准确，回答得巧妙，请你运用学到的知识分析一下吧。

扫码看答案

1. 朱庆余的诗

新娘喻指_____；夫婿喻指_____

画眉深浅喻指_____

整首诗的真实含义：_____

_____

2. 张籍的诗

越女喻指_____；时人喻指_____

菱歌喻指_____

整首诗的真实含义：_____

_____

▶ 语言实践

一、运用解读象征手法的三个步骤，尝试分析《合欢树》中合欢树的象征意义

有一年，人们终于又提到母亲："到小院儿去看看吧，你妈种的那棵合欢树今年开花了！"我心里一阵抖，还是推说手摇车进出太不易。大伙就不再说，忙扯些别的，说起我们原来住的房子里现在住了小两口，女的刚生了个儿子，孩子不哭不闹，光是瞪着眼睛看窗户上的树影儿。

我没料到那棵树还活着。那年，母亲到劳动局去给我找工作，回来时在路边挖了一棵刚出土的"含羞草"，以为是含羞草，种在花盆里，竟是一棵合欢树。母亲向来喜欢那些东西，但当时心思全在别处。第二年合欢树没有发芽，母亲叹息了一回，还不舍得扔掉，依然让它长在瓦盆里。第三年，合欢树却又长出了叶子，而且茂盛了。母亲高兴了很多天，以为那会带来好运，常去侍弄它，不敢再大意。又过了一年，她把合欢树移出盆，栽在窗前的地上，有时念叨，不知道这种树几

Note

年才开花。再过一年,我们搬了家,悲痛弄得我们都把那棵小树忘记了。

与其在街上瞎逛,我想,不如去看看那棵树吧。我也想再看看母亲住过的那间房。我老记着,那儿还有个刚来到世上的孩子,不哭不闹,瞪着眼睛看树影儿。是那棵合欢树的影子吗?小院儿里只有那棵树。

第一步:合欢树的特点_____

_____

第二步:合欢树的象征对象_____

_____

第三步:合欢树的象征意义_____

_____

扫码看答案

二、运用所学方法,分析下面景物所选词汇意象特点,体会作者所传达的情感态度

这女人编着席。不久在她的身子下面,就编成了一大片。她像坐在一片洁白的雪地上,也像坐在一片洁白的云彩上。她有时望望淀里,淀里也是一片银白世界。水面笼起一层薄薄透明的雾,风吹过来,带着新鲜的荷叶荷花香。但是大门还没关,丈夫还没回来。

➡ 拓展延伸

如何高效阅读一本书

当我们到了一个新的城市,想要去某个地方,首先要做的是买一张地图,或者查一下手机上的电子地图,找到最短的路径,然后乘车或者步行到达目的地。读书也是如此,要先找到书的"地图",然后按图索骥,找到重点。那么,书的"地图"在哪里呢?书中的重点,往往在那些我们平时认为没有什么用处的地方。

1. 封面、封底、腰封 书的封面、封底、腰封,往往会有书的摘要,以及一些名人的推荐。通过摘要和推荐,我们可以了解本书的亮点是什么,想要说的是什么。

2. 序、后记 在书的序、后记里,往往会有本书更为详细的写作思路,以及每一个章节讲到的内容的梗概,使读者的阅读更有目的性。

3. 目录、标题 目录是整本书的总地图。通过阅读目录,能够让读者了解作者是如何写成这本书的。通过目录,读者可以直接找到感兴趣的地方去阅读。当然,并非所有的书都适合这样直接找到某一个章节阅读。有些书,在编写的过程中,有着前后的逻辑关系和顺序。这样的书需要从头开始阅读。如何判断一本书是不是能从中间开始阅读呢?读者可以试一试,直接阅读。如果读不懂,那么很可能书中的概念跟前文的内容有关系,需要有前面的阅读基础。

4. 标题 标题是一个章节或段落的关键词,由这个关键词,引发整章或整个段落的内容。

5. 章节的开头、结尾 通常,一个章节的开头,会告诉读者这一章要讲的内容的大概,而章节的结尾,则会帮读者总结这一章的内容。因此,读者可以直接先看章节的开头、结尾,然后回过头来再阅读这一章的内容。这种方法的好处,是读者先了解作者要说什么,然后从文章中找到说明的证据。

6. 段落的开头、结尾　通常,段落的开头、结尾,说的是这一段里面要讲的内容和段落的总结。在阅读的时候,如果关注这两个地方,阅读速度会有所提高。

7. 图片、表格、特殊字体　一般,一本书中的图片、表格,是作者阐明观点的重要证据。而特殊字体,比如黑体、斜体,或者彩色字体,是作者认为重要的,想提醒读者一定要阅读的金句。

到此,我们构建了一本书或一篇文章的整体"地图"。有了这张"地图",你的阅读效率一定会大幅提高。

主题二

高效倾听言谈话语

◆ 主题说明

　　训练语言洞察力的第二个维度是从口语角度，训练对口语交际中的言谈话语的输入解码能力。服务类岗位，运用口语交际能力与服务对象交流沟通非常普遍，能在沟通中高效地听懂对方话语，是良好沟通的基础和前提。

　　在这一主题中，我们将重点从听出话语要点、提出言语背后的情绪态度以及隐含信息两方面展开学习，通过一定方法和技巧的学习，能准确洞察对方言谈的真实意图。

第一节

抓住言语核心要点

▶ 情景再现

小赵年轻、聪明、记忆力好,在工作中对于各种上传下达的事情都相当重视。

有一次,总经理找他,跟他讲了下午的商业谈判需要准备的材料和注意事项,还特别提到了一些具体的细节及处理方法。小赵聚精会神地聆听总经理说的每一句话,不清楚的地方及时询问。总经理交代的重要事项,小赵用笔、本子或者手机清晰地记录下来,了解总经理的真正意图。真正执行的时候,小赵对于总经理的要求心中有数,统筹安排,一一落实。领导对小赵的工作非常满意。

这一案例体现出了在沟通中把握讲话者的内容要点和真实意图非常重要。

▶ 知识积累

在职场中,把领导口头交代的任务听准确、听完整、听明白是非常重要的一件事,遗漏要点、误解要求不仅会耽误工作,还会影响别人对你的印象,最终影响个人职业成长。

倾听不像阅读,它受到时间的限制。别人说的话我们只能听一次,而且听的速度必须依据说者的速度来决定。我们不能像阅读时那样可以随时回头温习,要求说者暂停,特别是在公众场合(听者不只你一个),或者说者是上级。从这一点来看,在口语交际中要准确把握住说者讲话的内容要点,其实是非常困难的一件事情。

通过学习一些倾听技巧提高我们的倾听能力,把握主旨,让我们把话听准确、听完整、听明白,是我们这一节重点学习的内容。

一、借助表述方式把握言语要点

聆听别人讲话,可以先从整体上判断说者的表述方式:是在叙述一件事发生的过程,还是在描述事物的特点,还是在表达一个观点见解。做出这个基本判断之后,我们可以遵循各类表述方式的特点,来把握说者讲话的要点,这相当于首先明确朝哪个方向走。

关于三大类表述方式,我们在上一个专题中,已经从书面文章的阅读角度,学习了构成要素及抓要点的方法。通过表述方式的要素特征把握口头语言要点,方法与之基本类似,下面我们简要回顾一下。

（一）叙事类讲话

要想整体把握内容要点，我们可以按叙事的六要素：人物、时间、地点、起因、经过、结果来重点听取要点信息。明确这些信息后，就可以运用下面这个公式来判断你是不是听明白了：

谁＋什么时间＋什么地点＋在什么情况下＋干了什么＋结果怎样

如果你能用上面的公式将内容要点串成一句话，就说明你真听明白了。

（二）说明描述类讲话

口语中的说明和描述，一般都不会有很长的篇幅，所以在对象、顺序、特征三个要素中，重点在于对象和特征两个要素的抓取。如果别人向你描述一个事物，那你就要明确，这类话语应重点听取的核心要点在于：①描述的对象是谁？②描述对象的主要特征是什么？当然特征的具体内容千差万别，如形状、颜色、质地、方位、结构、性能等，无法一一列举，总体来讲，就是描述对象不同于其他事物的特点。抓住了事物的特征，就是把握了对方讲话的要点。

例如，一位老师让学生帮忙去办公室取自己的钢笔："你去办公室帮我拿一个钢笔，就放在我办公桌右手第二个抽屉，里面有两个，帮我拿那个黑色的，英雄牌的。"

作为听者，学生这时要把握的要点就是：第一，是拿钢笔；第二，什么特征，即位置、颜色、品牌。记住了这几点，准能顺利完成任务。

（三）议论阐述类讲话

议论阐述类讲话用来表达一个观点见解，因此，我们一旦判定对方是在议论阐述某方面问题，那就要第一时间思考抓取三种基本信息：①他的结论是什么？②支撑结论的理由是什么？③他举出了哪些事实？

只要抓取并区分三种基本信息，对方的议论阐述类讲话一般都能理解到位。

利用表述方式的一般规律，提取说者的说话要点，为听者快速高效地把握主要内容提供了方向性路径，方向正确方能事半功倍，防止出现缘木求鱼的错误。当然，这有赖于听者对表述方式的特征和表达规律有较深的认识，此非一朝一夕之功，应该在平时勤加练习。

二、借助表达结构把握言语要点

一般在一些重要的、正式的工作和学习场合，演讲者或讲话者都会首先进行充分的准备，这种演讲或讲话一般内容完整、结构清晰，容易倾听和记录。作为听者，我们就是要利用对方的表达结构，来判断要点信息出现的大体位置。

（一）总分式

总分式结构符合人们"先听大概，再听具体"的听话习惯，是一种最常见的讲话结构，大多数有经验的说者在讲话中，都会优先选择这种结构。

总分结构，意味着结论、要点、中心主旨会在开头部分首先呈现给听众。这种"结论先行"的结构，让我们更加容易判断要点出现的位置。

总分结构既可用于全篇讲话，也可用于整篇中的某一部分。当用于全篇时，开头部分就是全篇主旨；当用于某一部分时，开头一句往往是这部分的中心句。

（二）并列式

并列式结构，就是将某一主题的内容分成几个平行并列的不同方面，然后按照一定逻辑顺序一一罗列。这种并列的结构，往往在每个构成模块的开头，都会有表达模块要点的话语出现。我们在听的时候可以借助此方式。

例如，蔡元培在出任北京大学校长的第一次开学典礼上的讲话，对学生提出三点要求："一曰抱定宗旨，二曰砥砺德行，三曰敬爱师友。"他的讲话要点就出现在三个并列部分的起始句，通过"一曰、二曰、三曰"这样表示次序的词语来提示听者把握要点。只要关注这些条目，基本也就把握了说者的内容要点和主旨。

（三）三段式

三段式是说者把讲话内容按"问题的现象—产生的原因—解决问题的方案"三个明显的阶段层层递进的一种表达结构。这种结构既可以是整篇文章的结构方式，也可以是某一部分的结构方式。

三段式表达结构中，最核心的要点是表达者给出的"解决问题的方案"。这是结论，按照标准的三段式结构，它应该出现在表达的最后位置。因此当判断对方是在提出一个"问题的现象"，并分析其"产生的原因"，其最关键的结论建议就应该出现在分析之后。我们在听的过程中，应该学会按照三段式表达结构去分析对方的讲话，对其要点结论的出现有一个预判。

三、借助提示信息把握言语要点

我们在倾听别人讲话时，除了从表述方式和内容结构等方面去辅助领会要点之外，还可以抓一些提示信息。

（一）抓时间进程类提示信息

叙事类或体现时间进程的内容记叙性的讲话，一般都是按时间顺序展开，因此，我们在倾听时要想对过程有一个全面的把握，就要注意抓取时间标记语。如"早上 8 点……11 点的时候……下午……"还要注意一些过程标记语，如"首先……然后……之后……最后"。

（二）抓序号提示信息

并列结构的表达中，有条理的说者往往采用分条列项的方式，表现在外在，就是会出现表示序数次序的标志词，如：

一、二、三

第一，第二，第三

首先，其次，第三

其一，其二，其三

从……方面，从……方面，从……方面

这些词后面往往紧跟着本部分的要点中心句，因此在听的时候，要特别留意这些序数词语。

（三）抓提示结论的信息

在听别人阐述议论性谈话时，抓住结论是关键。在表达中，说者往往爱用一些提示词或短语，来提示听者，如"下面就是结论了，请你注意"。这样的词或短语还包括：

因此	表明	由此可知	由此得出
因此可以断定	我要说的重点是	显示出	证明
告诉我们	问题的实质是	所以	

（四）抓提示重点的信息

无论口头表达还是书面表达，一个有经验的表达者，一般都会对自己谈论的重点内容通过各种方式加以强调，我们可以通过一些刻意强调的提示信息来捕捉重点内容。

1. 不断重复一些词句　通过重复来强调重点是人们表达的惯常方式，表达者会刻意重复同样内容的词汇、短语或句子，来显示其重要性。聆听别人的讲话时，注意说者多次重复的信息，是把握说话要点的另一个重要技巧。

2. 强调重点的提示词　我们要留心一些专门用来提示重点的词句：

一定	大家注意了	特别提醒大家	最重要的
必须	我要强调的是	最关键的	

四、借助语言环境把握言语要点

在语言交际实践中，还有一些特殊情况，出于某种需要，说者往往并不把自己的真实意思直接表达出来，而是借助双关、反语、婉曲、留白等方式，将其言语核心要点掩藏在表面言语之下，形成"言在此而意在彼"的现象。这样的话语表情达意更曲折含蓄。作为信息接收者，我们也要善于洞察这些言语的言外之意。

（一）可以制造言外之意的方式

1. 双关　双关就是在一定的语言环境中，利用词的多义或同音，有意使语句具有双重意义，从而产生"言在此而意在彼"的表达效果。

美国前总统福特说话喜欢用双关语。有一次，他回答记者提问时说："我是一辆福特，不是林肯。"众所周知，林肯既是美国很伟大的总统，又是一种高级汽车的品牌；福特则是当时普通、大众化的汽车品牌。福特总统说这句话，一是表示自己谦虚，二是为了突显自己是大众喜欢的总统。

2. 反语　反语就是说反话，包括正话反说和反话正说两种。

正话反说体现的往往是一种亲密喜爱之情，比如"几个女人有点失望，也有些伤心，各人在心里骂着自己的狠心贼"（《荷花淀》）一句中的"狠心贼"就是一种正话反说。

反话正说则表达一种讽刺或一种否定，比如"中国军人的屠戮妇婴的伟绩，八国联军的惩创学生的武功，不幸全被这几缕血痕抹杀了"（《纪念刘和珍君》）一句中"伟绩"和"武功"就是反话正说，表达了一种强烈的嘲讽和否定。

3. 婉曲　在表达时，如果碰到出于礼貌不能直说、限于场合不便直说、为了表达效果不愿直说的状况，人们往往用其他语句来替代真实意思，这种手法叫婉曲。婉曲也造成了一个意在言外的效果。比如《荷花淀》中的一段：

女人们到底有些藕断丝连。过了两天，四个青年妇女集在水生家里来，大家商量：

"听说他们还在这里没走。我不拖尾巴，可是忘下了一件衣裳。"

"我有句要紧的话得和他说说。"

水生的女人说：

"听他说鬼子要在同口安据点……"

"哪里就碰得那么巧，我们快去快回来。"

"我本来不想去，可是俺婆婆非叫我再去看看他，有什么看头啊！"

于是这几个女人偷偷坐在一只小船上，划到对面马庄去了。

女人们明明非常想念自己参军的丈夫，但却不好意思直说，而是给出了各种各样的理由，这在说者来讲，就是一种婉曲，既表达了想去探夫的愿望，也隐藏了自己的小私心。

婉曲形成的意在言外，被广泛应用于口语交际，书面文章中的应用也多数是描述人物的对话。

4. 留白 所谓留白，就是不把要表达的意思完全在字面上写出来，故意省略一部分文字，像在画面上留出一片空白一样。留给读者想象的空间和余地。这是纯粹的艺术手法，只出现在文学作品中。如归有光的《项脊轩志》中"庭有枇杷树，吾妻死之年所手植也，今已亭亭如盖矣"，表面上只有寥寥数语，写枇杷树长势繁茂，但实际上蕴含着丰富的潜在情感：一是表达对妻子的怀念，当年妻子亲手栽种的枇杷树，现在已经枝繁叶茂，说明妻子已故去多年；二是表达物在人亡的感伤，"亭亭如盖"表明树的生命旺盛，然而睹物思人，枇杷树犹在，种树人已亡。这样丰富的感情，作者只字未提，全部留白，全凭读者用敏锐的心去感悟。

（二）解读语句言外之意的策略

1. 读懂言内之意 字面意思是分析言外之意的基础。透过语言的表面意思悟解言外之意，这是解读潜台词的最基本途径。

2. 结合言外之境 一定要结合具体上下文语境进行推断，挖掘语境隐含的信息。

3. 揣摩说话之人 要站在语言发出者的角度，揣摩对方表达"言在此而意在彼"的真实意图。

4. 修炼感悟之力 对言外之意的解读，很多时候取决于我们自身对语言的感悟力，也就是语感，语感是生活经验与阅读经验叠加慢慢形成的。因此也需要我们坚持不懈地练习。

案例分析

一、案例呈现

1945年，苏联外交部长莫洛托夫率代表团访问美国。趾高气扬、不可一世的美国急切想知道苏联的核能力，便派出一个记者去采访莫洛托夫。记者问："贵国有多少原子弹？"莫洛托夫沉着脸回答："足够！"

二、案例分析

请结合当时的语境，分析解读莫洛托夫简洁的回答中隐藏的言外之意。

我的分析：_____

_____

_____

扫码看答案

Note

第一单元 善解人意

扫码看答案

语言实践

一、解读下列广告词中的双关语

1. 金猴皮鞋,令足下生辉

双关词：_____

含义解读：_____

2. 聪明的妈妈会用锌——葡萄糖酸锌口服液

双关词：_____

含义解读：_____

二、解读下列对话中的言外之意

1. 一位作曲家带着自己创作的曲子向一位著名的音乐大师讨教。在演奏的过程中,这位大师不断地脱帽。演奏完毕,作曲家连忙问道:"大师,是不是屋里太热?"大师说:"不热。我有碰到熟人就脱帽的习惯。在阁下的曲子中我碰到那么多的熟人,不得不连连脱帽。"

这位大师的言外之意：_____。

2. 20世纪50年代初,周总理接受美国记者的采访时,随手将一支美国派克钢笔放在桌上。记者问:"总理阁下,你们堂堂的中国人,为什么还要用我们美国生产的钢笔呢?"周总理回答道:"提起这支笔,那可就话长了。这不是一支普通的笔。它是一位朝鲜朋友从朝鲜战场上得到的战利品,是作为礼物送给我的。我觉得有意义,就收下了贵国的这支笔。"

周总理的言外之意：_____。

三、根据下面描述的案例,思考如果你是贾老汉,你要怎么应对,才能了解说者的真实意图?

星期天早晨,许多市民涌到农贸市场买菜。

贾老汉的菜干净、水灵,来问价的不少,成交的却不多。一位提着很大购物袋的中年妇女边挑豆角边说:"豆角不错,就是价格贵了点。"贾老汉扔过话去:"一块五还嫌贵,这堆别人挑剩下的五毛一斤你要不要?"妇女放下豆角就走了。一位退休老干部指着茄子问:"哪儿来的?"贾老汉张口就说:"昨晚上偷的。"老干部走后,贾老汉还在嘀咕:"相中你就买,还问哪来的,多事。"

对于中年妇女,要这样回复：_____

_____

对于退休老干部,要这样回复：_____

_____

拓展延伸

正确的倾听方式

"听"除了是正常人类的一个基于生物器官的功能,它还是一个大脑和听觉器官共同参与的系统化的信息接收过程。一个听觉功能正常的人,也时常会有"听若罔闻"的表现。"听话"是一个系统的信息接收过程,若想做一名高素质的聆听者,提高"听话"的水平和效率,需要学习以下常识和技巧。

从姿态上说,与人交谈时,根据关系的亲疏,选择合适的位置和距离,使对方感到舒适;身体面向对方,坐姿或站姿要端正,不要做各种小动作;眼神要关注对方,在交谈过程中保持适度的目光接触;以身体姿势表达你在专注地听对方说话,尽量不要出现注意力分散、关注其他事情的举动。

从心态上说,首先,要专注、认真,把心思和注意力都集中到谈话内容上来。不要一边听对方说话一边考虑自己的事情,要认真对待对方的谈话;即使对方地位低,也要保持尊重的态度,认真听对方说话。其次,要耐心。对方讲话时不急于插话,不打断对方讲话;不匆忙下结论,不轻易判断或批评对方;对方表达不够清楚时,耐心地进行积极引导,辅助对方把谈话内容准确地表达出来;即使对对方的话不感兴趣,或是听到批评意见时不要激动,耐心听对方把话说完。最后,要客观、冷静,不因为对对方有偏见而拒绝听他说话;因某事而情绪激动或心情不好时,能够避免把自己的情绪发泄在无辜的说话者身上。

从内容理解与把握上说,要避免只听自己想听的部分,应该关注对方的全部思想;既听对方的口头信息,也注意对方表达的情感;既听清对方的字面意义,也探求对方讲话的实质意义。

第二节

洞察言谈背后真意

▶ 情景再现

《红楼梦》第三回,林黛玉初进贾府时,贾母问黛玉念何书,黛玉道:"只刚念了《四书》。"宝玉回来后走近黛玉身边坐下,问黛玉:"妹妹可曾读书?"黛玉这次却答道:"不曾读,只上了一年学,些须认得几个字。"为什么黛玉前后回答如此不一致呢?

原来黛玉是一个善于察言观色、心思敏锐的姑娘。当贾母问黛玉可曾读书时,黛玉照实回答,但当黛玉回问姊妹们读什么书时,贾母却答道:"读的是什么书,不过是认得几个字,不是睁眼的瞎子罢了!"黛玉从此话中听出了贾母对女孩读书并不十分赞同的态度,因而宝玉再问起时就改变了说法。

生活中,善于察言观色,听出言语背后的隐含意思和态度十分重要,作为一名服务从业人员,认真倾听、善于洞察说话者话语中的每一个细节,更是做好服务工作必须具备的职业能力。

▶ 知识积累

言语交际过程,本质上是一个发出信息和接收信息的过程,从听者角度来说,接收他人的言语信息,是一个推理的过程。听者根据自己的认知,对话语信息进行推理,理解话语意义,获知说者的交际意图。而说者,在表达自己的意思时,往往会通过一些带有标志性的词汇和语句的运用,有意或无意地向听者表明自己的观点、态度和情绪。在倾听过程中,要善于捕捉这些带有标志性的词汇和语句,让它们成为我们解读对方话语的"指引路标"。

一、借助反馈追问,明确话语背后真意

(一)及时向表达者确认反馈

在口语交际中,双向的互动至关重要。为了确保真的听懂了对方的意思,在倾听时,应当适时表达一些用以确认对方意思的反馈语言。

1. 确认对方情绪 在沟通中,有一个原则叫"情绪优先处理原则",指的是当一些事情或问题发生了,要先处理(确认、接纳、排解)相关方的情绪,再讨论事情或问题的解决方案。当说者情绪不稳定时,只有让说者的情绪平复了,才能有理性的思考和具有实际意义的沟通。因此,在这种情况下,很重要的一点就是要和说者共情,确认说者的情绪状态,以便展开后面的沟通。例如:

——(带着不愉快的情绪说)我这工作真差劲!工作时间长、加班多、收入低,而且领导脾气不好、水平还差。

——确认情绪：你是不是觉得自己的价值没有被重视，挺生气的？

这种情绪传达大于信息传达的交流，更多出现在非工作场景下，特别容易出现在亲人和熟人之间。作为听者，分辨对方表达的要点在于情绪还是内容，这也是一个涉及能否有效沟通的大方向问题。如果不能确定，则一定要本着"情绪优先处理原则"，先向对方发出确认的反馈信息。

2. 确认话语内容 除去亲人、熟人之间的日常交流，绝大多数职场上的口语交际，都是以沟通传达信息为主。如果听者在听的过程中，或讲话结束之后，有一些具体内容上的疑问，就可以通过复述自己接收到的或理解的具体内容，向说者进行反馈确认，也可以通过确认，激发说者说出更多的信息和细节。例如：

刚才您从……方面，对……进行了阐述（或说明、部署、指示）。

您说的是，一……二……三……

我的理解是……

您最后的决定是……对吗？

我这样理解……您看对吗？

我重复一下……您看对不对？

3. 确认话语深层含义 所谓确认话语深层含义，就是通过听者的复述，向说者确认他字面意思的深层含义或具体所指的观念或态度。例如：

（1）对方说得不具体：

——你今天有些邋遢。

——你是说我今天的头发没打理吗？

（2）对方说得很隐晦：

——你最近最好小心点。

——你是说有人要找我麻烦？

通过确认对方情绪、确认话语内容、确认话语深层含义三种复述方式，听者就能够从情绪、字面含义、引申义三个方面立体地把握说者所要表述的主要内容，较为完整、准确地理解说者所要表达的情感和真实意图。同时，这种复述确认还能帮助听者集中注意力，认真、积极地聆听，并进一步激发说者继续沟通的欲望，形成良好的沟通氛围。

（二）对表达者引导追问

在沟通过程中，如果听者存在一些困惑或不解，可以向说者进行提问，通过追问来引导说者说出更多细节，从而帮助听者整体理解讲话要点。这是一种需要积极思考的主动技能。

那么，我们应该如何引导追问、如何通过说者对一系列的问题的回答来丰富我们所要了解的信息、确认说者的真实意图呢？

1. 探求式追问 所谓探求式追问，是指当我们没听懂对方的意思，或希望对方就某一方面给出更详细的解释时的一种追问方式。反馈确认也问问题，但问的一般是封闭性问题，只需要对方回答是或不是。而探求式追问，则是就对方之前提及的内容，从"谁""是什么""为什么""怎么样""什么时候""在哪里"等方面提出自己的疑问,请对方解答。例如中央电视台记者王志和新东方董事长俞敏洪的一段对话。

俞敏洪:这个信息是严重错误的信息。因为徐小平、王强作为新东方的骨干力量,我们三个人号称"三驾马车"嘛,现在全在新东方。

王志:王强和徐小平是从来没有离开过还是离开以后再回来?

俞敏洪:没有,从来没有离开过。他们离开某一个时期担当的职位,但是没有离开过新东方。我也离开过新东方某一个时期担当的职位,但没有离开过新东方。所以坦率地说,新东方在这个改革过程中间,最后到了新东方上市了,居然没散伙,可真是个奇迹。

上述案例中,针对徐小平和王强是否离开了新东方,俞敏洪说:"我们三个人号称'三驾马车'嘛,现在全在新东方。"王志又继续追问:"是从来没有离开还是离开以后再回来?"俞敏洪回答:"从来没有离开过。"这一过程是问题不断深入、信息不断精确的过程。

探求式追问在口语交际中有比较高的沟通效率。但是,一问一答、以问带动答的方式,把说者置于被动的位置,如果把握不好,话语会比较生硬,容易让对方感觉不舒服。因此,使用之前一定要用"我可以问您几个问题吗?"这样的询问作为先导,在获得说者同意后,方能比较顺利地展开。在追问的过程中还要注意把握好语气语调,以免引起说者的不耐烦或反感。

2. 引导式追问 探求式追问是对前面事实的一种解释补充,若想鼓励对方多说,可以用引导式追问,也就是顺着说者提到的事实,引申并提出新问题,让对方提供更多新信息。很多访谈类的交流,更多的是用到这种模式。例如,中央电视台记者王志和新东方董事长俞敏洪关于企业发展中如何解决裙带关系问题的一次访谈。

话题背景:俞敏洪的新东方集团壮大之后,他的母亲让他将几个亲戚安排到新东方就业,其他的管理者也跟着效仿,将自己的亲戚安排进新东方。慢慢地,这种状况明显影响了新东方的管理。怎样解决这样的问题,俞敏洪和其他的管理者下了不少功夫,尤其是对待自己的母亲,俞敏洪更是费尽了心思。

王志:您怎么说服您的老妈呢?

俞敏洪:因为我知道一定要让自己的亲戚先离开,别的人员的亲戚才不得不离开,所以新东方立了一个规矩,我们先下了一个文件,就是关于亲属回避原则的文件:直系亲属一律不能在新东方干。下完文件以后,我拿着文件给我老妈看,我老妈看了就扔到一边去了,说这个对我不管用。但是后来我还是坚定不移地执行了。

王志:现在解决得怎么样?

俞敏洪:现在实际上是彻底解决了,为了表示尊敬,我老妈在这个楼里有一个五平方米的小小的房间,让她来的时候有休息的地方,但是不干预新东方的事情,接着我把我姐夫给拿走了,让我老婆的姐姐走了,让我老婆的姐夫走了,最后的结果是我老妈半年不理我,我老婆半年不理我,但是我还是忍下来了。

王志:那从情感上,你跟家人怎么交代?

俞敏洪:当然也经历了很多考验了,比如说我让我老婆的姐姐离开以后,我老婆半年都不理我,跟我吵架,觉得我太无情了。而新东方就是我跟她做出来的,当初我去贴广告,我老婆坐在前台负责报名工作,后来我把我老婆轰走了是因为那些朋友回来了。把她轰走了,她本身心里就不满意,到今天为止还是。后来我老婆理解了,说没有当初那几下的话,新东方做不到今天。

在上述的案例中,王志的第二个和第三个问题就是基于俞敏洪讲到的关于亲属回避原则文件"辞退亲属"的事实出发,引导俞敏洪说出了事情的处理经过和结果,以及这一过程中所付出的代价。引导式追问能够把说者的讲话内容不断推进,环环相扣,且逻辑性强,有利于了解更多的细节和信息。

在一些重要的学习、工作场合,听者在沟通之初,应该全神贯注于听,认真记住说者讲话中的要点,或者在笔记本上忠实地记录下来,把握说者讲话的主要内容和主旨。听完之后,听者可以复述说者的内容要点,然后,至少把记录阶段没记录上的、或仅记录部分的、或听得模糊的地方,向说者进行咨询、补充。最后,为了高质量地完成沟通,听者还须就自己记录讲话的过程中产生的一些疑问,向说者提问,确认说者的真实意图,完善相关沟通信息。

二、借助话语标记语,明确话语背后真意

话语标记语是一个语言应用学概念,通俗地讲,就是语言中存在这样一类词语或短语,它们的出现,就像一个标签,告诉听者,请注意,下面我要说什么样的信息了,或者预示接下来话语将要开始、继续或结束了。

这些称为话语标记语的词汇短语,是听者应当特别关注的细节,提高对话语标记语的语言敏感度,是提升听话能力的重要方面。汉语中的话语标记语非常多。下面我们分类学习一些比较典型的,对我们理解语义有明显提示作用的话语标记语。

(一)强调背景共识的标记语——"你知道"

"你知道"这个短语经常出现在口语中,类似的还有"你也知道""咱都知道""你知道吗""你不知道""你知道吧""你知道的"等。当说者说出这类话语标记语时,是在强调理解当前话题的一些背景信息,其主观意图是想要与听者在当前话语的前提、背景方面达成共识,从而调动听者的积极性,让听者更容易赞同并接受说者的观点。例如:

语境:朋友之间借钱。

被借钱的人说:我现在也是罗锅子上山——前(钱)紧。**你也知道**,最近股市正在大跌,我的钱全给套在里面了。

这个例子中,说话人不想借给对方钱,说自己也手头紧。为了让借钱人更理解接受自己的做法,用"你也知道"这个话语标记语,引出股市大跌的背景信息,引发听者对当前经济状况的认知共识,从而同情理解自己的不得已。

(二)表达批评抱怨或负面事实、评价的标记语——"不是我说你""说句不该说的话"

1."**不是我说你**" "不是我说你"是一个典型的话语标记语。在这里,"说"是批评、责怪、埋怨的意思。对方说"不是我说你",你要能听出,接下来他就要真的"说你"了。"不是"这个否定词,只是一种委婉的辞令,是在尽量保全你的自尊和面子。例如:

李清:有些毛病你真得改改,**不是我说你**,你呀,不是说你有多坏,也不是说你品质有多恶劣,你就是特别没谱,给人感觉特别靠不住。

有时,说者为了进一步让批评的语气缓和,减少对方的抵触,往往在"不是我说你"前边还加上对听者较为亲切的称呼。例如:

父亲叹了口气,说:"那你的小说都是怎么写成的?就凭你那点想象力,连讨饭的乞丐都不如,怎么想着去写小说?儿子,**不是我说你**,我觉得你还是踏踏实实地开个小店,卖点儿吃的、穿的,实用的东西……"

2. **"说句不该说的话"** "说句不该说的话"也是一句常常用来预告批评、怨责信息的话语标记语。类似的还有"说句不中听的话""说句难听的话"等,书面色彩浓一点的还有"恕我直言"等。这类话语标记语形式主要是为了使批评显得委婉。这些批评的话,可能会引起听者的不悦,因此往往事先预告或提请谅解。例如:

说句不该说的话,光忍饥挨饿而不思谋改变面貌,这不是艰苦奋斗。把忍饥挨饿的劲拿出来,把日子过好,这才光荣。

(三) 表达不同立场角度的标记语——"话说回来"

"话说回来"是说者在表述一个观点后,又从事物的反面加以表述时,用到的话语标记语。类似的还有"话又说回来""话再说回来""话又得说回来"。例如:

梁燕有罪与否、是什么罪不好说,但她肯定是有错,至少有违拾金不昧的精神。即使捡到一箱自认为不值钱的假首饰,也不该带回家据为己有。但**话说回来**,拾金不昧是道德层面上的高要求,让每个人都做到不现实。

这句话中,说者先说梁燕有违拾金不昧的精神,然后用"但话说回来"一转,从反面又为梁燕的行为进行开脱。所以,当听到有人言谈中出现"话说回来"的插入语,听者就要敏锐地洞悉,说者又要从反方面说了。

理解了"话说回来"的标记语含义,作为听者,我们还要了解说者为什么要把"话说回来"的意图。这样将截然相反的见解包含在同一个话语中,说话人是希望遵循"面子"原则:一方面要使交际双方都留有余地,缓和生硬的言语氛围;另一方面要使言语内容尽量周全,不留被人攻击的把柄。

(四) 表达提醒、警告的标记语——"我告诉你"

话语标记语"我告诉你"出现在对话中,其核心功能是引起听者对它所引出的话语的注意,具有强调意味。当听者听到这个短语时,就要特别留意,这是说者刻意要强调给听者的信息。这些信息中,有的仅仅是告知或提醒,有的语境下则是一种不太友好的警告甚至威胁。可以看下面几个例子。

语境1:提供重要信息,郑重告知。

小林,**我告诉你**,我的工作问题解决了!

语境2:提醒某个重要信息,让对方不要忘记。

我下午在这儿被你的女儿又抓又咬,现在,还该来挨你的骂吗?**我告诉你**,你可能是个达官显要,但是,我并不是你的部下!

语境3:警告威胁对方。

我告诉你,过两天考试,语文和数学你别再给我低于90分,否则别进家门。

（五）引出过往观点见解的标记语——"我说什么来着"

当某状况发生时，有的人会脱口而出："我说什么来着？"当我们听到对方说出这一话语标记语时，就要理解，说者是在提醒听者："注意现实情况与我之前的预期一致。"接下来说者有可能引述自己过往的话语和观点。比如：

你看你，**我说什么来着**？干活的事儿，别叫女同志。这女同志一累了哇，就容易犯糊涂。

除了提醒听者现实与自己预期一致的语义功能外，我们在倾听时，还要仔细分辨说者的情绪心态，有时说者是一种自豪、炫耀的情绪，有时则是通过重复自己曾说过的观点表达对听者的不满和抱怨。

语境1：自豪炫耀——安禄山起兵造反，唐玄宗召集大臣商议。杨国忠得意地说：

我说什么来着，安禄山要反，还不是被我说准了吗？

语境2：责备埋怨——许海峰面对媒体：

我说什么来着，雅典奥运会中国射击队的目标是保二争三，可有的媒体就是不信，总以为我是故意打埋伏。

（六）强调话语真诚真实的标记语——"说句实话""坦率地讲"

1．"说句实话" 日常生活中"说句实话"这个短语出现的频率很高，而且还有一批类似的话语标记语，如"说实在的""说句心里话""说句良心话""说真的""说老实话"等。这类话语标记语，是在预告下面说的内容是说者认为比较真实的、发自内心的信息。同时，说者也在用这句话表达自己对听者的诚恳态度，目的是拉近双方的心理距离，增进双方的互信与互动。例如：

①**说实在的**，我真不觉得有什么了不起之处——同当年画的《九猫图》相比，只不过是更娴熟了而已。

②**说句心里话**，我去过全国好些城市，北京也来过不止一两次，可服务态度这么好的售票员只在报纸上看过，亲身经历还真是头一回。

2．"坦率地讲" "坦率地讲"也是一类显示真实诚意的话语标记语，变体包括"坦白地讲""坦率地说""不客气地讲"等。这与"说句实话"稍有区别，如果说话人用"坦率地讲"开启话语，后面的内容往往是带有负面但真实的情况，说话者坦诚相见，并不想委婉含蓄。比如：

①**坦率地讲**，你们好好干，干出效益了，我重奖；你们不好好干，拿不出效益来，我照炒鱿鱼不误。

②**坦率地讲**，不用别人提醒我就动过心，有了钱，就可以自己主演，就可以在媒体上自吹自擂，就可能一举成名。

在句①中，坦率就体现在，讲出了残酷的事实：拿不出效益就要被辞退。句②中的坦率则体现在直接表露了自己曾有过的有些俗气的私心杂念。

三、借助语气词，明确话语背后真意

汉语中语气词有很多，作为以汉语为母语的人来说，我们对很多语气词所表达的情感态度，都有了近乎本能的正确解读。但在信息时代，通过即时通信工具进行"口头书面语"的交流越来越多，能准确把握"啊""吧""呢""嘛"等语气词所传达的意思和情绪态度至关重要。增加对这些

语气词含义特征的理性学习,将有助于我们提升对他人话语的有效解读。

(一)表达不合预期的"啊"

"啊"是汉语中最常用的语气词,它的变体包括"呀""哇"等。相关语言学研究成果指出:"啊"这个语气词,最本质的特征是表达了说者在某种不符合预期的行为状态出现时的情绪反应。说者在说"啊"时,一般都有一些隐含的信息。下面进行分类举例。

1. 带"啊"的评价语——从中听出"惊讶"

例 你够厉害的啊!

这句话字面意思是在夸对方,里面隐含的信息是:我预期你没那么厉害,而你却表现得很厉害,超出了我的预期,我很惊讶。

"出乎意料的惊讶"是"啊"的基本意义和最初意义,其他的功能意义都由此引申发展而来。当听者听到别人这样评价自己时,应该留意其中的惊讶意味。

2. 带"啊"的正面应答语——从中听出"迎合"

例 A:有时间吗?今天晚上一起打球呀?

　　B:好啊!

这里B的回答用了"好啊",如果换成"好",对比一下就能感觉到,"啊"里包含着一种发自内心的、出于自愿的赞许同意。这里的"不符合预期"表现在:从A的预期来讲,B不答应是很有可能,或是很正常的。而B的回答超出对方预期,表现出了极为愿意接受A的提议的态度,这体现了对对方信息的积极迎合和正向积极互动。

3. 带"啊"的致谢致歉语——从中听出"期待"

例 对不起啊,不是故意的,咱们那音乐会该办还是照办。

当说者在表达谢意或歉意时带上了"啊",听者就要注意,对方是在一种不致谢或不道歉也正常的预期中,向听者强调,他表示感谢和道歉是发自内心的、自愿的,不是出于一般礼貌性的。也特别希望听者能接受这份感谢或道歉,交际双方形成良好的互动。

4. 带"啊"的命令语——从中听出"催促" 当说者在表达命令要求的祈使句中加上"啊",暗含的意思是:你应当采取我命令中的这种行为(我的预期),但你却没有行动。"啊"在这里表达的就是一种催促。伴随语调重音的变化,有时这种催促还会带上强烈的责怪语气。

例1 时候不早了,咱们走啊!——催促

例2 都八点了,你赶紧起来啊!——催促+责怪

5. 带"啊"的说明语——从中听出"纠正" 说者说明某件事情、解释自己某种行为、揭示某件事情真相时,如果带"啊",往往暗含着对前面语境中某种错误言行或认知的一种否定和纠正。

例 我没说自己对啊!

这句带"啊"的话中,"啊"本身固有的不符合预期表现在:说者认为对方应该认识到,说者并没把自己的错误当成是对的,但对方却偏偏误认为说者把自己的错误当成对的了。因此在这句话中,通过"啊"我们能听出话语中说者强烈纠正对方错误认知的态度。

6. 带"啊"的疑问语——从中听出"应该" 当说者在疑问句中带"啊",一般是在强烈地表达

一种隐含信息：你应该做到某事。举例如下。

例1　你为什么不去啊？（我预期你应该去，但你却没去。）

例2　你还真要这样啊？（我预期你不能这样，但你却真打算这样。）

例3　我怎么那么傻啊？（我预期自己不应该这样傻，但现在却很傻。）

例4　我理解你，你是不是也该理解我啊？（我预期你应该理解我，但是你没有理解。）

调查结果显示，语气词"啊"一般用在关系亲密的人之间。因为关系亲密的人之间客套性要求更低一些，能够容忍说者表达反预期和主观性强烈的各种语气。因此，当我们经常听到一个人在和你的交谈中用到了上述这些带"啊"的话语，那就说明在他或她心里，没把你当外人，或者正试图和你建立亲密关系。

（二）表示怀疑和不确定的"吧"

在汉语中，"吧"这个常用句末语气词的本质含义是"怀疑，不确定"。由于这个意义特征，"吧"让所有和它搭配的话语在语气上都变得有所减弱。比如很肯定的句子，一加上"吧"，立刻就减弱为揣测、不确定的语气。如"这是你的"语气非常肯定，但在末尾加上"吧"变成"这是你的吧"，疑问和不确定的语气立刻非常明显。这一点对于母语是汉语的人，分辨起来非常简单。

但还有其他一些使用"吧"的情况，不太容易分辨，我们如果能掌握这些知识，就可以帮助我们在倾听时更好解读对方说话时的微妙情绪和态度。

1. 带"吧"的应答语——"痛快答应"变"勉强无奈"　带"吧"的应答语最常用的就是"好吧"。当说者提出请求或指令，对方说"好吧"，有一种在同意中含有不得不表示接受的意味。即说者本来有自己的意见，但由于某种情况不得不迁就对方的意见。因为"吧"自身带有怀疑、不确定含义，因而削弱了赞同接受的确定语气，使应答显得有些勉强和无奈。

例　A：你干什么去？我有点事跟你说。

　　B：我上厕所，快憋不住了，等会儿行吗？

　　A：好吧。那你快点儿。

2. 带"吧"的命令语——"颐指气使"变"温婉建议"　"吧"的不确定特质，让它本身带有征询听者意见的含义，因此，在表达命令指令时，带上"吧"，就使说者呈现出一种平等友好地征询对方同意的姿态，原来颐指气使的生硬语气弱化为一种温婉的建议。

例　A：快来吃香蕉，我们刚买的，特别好。

　　B：现在不想吃，先放那儿吧。

把例句的"吧"去掉，就能感受这种委婉语气和强硬语气的差别。说者使用"吧"，其目的不是真的要征询意见，而是要表达一种谦逊友善的态度，是要搞好交际双方的关系。敏锐的倾听者，应该能通过有没有"吧"这个语气词，感受对方语气的不同以及背后的交际意图。

3. 带"吧"的宣告语——"冒失唐突"变"礼貌客气"　宣告语就是说者向听者宣告自己将要做的某种事情。比如下面两个例子就属于带"吧"宣告语。

例1　我主动拿过煤气灶上的水壶说："我帮你冲吧。"

例2　杜梅掀被下床，一边梳头一边对我们说："我领你们去吧。"

两个句子和去掉"吧"的说法比起来,语气变得不那么强硬了,带有了商量的意味,为什么会有这样的变化?是因为"吧"含有怀疑的意思,在这里怀疑表现在:不知道自己将要采取的行动是否合适,所以需要对方允许,即"我要做某件事情,希望你允许。"语气的和缓意味着更合乎礼貌原则。敏锐的听者能从"吧"的使用,来研判说者的修养和对自己的态度。

（三）体现友好亲昵的"嘛"

"嘛"这个较为常用的句末语气词,最本质特点是表示说话人的友好亲昵,是一个典型的正向交流符号。所以当听到说者用"嘛"这个语气词,就可以断定:说者通过"嘛"在营造一种亲近随意、正向友好、互动性强的语言交际氛围。例如下面的对话。

①还有,你们屁大的孩子,互相乱叫什么"老李""老张"的,小小年纪一个个老气横秋的,看着也不像嘛。

②你今天这个气不顺嘛,怎么?谈得不理想?她没看上你?

仔细分析句②,如果换成"你今天这个气不顺啊",表达的是说者发现听者不寻常很吃惊。而用"嘛",说者并不表示吃惊,只是想让对方知道自己发现的事实。说者并不强迫对方承认自己气不顺,也没要求对方给出回应。"嘛"只是在表示自己的亲昵态度,体现出"我是为你好"的关心意味。

在用"嘛"的语句中,除了普通表示亲切友好的态度外,有种情况比较特殊,作为听者要格外留意:当发生言语冲突时,使用"嘛"则显示为一种示弱或者让步,看下面一个例子。

A:"就不许你走,没什么道理。"

B:"哎！哎！奇怪了！"他干笑着看大家,"莫名其妙嘛！"

A:"少废话,不让你走你就别走,该哪儿待着哪儿待着去,办公室里又不是没你的椅子。"

B:"你这就没道理了嘛……"

这个例子中,B在对方极不友好的交流氛围中,用了两个"嘛",体现出他不想完全翻脸,因而在言语上力图避免冲突升级。说者虽说"莫名其妙",但干笑的表情正反映了他的尴尬,在对方如此强烈的攻击下,亲昵友好氛围已经荡然无存,但他还在用"嘛"这一语气词,实际上是一种单向示弱或让步的姿态。

四、借助语调节奏,明确话语背后真意

人类学家雷·博威斯特研究指出,在面对面的交流中,语言本身所传递的信息量还不到35％,从说者说话声音的高低、强弱、起伏、节奏、速度、腔调中,听者可以发现众多隐藏的信息。

（一）语音语调中隐藏的情绪

人们说话时,情绪不同,说话的音调、音质和音量也会不同。听者应该善于从语音语调中判别说者的情绪。

1. 情绪高亢时的声音特征

（1）愤怒:愤怒时说话音量变大、语速加快,音调提高。句子中重读的字频繁出现。

（2）欢快:音调提高,语速变快,但音量没有特别大,语句说得轻快,没有特别强烈频繁的重读,而且句尾音调会上扬。

（3）激动:气息短,声音急促,语速快,声调高且尖,有时会带有颤音。

2. 情绪平静时的声音特征　若是对方情绪平和安详,声音会放低而带有沉重感,语速也比较慢,尤其是觉得眼前的人能够理解自己意图的时候,语调会变低变重,更和缓。

3. 情绪低落时的声音特征

(1)悲伤:语句音调低,语速变慢,显得软弱无力,声音起伏小,听起来沉重而呆板。

(2)冷淡:语句简短,音量低,气息弱,但速度通常很快,语调下沉,直接感觉是对方嘴的动作幅度很小。

(3)恐惧:音量会比较低,但声音的轻重起伏比较大,声音常常会颤抖。

(二)语音语调中隐藏的语义

在口语中,还有一些声音特征能够起到一定的表意作用。听者在倾听时,应该关注并利用这些信息更加准确地理解说者话语的含义。

1. 停顿　在说话中,凡是间歇停顿时间稍长的地方,一般都起到"意群"分界的作用,相当于书面语中的标点。我们在听话时,要敏锐分辨对方的停顿,因为停顿的位置不同,强调的重点也不同,表达的意思也就不同。

比如"他说的是英语老师不在。"这个句子靠明显间歇停顿可以表达成三种含义。

——他说的/是英语老师不在。(强调是他说的,不是别人说的)

——他说的是/英语老师不在。(强调他说的内容)

——他说的是英语/老师不在。(强调他说的是英语,不是别的科目)

2. 重读　我们在倾听时,如果对方在某个句子或词语上读得特别重,故意放慢速度,说明说者是在故意强调某种意义或抒发某种情感,这一般就是他表达的重点,要格外留意接收。例如"他是物理老师?"这一句。如果"他"这个词重读,读音长,声音上扬,所传达出的含义就是说者对"他"这个人表示不信任甚至是蔑视的态度。如果"物理"这个词重读,读音长,声音上扬,说者就是在表达对"他"这个人的"物理"水平表示怀疑,甚至瞧不起的情感。

3. 特定的语速语调　说者在强调重点内容的时候,通常会辅以一些语调、语速、重音上面的变化,比如,加重语气、提升(或降低)语调、放慢语速,甚至把重要的内容逐字、逐词进行重读。听者一定要留心这些语速语调的变化,敏锐捕捉重要内容。

五、借助表情动作,明确话语背后真意

人在言行、交际中自觉或不自觉地加入自己的表情、身体动作,这些表情、动作被称为肢体语言。大量的研究已经证实,准确解读肢体语言,是沟通交流重要的技能。

(一)辨识交际中的典型肢体语言

1. 眼神

(1)正视对方:如果在交谈中保持正视的目光交流,注视时间占 30%～60%,就是一种正常的正向交流状态,传达出友善、诚恳、外向、有安全感、自信、笃定的状态信息。如果直接注视的时间超过 60%,要么是对方对你感兴趣,要么是在用目光向你施压挑衅。

(2)避免目光接触:任何情况下,避免同交际对象保持目光接触的行为,都是一种消极的肢体语言信息,要么是故意表现自己的冷漠、逃避、不关心,要么是内心没有安全感,处于一种消极、

恐惧或紧张状态中。

（3）低头向上看：把头微微低下的同时抬起眼睛向上方看，露出下眼白，这是一种表示顺从谦恭的眼神动作。这种姿势会让人看起来像个孩子。一般心理学解释认为：小孩的身高比成年人矮得多，所以在看成年人时必须抬起眼睛往上看；久而久之，不管是男人还是女人，都会被这种仰视的目光激发出类似于父母般的情感反应。

2. 嘴

（1）抿嘴：抿嘴就是试图把自己的嘴唇向口内卷回藏起的动作，这是人们面临压力时的一种表情动作，心理学认为，嘴唇紧抿是自我抑制的表现，就好像是大脑在告诉我们"紧闭嘴巴，不要让任何东西进入身体里"。

（2）噘嘴：嘴唇往前噘起的动作，是心存不满情绪或者不同意见的表示。除此之外，爱撒娇的女性也经常有噘嘴的动作，因此具体分析时，要结合具体情境判断。

（3）撇嘴：撇嘴就是下唇向前伸、嘴角下垂的动作。嘴角上扬表示喜悦，撇嘴的嘴角下垂则是一种典型的负面情绪，往往表达一种悲伤、绝望、愤怒或者不屑、鄙夷的内心状态。

3. 头部姿势

（1）点头：在世界大部分地区，都是点头表示赞同认可，摇头表示否定反对，但在少数国家如阿尔巴尼亚、斯里兰卡、保加利亚、印度、尼泊尔等国则正好相反。点头的含义和点头的频率关系密切，据研究，别人讲话时隔上一段时间认真点一次头，连续这样点三次，对方感觉最好。如果频繁快速点头，则是明显的不耐烦之意。

（2）抬头：抬头的动作表示对方对谈话内容持中立态度，随着谈话的继续，抬头的姿势会一直保持，人们只是偶尔轻轻点头。而且，用手触摸脸颊的手势也常常伴随着抬头的姿势，表现出认真思考的态度。

（3）侧抬头：把头向一侧倾斜并微微抬起下巴是一种顺从、毫无威胁的表示，也是对对方感兴趣的表示。因为这个姿势暴露出人们的喉咙和脖子，还会让人显得更加弱小和缺乏攻击性。

（4）低头：和前面提到的避免目光接触是同一肢体动作，低头就是为了避免与对方目光交流，这表示对对方的谈话不感兴趣或持否定态度。

4. 手臂动作

（1）双臂交叉抱于胸前：这是一个重要的消极肢体信息，它的含义是自我保护和防御的信息。如防御、不接纳对方，否定对方言论或产品，认为自己是相对弱小者。

（2）双手放开暴露全身：这个动作是把身体正面的喉、胸、腹等重要部位完全展露出来，没有任何防护，表示出有信心、不害怕、安全、有地位等含义。

（3）双臂背于身后：表示有地位、有身份、有信心。

（4）双手手指交叉放于脑后：这个姿势一般配合坐姿，身体向后靠，这是一种带有强烈的自信和主导意思的举动。

（5）双手叉腰：如果拇指向后，表示一种强的控制欲；如果拇指冲前，则是一种疑问态度的流露。

（6）手指张开且指尖按于桌面：这种动作一般配合站姿，是一种重要的表达自信和权威的动作。

(7) 摸鼻子：说话时做这个动作，有可能表示对方言不由衷，想掩饰自己的内心。当脑中产生不愿为人知的信息后，人就会下意识地指示手去遮住嘴，为了不太显眼，会就势在鼻子上触摸一下。有时摸鼻子的动作幅度较小，只是在鼻子上轻轻地蹭几下。如果在和别人交谈中，对方有这种动作就要仔细考虑对方话语的真实度了。

(8) 倾听时轻摸下巴：这种动作表示听者正在思考说者所讲的内容。

5. 腿部动作

(1) 站姿交叉双腿：这是一种舒服和放松的表现。在这种姿势下，人不可能处于逃跑或者争斗状态。在对方面前感到自信时也会将双腿交叉。当两个交谈的人都将双腿交叉时，则显示他们都感到很轻松。

(2) 身体前倾：当人们对对方感到亲切和赞同时，就会倾向对方。遇到不喜欢的事物或人时就会将身体倾向相反一侧，人总是将身体倾向于自己感兴趣的事物，远离那些自己厌恶的东西。

(3) 伸展的坐姿：手脚伸开懒洋洋地坐在椅子上，这种姿态表明对方在目前状态下拥有权力和自信，如果是在比较正式的场合，则表示对谈话对象稍有些瞧不起和轻视。

（二）解读肢体语言应遵循的基本原则

1. 不做单一判断　　不能因单一的信息，即对对方的肢体语言轻下结论。因为人是最复杂的动物，我们要学会用各种肢体信息，尝试总结出一套比较适合自己使用的解读肢体语言的方法。

2. 结合语言信息　　一个人的肢体动作和他的语言表达是一体的，所以我们必须将对方的肢体动作和语言相配合进行全面理解。有时候一种身体语言所揭示的情绪，我们很难做出百分之百的肯定，如能将身体语言表达出来的意思与语言因素相结合，就会较为容易了解对方真实意图。

3. 识破对方伪装　　有许多经验丰富的表达者，特别会隐藏自己的情感，如果仍按正常的思维去解读对方的肢体语言便可能得出截然相反的结论。此时，一定要注意识破对方的伪装，力争从对方的信息中辨别出真伪。

4. 考虑对方文化背景　　每个人使用手势、语气和身体其他部分的表现形式，都与地方文化背景和个人受教育程度有着不可分割的关系，所以，我们在倾听时，一定要重视对方的文化背景，熟知不同文化背景下肢体语言的不同含义，从而推断出一个人非语言沟通信息所表达出的秘密。

案例分析

案例一：小公主的月亮

一、案例呈现

一个国王最宠爱的小公主病了，她娇憨地告诉国王，如果她能拥有月亮，病就会好。国王立刻召集大臣上朝讨论这件事，让他们想办法拿下月亮。

丞相说："它远在三万五千里外，比小公主的房间还大，而且是由熔化的铜所做成的。"

国师说："它有十五万里远，而且是皇宫的整整两倍大，闪闪发光，一定是宝石做的。"

其他大臣七嘴八舌地说："月亮远在三万里外，又圆又平像个钱币，有半个王国大，还被粘在天上,不可能有人能拿下它。"

国王又烦又气,只好叫宫廷小丑来弹琴给他解闷,小丑问明一切后,得到了一个结论:月亮的大小没有统一的答案,各人对月亮有自己的看法,那么,小公主对月亮的看法是怎么样的呢?她的眼里月亮到底是多大呢?

小丑到小公主房里看到躺在床上的小公主很不开心,就问小公主:

"为什么想要月亮啊?"

"因为父皇天天都好忙,我一个人好孤单,想让月亮一直陪着我。"

"月亮有多大呢?"

"大概比我拇指的指甲小一点吧!因为我只要把拇指的指甲对着月亮就可以把它遮住了。"公主说。

"月亮距我们有多远呢?"

"距离不会比窗外的那棵大树高!因为有时候它会卡在树梢间。"

"月亮是用什么做的呢?"

"它总是亮闪闪、金灿灿的,一定是用金子做的啦!"公主斩钉截铁地回答。

比拇指指甲还要小、比树还要矮、用金子做的月亮当然容易获得啦!小丑立刻找金匠打了个小月亮,穿上金链子,给公主当项链,公主很高兴,第二天身体好一些了。小丑还把小公主的孤独告诉国王,让国王尽可能多地陪伴小公主,没法陪伴的时候,也要尽量安排一些有趣的活动让小公主转移注意力。小公主的心情好了,身体也越来越好,最后病也好了。

二、案例分析

1. 在这个案例中,小丑很好地运用了"引导追问"的方法来了解"小公主心目中的月亮是什么样的"这个关键问题。请根据学到的知识,对以下问题的类型进行判断选择:

(1) 为什么想要月亮啊?

(2) 月亮有多大呢?

(3) 月亮距我们有多远呢?

(4) 月亮是用什么做的呢?

探求式:_____

引导式:_____

2. 这些问题的顺序能不能变化?为什么?_____

_____

3. 通过对材料的阅读,你觉得小公主生病,最主要的原因是_____

_____

扫码看答案

案例二:戴安娜王妃的眼神

一、案例呈现

1980 年,19 岁的戴安娜,就像童话里的"灰姑娘",与英国王储查尔斯王子"一见钟情"且迅速和王子订了婚。1981 年 7 月 29 日,戴安娜与查尔斯王子结婚。两人盛大的婚礼曾轰动一时,据说大约有7.5亿人关注了这场婚礼,英国皇室甚至启动人工降雨,只为了婚礼上能出现一抹美丽的彩虹。但是,作为"灰姑娘"的她最终还是从童话中醒来,认识到王子并不爱她。1992年12月,戴安娜和王子这段不和谐的婚姻闹得满城风雨。当时的英国首相梅杰,代表皇室向众人宣布查尔斯王子正式与王妃分居。1996年6月,女王亲自勒令两人离婚。最终,戴安娜选择用人民和媒体舆论做出了反击,让给她带来痛苦婚姻的皇室焦头烂额。根据以下图片,试着从戴安娜的眼神分析她为什么会得到全世界人民和媒体的同情?

二、案例分析

我的分析：_____

_____

_____

_____

语言实践

一、想象听到下面的话,体会有和没有话语标记语或语气词前后在语气态度上的不同

1. "不是我说你"

删掉前:"你有病啊?"蚊子又一次跳了起来:"你见她干吗?! 不是我说你,张元,你有时候忒冒傻气,成天跟人家假仗义,你能捞到什么好啊? 弄不好人家找几个人把你揍一顿呢!"

删掉后:"你有病啊?"蚊子又一次跳了起来:"你见她干吗?! 张元,你有时候忒冒傻气,成天跟人家假仗义,你能捞到什么好啊? 弄不好人家找几个人把你揍一顿呢!"

我对话语的解读：_____

_____

2. "说句真心话"

语境:听话人邀请说话人入股做生意,说话人表示拒绝。

删掉前:她面露难色:"大妹子,说句真心话,俺咋不想干,可到哪去弄本钱?"

删掉后:她面露难色:"大妹子,俺咋不想干,可到哪去弄本钱?"

我对话语的解读：_____

_____

二、想象你是听话人，请借助下面话语中的语气词，体会话语中的隐含意义和情绪

1. 语境：和一位只听说过自己但一直未曾谋面的人在公共场合碰到，假如你是张三。

对方说："你就是张三啊！"

我的体会：_____

_____。

2. 语境：学校组织春游报名，孩子病刚好，爸爸不同意他去。假如你是爸爸。

孩子对爸爸说："我能去呀！"

我的体会：_____

_____。

3. 语境：一人发出邀请，对方拒绝，假如你是B。

A：王媛，明天你陪我去个地方呗。

B：我没时间，明天我要见客户呢。

A：好吧，都那么忙。

我的体会：_____

_____。

三、请从下面话语中语音的不同重读，解读出不同意思

1. <u>他</u>一天就喝了三瓶水。

2. 他<u>一天</u>就喝了三瓶水。

3. 他一天就喝了<u>三</u>瓶水。

4. 他一天就喝了三瓶<u>水</u>。

▶ 拓展延伸

服务工作倾听的要点

1. 改变重"说"轻"听"的习惯，认真听取客户的诉求。

2. 整合客户传达的信息，主动询问核实信息的准确性。

3. 面对以倾诉为需求方式主动求助的客户，呼叫服务员应该以积极的态度关注客户，帮助客户解决问题。

4. 在整个工作的过程中，要体现对客户人格的尊重、感情的关注并积极回应。

5. 作为一名合格的呼叫服务员，在与客户交流的过程中，应该做到听得准确、记得牢固、回应及时、表达清晰。

单元主题诵读——以诚感人

在为他人服务的过程中，真诚最能打动人心。俗话说得好，精诚所至，金石为开。真诚可以打破冷漠的坚冰，撕下虚伪的外衣。真诚待人，别人也会报之以诚。

在本单元主题诵读环节，同学们将接触到古今中外众多名著、名人关于以诚待人方面的经典论述。将这些理念、观点熟练诵读，细心体会，必将对将来在服务岗位上待人接物起到潜移默化的作用。

一、中国传统文化中的"诚"

1. 所谓诚其意者，毋自欺也。 ——《大学》
2. 自诚明，谓之性；自明诚，谓之教。诚则明矣；明则诚矣。 ——《中庸》
3. 诚者，天之道也；思诚者，人之道也。 ——孟子
4. 真者，精诚之至也，不精不诚，不能动人。 ——庄子
5. 君子养心莫善于诚。 ——荀子
6. 精诚所至，金石为开。 ——王充
7. 以诚感人者，人亦诚而应。 ——程颐
8. 思诚为修身之本，而明善又为思诚之本。 ——朱熹
9. 诚无不动者，修身则身正，治事则事理。 ——杨时
10. 诚之所感，触处皆通。 ——吴处厚
11. 以实待人，非惟益人，益己尤大。 ——杨简
12. 感人以诚不以伪。 ——方苞

二、世界名人论"真诚"

1. 真诚才是人生最高的美德。 ——乔叟（英）
2. 真诚是使一个人伟大的最基本的力量，它使一个人的缺点和错失也能变得被原谅。 ——罗曼·罗兰（法）
3. 一两重的真诚，其值等于一吨重的聪明。 ——大仲马（法）
4. 你必须以诚待人，别人才会以诚回报。 ——李嘉诚

参考译文

第二单元 温文有礼

单元主题训练——培养语言亲和力

　　服务岗位是与人打交道的岗位，在与人交往中，柔和悦耳的声音，得体礼貌的谈吐，既让服务对象如沐春风，也展示出自己对客户的一片诚意和一颗真心，塑造自己充满亲和力的个人良好形象。

　　本单元通过"字正腔圆声悦耳""得体准确礼貌周"两个主题，系统全面地学习在口头和书面交际中有关礼貌得体表达的知识与技巧。其中主题一包括发音吐字清晰、语速节奏恰当、语调音量合适三个方面；主题二包括交际得体称呼、表达谦恭有礼、言谈避开禁忌三个方面。相信通过这些知识技能的学习，一定能让我们在与人交往中得到认可，成为一个礼貌得体之人。

主题一
字正腔圆声悦耳

◆ 主题说明

　　作为一名服务从业者，声音就是你的"第一张名片"，人说话的声音有天赋成分，但也可以通过后天练习，达到字正腔圆声悦耳的效果。

　　在这一主题，同学们将从发音吐字、语速节奏和语速音量三方面学习并调整自己说话的声音，为自己打造一张靓丽的"声音名片"。

第一节

发音吐字清晰

▶ 情景再现

某店客服人员正在与客户进行电话沟通。虽然这位客服人员文化程度不高,且新上岗,但沟通非常顺利。首先,这位客服人员普通话非常标准,因为在这之前她进行了大量的练习。其次,在接电话时她的音量适中,吐字清晰,客户能清楚了解她所表达的内容。最后,这位客服人员事先组织好了语言,交谈时比较轻松自如,整个沟通过程都很顺畅。这位客服人员圆满地完成了任务。

由此可见,在工作中,准确吐字、清晰发音非常重要,准确清晰的声音是我们在与他人沟通中强有力的助推器。

▶ 知识积累

俗话说:咬字不清,吐字不明,有如钝刀杀人。在当今社会中,发音吐字清晰被视为一名服务从业人员综合素质的直接体现。在工作中与人交谈,为了让对方听得懂,并且准确地理解意思,应说普通话,力求发音吐字清晰,尽量不带方言。如果说者发音含糊不清,听者很快就会厌倦,不愿继续倾听。一口字正腔圆标准的普通话能给人一种美感,给人一种无穷的享受。要想发音吐字清晰,我们可以通过吐字归音的训练,提供充足的气息支持及充分发挥共鸣的作用来实现。

一、吐字归音

（一）什么是吐字归音

吐字归音是我国传统声乐艺术提及咬字方法时所用的一个术语。这种方法把汉字一个音节的发音过程分为字头、字腹、字尾三个阶段,如音节 bian,声母 b 和介音 i 构成字头,韵母中的 a 是字腹,韵母中 n 是字尾。在发音时要求准确地将音节的头、腹、尾音清晰地送出,做到字头出字清晰、字腹立字饱满、字尾归音到位,最终形成一个完整的字音,达到"近听不刺耳,远听不含混"的效果。作为主要靠话语来与客人沟通交流的服务行业人员,表达时首要的一点就是必须把每个字都咬准确、吐清楚。因此练声首先必须进行吐字归音的训练,以求达到吐字清晰准确。

（二）吐字归音的练习方法

吐字归音的练习可以分字头、字腹和字尾三个阶段,下面我们就具体举例来说明吐字归音对各个阶段的具体训练要求。

1. 第一阶段——吐字:字头的发音过程　对于字头的发音过程,即咬字阶段,要求是"咬住

"弹出"。如 tian，声母"t"的发音过程应是：先在准确位置，即舌尖与上齿背成阻，进而蓄积足够气力持阻，这个阶段要求"咬住"。正所谓"咬字千斤重，听者自动容"。发字头音的时候，发音器官成阻的两个部位不要接触面积太大，否则，口腔中肌肉容易松弛，字音就不够清晰了。"弹出"是指声母的去阻，也就是吐字阶段。迅速去除舌尖与上齿背的阻力打开口腔，把字送出去，像弹出弹丸，干脆利落，不拖泥带水。

从上面这个例子可以看出，字头的发音也就是声母发音的过程，是气流受阻和克服阻碍的过程。日常生活中有些声母的读音总是会被混淆，下面我们重点学几组容易吐字错误的音。

（1）n 和 l：n 是鼻音，发音开始时舌尖抵住上门齿龈，口腔通道被堵塞，气流、音波进入鼻腔通道，然后舌尖放平，去除阻力发出 n 的音。而 l 是边音，发音开始时也是舌尖抵住上门齿龈，但口腔通道顺畅，舌尖轻巧弹下，让气流和音波从舌头两侧透出，发出 l 的音。要发好这两个音，总的要求就是认字准确和方法到位，舌头的动作要灵活自如。

（2）z、c、s 和 zhi、chi、shi：很多人由于方言的影响，在分辨 z、c、s 和 zhi、chi、shi 时有些困难。而这两组音如果出现混读就会让人产生"大舌头"的感觉。我们还是尽量找到两组音的发音部位和方法。这两组音发音时最大的区别就是舌头隆起所接触的上颚位置不同。z、c、s 是舌尖与上门齿背的对抗作用，位置较前，发音时不要死咬，点到为止；而 zh、ch、sh 则是舌尖与前硬腭的对抗，位置相对靠后，而且注意舌尖要上抬，抬得要有力，舌头不用卷，唇也不用使劲。

要发好这两组音，我们可以尝试用下面的方法来锻炼自己舌头的敏感度和灵活度。

方法一：刮舌练习，即舌尖顶在下门齿背，用上齿从前往后刮舌面，注意刮的同时让舌头后部逐渐抬起，舌头在口腔中立起来。

方法二：用舌头从前到后的位置分别碰上颚，从前到后地点。

2. 第二阶段——立字：字腹的发音过程 立字的好坏影响到字音是否圆润饱满。一个音节可以没有字头声母，如"安"这个字的音节，也可以没有字尾，如"大"这个字的音节，但不能缺少字腹。字腹实际上就是韵母中口腔开合度最大、泛音共鸣最丰满、声音最响亮的主要元音。说话要想达到气息饱满、声音圆润，一定要吐清字腹，主要体现在主要元音音程的长度与音量的响度。对字腹的发音，比较形象的要求就是"打开立起"，也就是发音时字腹一定要在口腔中"立"起来。有的人发 ai 像 ei，发 an 又像 en，都是字腹没有打开立起，也就是主要元音的口腔开合度不够。这种发音给人的听感是字音扁，不圆润。再如读"想"（xiǎng）字，字腹中 ǎ 如果读的声调短，"上声"不到位，就是没"打开"；口腔不圆、气息弱化，就是没"立"起，就无从激荡起"想"的情感气场。

3. 第三阶段——归音：字尾的发音过程 归音是指音节发音的收尾过程，归音不到位会让人感觉听起来不完整。如：有人将"外（wài）国人"读成了"外（wà）国人"就是归音不到位。归音要求做到"干净利索、到位弱收"。收音时应注意用减弱的声波来收束音尾，肌肉由紧渐松，口腔随之由开渐闭、渐松。以"调（diào）"字为例，立字之后读"o"要做到嘴唇渐收到读"o"时的位置。不能因字腹取音响亮而任意延长，要做到"干净利索"。

总之，要咬准字头（声母）、吐清字腹（韵头、韵腹）、收准字尾（韵尾），即出字要准确有力，咬住弹出；立字要打开立起，圆润饱满；归音要到位弱收，干净利落，是这三个阶段的最基本要求。

二、气息控制

气息是声音的动力来源,充足、有力、稳定、均匀的气息是发音的基础。在日常生活中,我们会发现有的人说话声音洪亮,显得"底气"十足,有的人说话有气无力,含含糊糊,使人难以听清楚,这种人则是"底气"不足。出现这样的状况,除了个人身体素质的差别外,气息控制与调节的技巧也是重要的影响因素。

(一)正确的呼吸方法

我们在与人交谈中,若想保持底气十足,一般采用横膈肌和胸廓同时伸缩的胸腹式呼吸法。这种呼吸方法要求吸气时空气经鼻吸入身体后,两肋扩大,横膈膜下降,胸腔、腹腔同时张大,小腹微收。胸腹式呼吸在开始呼气时,要求两肋不立即放松,与小腹收缩的动作形成对抗,减慢横膈回弹的速度,做到"两肋有控制地回缩,横膈有控制地上升",从而控制呼出的气息均匀、稳劲而持久(图 2-1-1)。

图 2-1-1

胸腹式呼吸气量大,进气无声,速度快。对气息深浅、多少和快慢的有效控制,能够帮助人在说话时达到稳健的语言状态,更有利于感情的表达。防止说话时出现前重后轻、头高尾低的气息问题。

(二)气息控制训练方法

1. 吸气练习

(1)慢吸练习——闻花香:想象闻花,想象一种自己喜欢的花卉,将花香慢慢吸入肺底,这时会感觉到躯干下部渐渐向四周扩张,腰带渐紧。

(2)快吸练习——大吃一惊:想象听到一件大吃一惊的消息,口鼻微微张开,两肋快速用力向外扩张吸气,吸气到位后,要屏息片刻,不吸也不呼。

2. 呼气练习

(1)无声慢呼气练习:先吸一口气,然后气沉丹田,慢慢地放松胸肋,使气像细水长流般慢慢呼出,呼得均匀,控制时间越长越好。

(2)发单元音慢呼气练习:吸气七八成,控制着两肋与小腹形成的拮抗力拉住横膈,获得均匀而持久的气息,缓缓地发出单元音 a、o、e、i、u、ü 的延长音。

(3)数数字慢呼气练习:吸气七八成,控制着两肋与小腹形成的拮抗力拉住横膈,获得均匀而持久的气息,在呼气同时轻声快速地从一数到十,一口气反复数,数到这口气气尽为止。

（三）换气的方法

说话过程中，我们要在自然停顿不破句的地方换气补气，不要等讲完一大段话再大呼大吸，显得很吃力。

两句话间有较大停顿，我们可以从容地换气，以满足下一句话发声表达的需要以及生理气体交换的需要。由于思维和情感表达的需要，为维持较长时间地发声需要而超出了生理能力，需要补充气息又没有补充气息的时间，我们可以采取以下技巧：保持住发声结束时的气息控制状态不变，两肋向外一张，继续后面的发声动作。这样补气可以在不破坏语句的连贯、在听众不察觉的情况下少量、无声地补充气息。

三、共鸣

在说话清楚、字音连贯、有良好气息的支持下，还应进一步讲求声音的优美动听，这就需要进行共鸣训练。

（一）共鸣的类型

共鸣，指人体器官因共振而发声的现象。人的声音是否悦耳，取决于共鸣器官的作用。气流冲击声带产生的喉音很微弱，在经过共鸣后得到扩大和美化。共鸣腔主要有口腔、胸腔、鼻腔、咽腔、喉腔、头腔。共鸣主要有口腔共鸣、鼻腔共鸣、胸腔共鸣三种方式。我们说话时主要采用以口腔共鸣为主、以胸腔共鸣为基础的声道贯通的共鸣方式。

胸腔主要指咽喉以下的空腔，包括肺和气管。调动胸腔共鸣时，颈部要扩张，喉头下沉到低位置，胸口缩进，这样就能感觉到声波在胸腔的明显振动。胸腔共鸣主要体现在低音区和中音区。借助胸腔共鸣，可以发出宽厚、低沉的音色，有助于表现深沉、厚重、忧伤、阴郁等情感。

发声时，口腔自然打开，唇形收拢，颧肌微提，下颚自然下放，上颚有上提的感觉，声波随气息的推送在口腔前上部引起振动。让声音在口腔内部形成共鸣的效果，音色便更加饱满集中、响亮有力（图 2-1-2）。

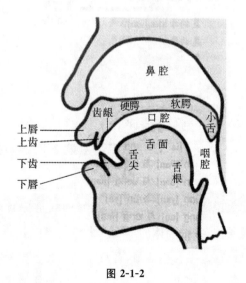

图 2-1-2

（二）口腔共鸣的训练方法

以口腔共鸣为主，辅以胸腔共鸣，发出的声音既丰满圆润、洪亮浑厚，又朴实自然、清晰真切。

作为发声器的"喇叭",口腔使喉部发出的声音得到加强和美化,控制好口腔对于共鸣来说非常重要,我们可以通过练习正确自如地打开口腔来获得更好的口腔共鸣效果。打开口腔可以分解成以下四个动作。

1. 提颧肌 颧肌是人微笑时收缩在颧骨的肌肉,提颧肌时,可以想象自己最开心时候的状态。要表达出真诚的微笑,就要让口腔内外部的肌肉都保持向上提的状态(图 2-1-3)。

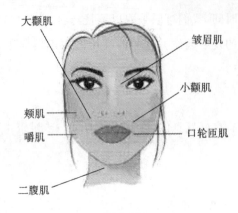

图 2-1-3

2. 开牙关 上下颌之间的关节称为牙关。打开牙关的小窍门:想象自己在张大嘴巴咬苹果,这种开口的状态就是充分打开了牙关。牙关打开了有利于增大口腔空间,加大舌头运动的空间。

3. 挺软腭 软腭是口腔中硬腭后面柔软的部分。上挺软腭可以增大口腔。挺软腭就是软腭要有紧绷感和往上抬的感觉。具体方法:可以模拟半打哈欠状态那种夸张的张嘴吸气,也可以通过练习发"好"字的音来找挺软腭的感觉(图 2-1-4)。

图 2-1-4

4. 松下巴 松下巴可以灵活控制口腔空间的大小,这样发的字音才会更自如,下巴太紧会显得不自然。松下巴的方法:先自然活动牙关,然后左右摇摆下巴,边摆动边发出"啊"音。

四、小结

吐字归音的训练可以使人说话清楚、字音连贯;良好的气息控制为字正腔圆提供了保障,也为共鸣腔的通畅提供了前提条件;共鸣腔体的适度扩大与共鸣位置的合理调整,能准确地建立气息运动所需的空间,使气息更节省,字音更清晰,音量、音质、音色更易于达到理想的水平。因此,咬字吐词、用气发声、美化音色三者不可分割,它们相辅相成地构成了一个发声体系,只有这种体系联动,才能达到字正腔圆、声音悦耳的效果。

案例分析

一、案例呈现

王老板是四川人,经营一家洗衣店,小李是店里最近招募的新员工。一天,王老板让小李把几套衣服紧急送到客户手中,由于比较匆忙,只是告诉小李是送到城西滨江路的"nuò lán 公司",交给门口的保安。小李二话不说,以最快的速度赶到了城西滨江路,找到了位于那里的诺兰公司。奇怪的是,诺兰公司的人说这些衣服不是他们公司要的,是不是搞错了。小李也一头雾水,便打电话给王老板,王老板仍说是"nuò lán 公司",于是小李请老板将该公司的相关信息发给他,看到信息后他才恍然大悟,原来客户的名称是"洛南公司"。通过询问得知,洛南公司也在滨江路这边,与诺兰公司相距不远。

二、案例分析

请分析一下,从吐字归音的技巧出发,以上哪个环节出了问题?

扫码看答案

语言实践

一、吐字归音训练

(一)熟读下面词语和绕口令,通过 d、t 的发音练习训练舌尖的力量

1. 熟读以下字词。

d:单调　导弹　得到　斗胆　对待　动荡　订单　登顶　大智若愚　单枪匹马

t:体贴　塔台　贪图　调停　天堂　妥帖　饕餮　吞吐　甜言蜜语　堂堂正正

2. 熟读以下绕口令。

(1) 调到敌岛打特盗,特盗太刁投短刀,

　　 挡推顶打短刀掉,踏盗得刀盗打倒。

(2) 断头台倒吊短单刀,歹徒登台偷短刀,

　　 断头台塌盗跌倒,对对短刀叮当掉。

(二)熟读下列词语和绕口令,通过 n、l 发音练习,掌握这两个音的发音要领

1. 熟读以下字词。

n—l:纳凉　奶酪　暖流　鸟类　年龄　农林　脑力　能量

l—n:老农　冷暖　六年　辽宁　凌虐　理念　连年　两难

2. 熟读以下绕口令。

(1) 老龙恼怒闹老农,老农怒恼闹老龙,

　　 农怒龙恼农更怒,龙恼农怒龙怕农。

(2) 牛郎年年恋刘娘,刘娘连连念牛郎,

　　牛郎恋刘娘,刘娘念牛郎,郎恋娘来娘恋郎。

(三) 熟读下列词语和绕口令,通过以下练习分辨 z、c、s 和 zhi、chi、shi 两组词的发音部位和方法,锻炼舌头的敏感性和灵活性

1. 熟读以下字词。

z:再造　藏族　醉枣　自尊　总则　遭灾

c:猜测　残存　从此　璀璨　措辞　草丛

s:三思　松散　诉讼　琐碎　色素　思索

zh:挣扎　长者　制止　扎寨　主张　政治

ch:长城　叉车　超产　唇齿　橱窗　惆怅

sh:神圣　杀手　山水　设施　树梢　上市

2. 熟读以下绕口令。

(1) 这是蚕,那是蝉,蚕常在叶里藏,蝉常在林里唱。

(2) 时事学习看报纸,报纸登的是时事。常看报纸要多思,心里装着天下事。

(3) 四是四,十是十,十四是十四,四十是四十。

　　四十加上四,就是四十四。要是说错了,就要误大事。

二、气息训练

(一) 吸气练习

1. 运用胸腹式呼吸法进行"闻花香"慢吸气练习 30 次,每次吸气时间不少于 5 秒,最后屏住呼吸 5 秒。

2. 运用胸腹式呼吸法进行"大吃一惊"快吸气练习 30 次,吸气完成后,屏住呼吸不少于 5 秒。

(二) 呼气练习

1. 用胸腹式呼吸法练习呼气吹蜡烛:摆放一支点燃的蜡烛,选取适当的距离,吸气后对准烛光均匀呼气,确保蜡烛不灭。练习 30 次。

2. 用胸腹式呼吸法练习呼气吹纸巾:双手拿好纸巾两角举高面对自己的脸,吸气后均匀地向纸巾中部吹气,保证纸巾的运动方式是均匀地运动,不能飘忽不定,左右摇摆。练习 30 次。

3. 按照"知识积累"中提供的方法练习呼气数数字 30 次。

4. 按照"知识积累"中提供的方法练习呼气读元音 30 次。

(三) 综合训练

1. 读下面的绕口令,要求控制气息,连续快读,一气呵成。

出东门,过大桥,大桥底下一树枣儿,拿着杆子去打枣儿。青的多,红的少。一个枣儿,两个枣儿,三个枣儿,四个枣儿,五个枣儿,六个枣儿,七个枣儿,八个枣儿,九个枣儿,十个枣儿;十个枣儿,九个枣儿,八个枣儿,七个枣儿,六个枣儿,五个枣儿,四个枣儿,三个枣儿,两个枣儿,一个枣儿。

2. 合理运用气息控制方法,朗读下面诗歌。

沁园春·雪

北国风光,千里冰封,万里雪飘。望长城内外,惟余莽莽;大河上下,顿失滔滔。山舞银蛇,原驰蜡象,欲与天公试比高。须晴日,看红装素裹,分外妖娆。江山如此多娇,引无数英雄竞折腰。惜秦皇汉武,略输文采;唐宗宋祖,稍逊风骚。一代天骄,成吉思汗,只识弯弓射大雕。俱往矣,数风流人物,还看今朝。

三、共鸣练习

(一) 口腔共鸣

1. 以开口元音为主练习打开口腔,体会口腔共鸣。

a　o　ai　ei

2. 朗读下列词语。

澎湃　冰雹　拍照　平静　抨击　批评

哗啦啦　噼啪啪　咣啷啷

(二) 胸腔共鸣

1. 通过练习发 ha、hei 的音节,体会胸腔共鸣。

2. 朗读下列词语。

百炼成钢　翻江倒海　追悔莫及

四、综合运用所学的归音吐字、气息控制与调动共鸣的方法,完成下面各项内容的朗读

(一) 朗读以下词语(要求由低音到中音再到高音依次朗诵每个词语)

山明水秀　身强体壮　阳光明媚　乘风破浪　大气磅礴

百步穿杨　烟消云散　狼狈不堪　老生常谈　高风亮节

(二) 朗诵下面诗歌(要求达到"字正腔圆"的效果,然后根据朗诵内容和情感表达的需要,在共鸣方式上做到灵活调整,使音色、音量、气息运用自如)

观沧海

东临碣石,以观沧海。水何澹澹,山岛竦峙。树木丛生,百草丰茂。秋风萧瑟,洪波涌起。日月之行,若出其中。星汉灿烂,若出其里。幸甚至哉,歌以咏志。

▶ 拓展延伸

嗓音护理小技巧

(1) 早晚淡盐水漱口,祛痰,改善咽炎病症。

(2) 尽量小声说话,避免大嚷大喊过度用嗓。

(3) 喝一些菊花茶、枸杞子补气祛火润嗓。

(4) 需要大声说话时尽量用丹田气息,避免扯着嗓子声嘶力竭地喊。

(5) 可以通过练习绕口令和跑步来训练气息。

第二节

语速节奏恰当

▶ 情景再现

电影《疯狂动物城》除了主角朱迪和尼克外,全片最大笑点就是树懒闪电了。

影片中,朱迪警官的查案时间只剩下36小时,它来到动物城车管所查车牌,向工作人员自我介绍道:"我是动物城朱迪警官,你好吗?"工作人员闪电回答说:"我——也——过得——还——不错——谢谢——你的——关心——我能——为你——做些——什么?"朱迪警官非常着急地说:"我想让你帮我查一个车牌,因为我们时间特别特别紧迫。"闪电问:"车牌号——是——什么?"朱迪警官回答:"29THD03。"闪电开始边输入号码边念号码:"2——9——"朱迪:"THD03。"闪电:"T——"朱迪:"HD03。"闪电:"H——"朱迪:"D03。"闪电:"D——"朱迪:"03。"闪电:"0——3——"

整个交谈过程中树懒闪电表情迟缓、说话语速极其缓慢,让朱迪急得直跳脚。本打算赶在下班高峰期前办完,来的时候还是白天,出车管所后夜幕已降临了。

请你思考:作为一个服务从业人员,树懒闪电的说话语速合适吗?

▶ 知识积累

在与他人交流过程,特别是在服务岗位上的职业交谈中,说者对于说话的语速、节奏的把握至关重要。接下来我们就学习一些关于说话语速与节奏的知识和技巧。

一、语速

我们已经在"情景再现"中领教了树懒闪电误事的超慢语速,下面我们就来了解都有哪些因素影响了说话语速,在工作与生活中又该用什么样的语速节奏与人交谈合适呢?

(一)影响语速的因素

所谓语速,即一个人说话时速度的快慢。那么都有哪些因素影响了我们的语速呢?

首先就是语言习惯,它是语速的基础。不同的人,由于年龄、身体状况、性格气质等不同,会形成自己语言的习惯,这种语言习惯成为语言个性的一个方面。

其次,思想感情的变化也会引起语速变化。一般情况下,语速变化与思想感情的变化是一致的。例如:着急时说话就急迫快速,放松时说话就松弛缓慢。

最后,具体的语言环境是影响语速变化的灵活因素。这里所说的语言环境包括说话时的气氛、听众的多少、距离的远近等。一般来说,肃穆、悲痛的环境,语速往往是比较慢的;欢快、热烈的环境,语速往往是比较快的;在野外或大礼堂讲话,空间大,声音容易流失,就必须在加大音量的同时把语速放慢。相距远时语速要慢些,相距近时语速要快些。

（二）恰当的语速

在交谈中,自己的语速是否合适,往往与交谈的效果直接联系在一起。不论是使用自己的母语,还是使用某种外语,说者的语速都应当保持相对的稳定,也就是快慢适宜、张弛有度,在一定的时间内保持匀速。这样做,不仅可以使自己的语言清晰易懂,还可以体现出胸有成竹、有条有理。

在服务工作中,一般与服务对象交流的语速保持在每分钟120~140字比较合适。如果能够根据客户的语速而调整自己的语速,这样效果更好。语速太慢,语言的信息量和密度不够,会使听者感到不耐烦,吸引不了听者的注意力;语速太快,不顾听者的反馈情况,一味地讲,看起来口若悬河、滔滔不绝,实际上听者来不及理解。语速过快过慢,或者忽快忽慢,都会给人一种慌慌张张、吞吞吐吐、没有条理的感觉。只有运用合适的语速节奏与服务对象沟通,才会让对方感到亲切、有信赖感。

二、节奏

节奏与语速有关系,但不是一回事,语速只表示说话的快慢,而有声语言的节奏,则是指在说话的过程中由一定的思想感情造成的有秩序、有规律、有节拍的变化。说话要有节奏,该快的时候快,该慢的时候慢,该停顿的时候停顿,该重音强调时重音强调,这样有起伏、有快慢、有轻重,才形成了话语的节奏感,表达才会更到位,语言才会更生动。

（一）节奏调度的几个原则

1. 感情原则　表现平稳、沉郁、失望、悲哀情绪时节奏宜慢;表现紧张、热烈、欢快、兴奋、慌乱、惊惧、愤怒、反抗、驳斥、申辩情绪时节奏宜快。

2. 语境原则　根据语言的环境调整。如美国前总统林肯在演讲时习惯在强调完重点后稍做停顿,短暂的沉默不仅有助于听众消化理解,同时也增强了演讲的感染力。

3. 内容原则　根据内容调整。叙述一件事情,描述一处景物,节奏宜慢。

（二）控制节奏变化的技巧

1. 节奏变化,善于运用停顿　停顿是指说话过程中声音的间歇。停顿在口头表达中有调节气息、显示语气、突出重点的功能,能起到标点符号的作用,和语意表达有着十分密切的关系。例如:"亲爱的叔叔阿姨欢迎您"这一句有以下三种不同的停顿方式,表达的意思完全不同。

亲爱的叔叔阿姨/欢迎您——被迎接的是叔叔阿姨,迎接的是孩子。

亲爱的叔叔/阿姨欢迎您——被迎接的是叔叔,迎接的是阿姨。

亲爱的/叔叔阿姨欢迎您——被迎接的是孩子,迎接的是叔叔阿姨。

在说话的过程中一定要善于运用停顿,如果一直不停地说,就不能确保对方是否在认真听,也不知道对方听了之后究竟有什么样的反应。适当的停顿可以更有效地吸引听者的注意力。比如适时试探性地问一句:"我这么说您还清楚吧?"对方示意继续时,就能反映对方是在认真倾听。

停顿还有另一个好处,就是听者可能有问题要问说者,说者停顿下来,听者才能借停顿的机会提出问题,要知道双向沟通的效果远胜于说者一味滔滔不绝地向对方灌输。在一问一答互动的过程中自然更能加深听者对谈话的印象和对说者的好感。停顿可以变含糊为清晰,变平淡为突出,变平直为起伏。

2. 节奏变化,善于运用重音 重音是指说话时把句子中的某些词语念得比较重、比较强的音。重音有引起注意、突出重点、启发思维的作用,它是正确表达思想、真切抒发感情、增强语言节奏感、提高语言表现力的重要手段。

(1) 重音的两个类型:重音分为语法重音和逻辑重音两种。

语法重音是我们平时说话或朗读时,某些语法成分需要重读。这并非为了表示什么特殊的感情,而是自然而然形成的。逻辑重音,又称为感情重音,是为了表达强烈感情需要,用来强调指出在某种意义上某个特别重要的词或词组而加强的音,是在不同语境下因表情达意的需要而形成的。

语法重音的位置是固定的,逻辑重音的位置则是不固定的。同一句话,在不同的语境中,可以有不同的逻辑重音,表达不同的潜台词。每个句子都有语法重音,但是不一定每个句子都有逻辑重音。例如:

今天是星期五。

语法重音总在"五"字上。如果不强调什么感情,这句话里就没有逻辑重音。如果强调"今天"或"星期五",就有了逻辑重音。例如:

今天是星期五。(昨天不是星期五,今天才是星期五。)

今天是星期五。(今天不是星期四,也不是星期六。)

逻辑重音为了表示特殊的思想感情而重读,因此它的位置根据强调的内容的不同,随时会变动,从上面例句可看到,逻辑重音既可以在非重音音节上,又可以重叠在语法重音上。

(2) 重音的两种读法:重音有重音重读与重音轻读两种读法。

①重音重读:重读是利用声音的强弱对比以突出重音的一种方法。也就是在说重音时,唇舌要有力一些,音量要加大一些,从而使重音的强声与非重音的弱声形成鲜明的对比,清晰地突显重音。重读的方法一般用来表达明朗的态度、观点及描述形象鲜明的事物。例如:

我不是不想做,我是不会。

人的身躯怎能从狗洞子里爬出!

②重音轻读:把要强调的字词减小音量,加重气息,这种方式常用来表达轻柔真挚的细腻感情。如徐志摩《再别康桥》的开头一句"轻轻的我走了"。诗中的"轻轻的"是感情重音与语法重音的结合点,本应该重读,但全诗表现出的离愁别绪含蓄委婉、意境优美,因此读的时候要做到重音轻读。

三、小结

声音的语速、节奏应考虑到说者与听者的协调和需要。具体来说,说者语速的快慢急缓、语句的断连疏密,应与所说的内容和方式以及交流对象的思维速度、思维水平一致。由于听者对句意的有效记忆很短,所以说者声音的延续也不能过长,过长了将影响听者对全句意思的精确理解。所以声音传输应简短清楚,音段之间应适当间歇。对重要的或疑难较多的内容,应通过适当的方法加以强调;或通过停顿,留给人短暂的思考、记忆的余地;或通过重复、加重语音,以引起听者的高度重视。

案例分析

案例一:开国大典

一、案例呈现

1949年10月1日下午3时,中华人民共和国举行开国大典。中央人民政府委员会秘书长林伯渠宣布典礼开始。中央人民政府主席、副主席和委员就位。在群众的欢呼声中,人民领袖毛泽东用他特有的高亢的湖南口音,向全世界庄严宣告:"中华——人民共和国——中央人民政府今天成立了!"顿时,广场上欢声雷动,群情激昂。在《义勇军进行曲》的雄壮旋律中,毛泽东按动电钮,第一面鲜艳的五星红旗冉冉升起。全场肃立,向国旗行注目礼。广场上,五十四门礼炮齐鸣二十八响,象征着中国共产党领导全国人民艰苦奋斗二十八年的光辉历程。

二、案例分析

请结合案例中的语境,比较分析"中华人民共和国中央人民政府今天成立了!"和"中华——人民共和国——中央人民政府今天成立了!"两种语速哪个更好?为什么?

扫码看答案

案例二:如此生气的原因

一、案例呈现

小芳是某公司市场开发部门的工作人员,小涵是这家公司人事部门的工作人员,小芳和小涵是非常要好的闺蜜,钱经理是市场开发部门的负责人。一天钱经理交代小芳完成一份紧急报告,并嘱咐她这件事不要和其他人交流。不巧的是小芳家里临时有事,她很难按时完成这个报告,但又不好意思和钱经理说。于是她就恳求小涵帮忙,认为她们两个是同一公司的,又是闺蜜,让她知道应该也没问题。小芳打电话给小涵希望她能代为完成。小涵经过些许考虑后,觉得市场开发部门的文件一般会涉及商业机密,自己不便插手,所以对小芳说:"这份报告,我写不好。"小芳听后非常生气地挂了电话,觉得平时小涵有事她都尽力相助,这次也不是多大的事,她却不肯帮自己。

二、案例分析

请结合自己所学的关于语速、节奏等知识,分析小涵的表达为什么让小芳如此生气,她该怎样调整自己的语言才能让小芳理解和接受呢？

语言实践

一、情境判断与分析

1. 今天小华一个人在家，收到了北京大学的录取通知书，小华急切地打电话给妈妈告诉她这个好消息，电话接通了，你推测小华会用怎样的语速、节奏告诉妈妈呢？

2. 幼教班的刘丹和同学们到幼儿园当志愿者，除了帮小朋友布置教室，赠给小朋友一些手工小礼物，还要给小朋友们讲故事，如果你是刘丹该以怎样的语速、节奏给小朋友们讲故事呢？

二、节奏训练

1. 熟读顺口溜，要求随着熟练程度的增加，要逐渐加快速度，读起来使人有鲜明的节奏感。

扁担长，板凳宽。

板凳没有扁担长，扁担没有板凳宽。

扁担要绑在板凳上，板凳偏不让扁担绑在板凳上。

2. 熟读诗歌《七律·长征》，要求注意诗歌的节奏。扫右侧二维码查看节奏停顿和重音指导。

七律·长征

红军不怕远征难，万水千山只等闲。
五岭逶迤腾细浪，乌蒙磅礴走泥丸。
金沙水拍云崖暖，大渡桥横铁索寒。
更喜岷山千里雪，三军过后尽开颜。

三、请根据句子句意表达所强调的重点不同，用着重号标出下面句子的逻辑重音

我知道他会这样做的。（别人不知道。）

我知道他会这样做的。（他不要以为我不知道。）

我知道他会这样做的。（别人不会这样做。）

扫码看答案

扫描查看文件

Note

我知道他会这样做的。(他怎么说自己不会呢?)

我知道他会这样做的。(他不会那样做。)

我知道他会这样做的。(不仅仅是说说而已。)

四、请揣摩句子的情感表达，用着重号标出下面句子的逻辑重音

如果世界上真有不知疲倦的人，我们敬爱的周总理啊，一生休息得最少最少！

拓展延伸

语速可以改变吗？

生活中，有些人觉得自己语速太快或太慢，想要改变语速。语速可以改变吗？当然。我们先来看怎么提高语速。人脑是具有可塑性的，可以根据环境的变化出现结构和功能的改变，反复地学习、锻炼，可以使语言更流畅。语言由一系列音节组成，产生每一个音节需要一系列肌肉的动作(比如肌肉拉紧声带，喉头和舌头不同肌肉的收缩和放松等)。产生音节的一系列肌肉动作需要大脑产生一个完整的运动指令串。这些指令串必须由神经系统学会，并"固化"在皮层-纹状体线路中。锻炼使这些线路更稳定，指令串执行起来更准确顺畅，这是提高语速的关键条件。例如，相声演员事先把绕口令背得滚瓜烂熟，表演时便几乎不需要思考，吐字发音已经在皮层小脑储存了一套运动程序，使用时如行云流水、一气呵成，不像初学者需要不断调整肌肉的运动。

语速慢的人可以通过锻炼把语速加快。语速快的人本身可以说慢，但是因为性格等因素(比如急躁、容易紧张等)才说那么快，只要心平气和、多加注意，可使大脑对情绪和发声运动的控制更加收放自如，放慢语速是可以做到的。

第三节

语调音量合适

▶ 情景再现

在波兰有位明星,人们都称她为摩契斯卡夫人。一次她到美国演出时,有位观众请求她用波兰语讲台词。于是她站起来,开始用流畅的波兰语念出台词。观众们虽然不了解她台词中的意义,却觉得听起来令人非常愉快。摩契斯卡夫人接着往下念,语调渐渐转为低沉,最后在慷慨激昂、悲痛万分时戛然而止。台下的观众鸦雀无声,同她一起沉浸在悲伤之中。而这时,台下传来一个男人的笑声,他就是摩契斯卡夫人的丈夫——波兰的摩契斯卡伯爵,因为他的夫人刚刚用波兰语声情并茂背诵的是——乘法表!

从这个故事中我们可以看到,语调竟然有如此不可思议的魅力。即使不明白其意义,也可以使人感动,甚至可以完全控制对方的情绪。

▶ 知识积累

俗话说:"声音,人的第二张脸。"而说话的语调和音量则是这张脸最重要的表情。有些人说话会过于大声,也有些人说话太小声以至他人几乎听不清。当描述某物或某事时,声音会传递活力还是枯燥无味呢?如果声音听起来偏低或平淡,那么就需要改变语调。下面就来学习如何控制好说话的语调和音量吧。

一、语调

语调即说话的腔调,就是一句话里声调高低、抑扬轻重的搭配和变化。

(一)语调的类型

汉语的语调一般分为以下四种。

1. 平调　整个句子语势平稳舒缓,没有明显的升降变化,一般用于不带特殊感情的陈述、解释和说明,还可表示庄重、严肃、悲痛、冷淡等感情。例如:

想从我这里发洋财,是想错了。(鄙视、冷淡)

人民英雄纪念碑矗立在天安门广场中央。(庄重、严肃)

2. 升调　句子的调值由低到高,句尾发音往往最高。一般用在表示疑问、反问、惊讶、号召、呼唤、命令的句子里。例如:

难道你就不想到它的质朴、严肃、坚强不屈,至少也象征了北方的农民?(反问)

这是给他的？（疑问）

陈老师！陈老师！（呼唤）

啊！你考了满分！（惊异）

同学们！这场比赛我们打赢了！（喜悦兴奋）

3. 降调　句子的调值由高到低，句尾发音往往最低。一般用在感叹句、陈述句、祈使句中。例如：

鱼姑娘，你做做好事吧！（请求）

东风来了，春天的脚步近了！（肯定）

王木匠可真是一把好手啊！（感叹）

4. 曲调　句子调值有曲折变化，或先升后降，或先降后升，或句末一个音节特别加重、拖长并造成曲折。一般用在表示讽刺、诙谐、夸张、怀疑、犹豫、双关、反诘等句子里。例如：

就你做得好，比谁做得都好。（讽刺）

好个"友邦人士"，是些什么东西！（讽刺）

你说呀！你倒是说话呀！（反诘）

（二）语调的恰当运用

1. 语气与语调的协调配合　语气与语调是说话人表达语气、传达情感的重要手段。语气是指一句话中能够表达说话人感情和态度的声音形式。语调则是语气外在的快慢、高低、长短、强弱、虚实等各种声音形式的总和。语气是通过语调表现的。有一段话对语气与语调的相互关系概括非常到位：喜则气满声高，悲则气沉声缓，爱则气缓声柔，憎则气足声硬，急则气短气促，冷则气少声淡，惧则气提声抖，怒则气粗声重，疑则气细声粘，静则气舒声平。

2. 服务岗位交谈语调的把握　对于日常交谈，特别是服务行业的职业交流和口头表达，说话时理想的语调是轻柔、清晰、饱满且多变的。通过声音的质量，实际上可确定与交谈对象之间关系的基调。如果说者的声音饱满、清晰、悦耳且热忱，那么说者与听者就有可能建立信任。相反，如果说者说话过程仅用一种音调，会让听者觉得枯燥，并容易造成走神和厌倦。

服务行业中，无论何时，与顾客说话时都要保持语调清晰、声音柔和。柔和的声音会令顾客感到舒适，通常可以根据谈话的内容来采取抑扬顿挫的语调。富有感情色彩变化的语调能帮助服务从业人员与顾客产生默契。如果对顾客的遭遇表示理解，可以使用较为缓慢和低沉的语调来配合交谈的内容，也可以适当地提高语调来表示对顾客的关注。当顾客有疑虑时，可以使用平缓温和的语调来消除顾客的忧虑。当感到对方咄咄逼人时，可以尽量调整呼吸，放松声带，用平和的语调来缓和气氛。

二、音量

音量指说话时声音的大小，它是说话声音重要的一方面特质，对于交流沟通的效果有直接的影响，特别是将来从事服务行业的人员，更有必要学习如何控制自己说话的音量。

（一）生活中的音量控制

在日常人际沟通中，对于音量的一般要求是音量适中，既不要过大也不要过小。心理学的实验表明,音量太大或太小都容易使听众疲倦。同时,把音量控制在适当范围内,还可以减轻嗓子的疲劳程度,起到保护嗓子的作用。

1. 在公共场合讲话应控制音量　公共场所不是私人领地,如果说话音量太大,就会成为公共场所的噪声制造者,影响他人的正常活动,给他人带来不便与困扰。因此有修养的人都避免在公共场所大声喧哗,高声欢笑。当办公室里还有其他人的时候,谈话双方一定要压低声音。在楼道中与人打招呼、聊天时不能大声,以免影响他人。

2. 当情绪不稳时要控制音量　当对某人的做法不满意甚至感到气愤时,要先把自己说话的音量控制住,不要扯起嗓子,抬高音量,以低沉的嗓音说出的话往往比大声叫喊更具震撼力。

3. 在接打电话时要控制音量　在电话交谈中,声音是唯一的媒介,因此音量对沟通效果的影响就被放大,因此更要控制自己的音量。如果说话声音太大,会给人一种生硬、粗鲁、缺少涵养的印象,让电话另一头的人感到怒气和敌意,显得非常没礼貌。如果说话声音太小,容易使对方听不清或听不明白,甚至会因听不清产生误解,同时太小声说话会给对方一种不自信的感觉。所以电话交谈中的音量应以对方能听清楚而不至于吵到周围的人为宜;通话过程中不要突然放大音量,也不要突然压低声音;通话时应注意自己的嘴与话筒的距离。

(二)服务岗位沟通时的音量控制

服务岗位很多时候要和客户或顾客进行当面的一对一沟通交谈,音量的控制与选择更需要技巧。下面说说三种情况下的音量控制。

1. 一般情况下　服务从业人员应当使用大小适中并与周围环境协调的音量来与顾客交谈,让对方能清楚地听见服务从业人员说话。

2. 顾客很生气并大声抱怨的情况下　千万不要以同样的音量同顾客说话,相反说话的声音要比顾客低,要像一名心理医生或者是顾客的好朋友一样,说话的声音要比顾客低,并逐渐让顾客的音量也降下来。这样才有助于心平气和地解决问题。

3. 面对一位困惑而又拿不定主意的顾客时　服务从业人员跟顾客说话的声音要比平常稍大一点,这样做有助于顾客重视服务从业人员的话,也有助于服务从业人员在与顾客的对话中起主导作用。

(三)当众讲话时的音量控制

当众发言或面对公众演讲时,控制音量变化是辅助表达的一种重要技巧。

1. 保持洪亮,吸引注意　在演讲或发言中,为了抓住听众的注意力,有一个简单方法,那就是将音量放大。姑且不论所讲的内容如何,单就声大即有着气势壮阔的优势,因此当众讲话者应该训练自己如何站上台"放声一搏",突破声音的习惯领域,说话不再声音细如丝,间接提高胆识,充分建立舞台自信,强化说服力。

2. 轻重相宜,提前设计　当众讲话者根据表情达意的需要变化音量的强弱,使音量的层次感与语言表达的逻辑层次相符合,当要表达急躁、悲愤、豪迈、兴奋等感情时,或叙述紧张、惊险、热烈场面时,可以加大音量和力度。当要表达欣慰、犹豫、体贴、思念等感情时,或描述沉闷、恬静等环境时,就要控制音量和力度。这就是我们所说的轻重相宜。这样就可以增强语言的表达效果。因此,演讲或发言之前不妨在声音的大小、语气的轻重、音调的高低等方面做一番自我设计和安排。

案例分析

案例一

一、案例呈现

小丽是一家运动服饰专卖店的客服人员,应店主要求,她就售后问题与买家进行了电话沟通。小丽性格比较急躁,在电话沟通过程中音量总是很大,语气也有些生硬,语调也是一路高升,这让买家听起来十分不悦,买家多次提醒小丽小点儿声,小丽起初还能控制,但是几句话之后,音量又不自觉地提了上去。买家很不高兴,告诉小丽如果再高声粗气说话就要挂电话了。小丽意识到了事情的严重性,就把声音尽量地压低。但问题又出现了:由于音量过低,买家听不清她要表达什么。最终,买家没有了耐心,直接挂掉了电话。

二、案例分析

请结合自己所学的关于语调、音量的知识,对客服人员小丽和买家的交谈进行分析,说一说客服人员的语言有哪些不妥之处。

案例二

一、案例呈现

早晨一上班,研发部的小赵来找秘书小李。他怒气冲冲大声地说:"我们部门与美国公司合作项目的批文怎么还不下来?你们秘书办事怎么就这么拖拖拉拉?这个项目要是黄了,你来负这个责?"其实这个报告小李早就交给孙总了,但这几天孙总天天开会,根本没时间看。面对这种情况,小李以平和的语调对小赵说:"小赵,你别急,你听我说,你们部门的合作项目报告我早就交给了孙总,确实孙总这几天都有会,还没来得及看呢,今天我再帮你提醒一下孙总好吗?"小赵不耐烦地说道:"好吧!"转身离开了秘书办公室。

二、案例分析

请结合本节所学的知识分析评判小李和小赵的对话中,小李的应答好在哪里?小赵的话语有什么不妥之处,该如何纠正?

扫码看答案

服务语文

朗读指导

语言实践

一、结合本部分所学知识，运用合适的语调音量朗诵经典电影《甲午风云》中邓世昌的台词片段

尊敬的罗皮儿先生，难道我大清保卫自己的江山是轻举妄动？难道我北洋水师出海抗击倭寇的侵略是惹是生非？难道倭寇卑鄙的不宣而战反倒是我北洋水师在那里寻衅滋事？难道我们只有像猪羊一样任人宰割你们才好出来说话？真是一派胡言！

二、朗诵叶挺同志的《囚歌》，结合所学知识注意语调音量的处理

《囚歌》

叶挺

为人进出的门紧锁着，（平调，冷眼相看）

为狗爬走的洞敞开着，（平调）

一个声音高叫着：爬出来吧，给你自由！（曲调，先嘲讽后诱惑）

我渴望着自由，但也深知道——（平调）

人的躯体哪能由狗的洞子爬出！（降调，蔑视、愤慨、反击）

我只能期待着，那一天——（平调）

地下的火冲腾，把这活棺材和我一齐烧掉，（先稍向上扬，再降调，毫不犹豫）

我应该在烈火和热血中得到永生！（升调，沉着、坚毅、充满自信）

三、设计对话，角色模拟

1. 小军是某公司的办公室工作人员，总经理让他立即将三份纸质文件分别当面交到三个部门的负责人（刘经理、赵经理、朱经理）手中，请他们尽快阅读并签署意见。此时刘经理正在会议室主持本部门例会，赵经理正在休息室喝茶，朱经理正准备外出办事。如果你是小军，你如何以适当的方式与三位负责人进行沟通。请你和自己的同学进行情景模拟对话。

（1）地点：会议室

小军：

刘经理：

（2）地点：休息室

小军：

赵经理：

(3) 地点:办公室

　　小军:

　　朱经理:

2. 小刘是某公司的销售人员,因工作安排,近期在外地出差,公司向所有员工发放福利物品并要求尽快领取。小刘思来想去,觉得有三个人可以代为领取,分别是自己部门的负责人王经理、自己的同事小孙、自己的弟弟小明。假设你是小刘,想分别请上述三人代为领取物品,应当运用怎样的沟通方式才合适呢?请你和自己的同学进行情景模拟对话。

(1) 小刘:

　　王经理:

(2) 小刘:

　　小孙:

(3) 小刘:

　　小明:

拓展延伸

面试小技巧

面试是通过书面或面谈的形式来考察一个人的工作能力情况。

通过面试可以初步判断应聘者是否可以融入组织者的团队,是一种经过组织者精心策划的招聘活动。在特定场景下,以考官对应聘者的面对面交谈与观察为主要手段,由表及里测评应聘者的知识、能力、经验等有关素质的考试活动。大多数人对自己说话的习惯、语音语调都只有自己的感觉,这种感觉常常有误差。有科学研究表明,由于声音传递的方向不同,本人感觉到的自己的声音与别人听到的声音有较大差别。因此,在面试准备阶段应聘者应该有意识地培养良好的语言表达习惯,给考官留下深刻的印象。

(1) 语调得体。得体的语调应该是起伏而不夸张,自然而不做作。一般而言,抑扬顿挫的语调更能引起对方的兴趣,尤其对于面试靠后的应聘者而言,过于平淡的语调会加重考官的疲惫感。当然,应聘者应注意把握好度,避免使用刻意夸张的语调。

(2) 声音自然。有些应聘者在面试过程中会刻意改变自己的声音,用过分激昂的声音说话,给人感觉像是在喊话而不是说话,像是在背答案而不是答题。在此提醒应聘者用自己的真实声音说话,声调不高不低,不失自我,这样不仅使考官听起来真切自然,也有利于缓解自身的紧张情绪。

(3) 音量合适。音量以考官能听清为宜。喃喃低语是没有自信的表现,而嗓门太大,又有咄咄逼人之势。在面试过程中,考官与应聘者的距离可能很远也可能很近,应聘者可以根据实际情况调整自己的音量。建议应聘者的声音以洪亮为主,使考官集中注意力,也显示出气势和自信。有应聘者反映,候考时听到了对手的声音,信心顿时失去了一大半,这是明显地被对方音量带来的气势压倒了。

（4）发音清晰。发音清晰，咬字准确，对一般人来说不是十分困难。有些人由于发音器官的缺陷，个别音素发音不准，如果严重影响对方理解，或是影响整体表达质量的，应少用或不用含有这个音素的字或词。

（5）减少口语。很多应聘者有"嗯""啊""那么"之类的口头语，或是表述过于口语化、用词不规范。这些细节一方面让考官感觉不舒服，破坏语言意境；另一方面暴露了自己的紧张情绪。这些口头语在面试准备阶段需要应聘者有意识地进行克服。

主题二
得体准确礼貌周

◆ 主题说明

　　礼貌是人与人之间的黏合剂，语言的亲和力很大程度取决于说话人是否礼貌得体。作为服务者，放低自己的姿态，在语言上表现出职业的谦恭礼貌，会大大提升服务效果。

　　在这一主题，同学们将围绕"交际得体称呼""表达谦恭有礼""言谈避开禁忌"三方面展开语言知识的学习和语言技能的训练，这些知识技能将大大提升语言的亲和力，帮助你成为一个受欢迎的人。

第一节

交际得体称呼

▶ 情景再现

　　一天,有位斯里兰卡客人来到南京的一家宾馆准备入住。前厅服务人员为了确认客人的身份,在办理相关手续及核对证件时花费了较多的时间。看到客人等得有些不耐烦了,前厅服务人员便用中文向陪同客人的女士解释,希望能够通过她的帮助使对方谅解。谈话中这位服务人员习惯地用了"老外"这个词来称呼客人。谁料这位女士听到这个称呼,立刻沉下脸来,表示了极大的不满,原来这位女士不是别人,而是客人的妻子,她认为服务人员的称呼太不礼貌了。见此情形,有关人员及这位服务人员随即赔礼道歉,但客人的心情已经大受影响,并且始终不能释怀,甚至连带着对这家宾馆产生了不良的印象。

　　案例中前厅服务人员该如何称呼这位外国人才较为得体呢?

▶ 知识积累

　　称呼是人们在日常交往中,所采用的彼此间的称谓语。在口语交际中,适合的称呼会给人带来满足感。心理学研究表明,得体的称呼能缩短人们之间的心理距离,使人心情愉快,有助于形成亲密和谐的人际关系。服务人员的日常工作,很大一部分是与服务对象进行口头交流沟通。恰当得体的称呼,能够有效帮助服务人员达成交流目的,实现工作目标。

　　一、称呼的类型

　　中国是一个非常讲究伦理的国家,因此,汉语在涉及人际称谓方面极其讲究。英语中一个词语"cousin"(父母的兄弟姐妹的孩子)在汉语中就对应着表兄、表姐、表弟、表妹、姨兄、姨姐、姨弟、姨妹、堂哥、堂姐、堂弟、堂妹等十几个称谓。在社交场合,我国注重尊卑有序、长幼分明、讲究礼数的特点更是非常鲜明。

　　1. 表尊敬的正式称呼　对于家族中的长辈,我们都会按照亲戚辈分关系,以亲属称谓相称。而在工作及社交场合,对于与自己交往的对象,我们要根据场合和礼仪习惯,采用不同尊称以示礼貌和尊敬。表尊敬的正式称呼一般分以下几种。

　　(1)泛尊称:对于一般场合,对于不熟悉或不太了解具体情况的交往对象,一般采用泛尊称:如"先生""女士""小姐""太太""夫人""师傅""同志""老人家"等。

　　(2)称呼职务:中国人习惯对在政府机构或组织单位中有职务的人称呼其职务。交往中,可以直接称呼职务,如"局长""主任"等,也可以采取"姓氏+职务"的方式,如"陈处长""王秘书长"等。在非常正式的场合,则要采用"姓名+职务"的称呼方式。在实际交往中,根据实际情况,还可稍稍变化,如在单位内部和非正式场合,和领导较熟悉的情况下,可以简称,如"张局""赵总""李校"等。在另外一些场合,被称呼人有职务但是自己的同辈或下级,为了既显尊重又透亲切,有的人会采取"名+职务"的特殊称呼,如"庆林书记""泽江主任"等。但下属是万万不可这样称呼自己的领导的。

(3) 称呼职业:在社交或公共场合,在没有职务或不了解对方职务头衔的情况下,也可以称呼其职业,如"警察同志""大夫""护士""司机师傅""服务员"等。

(4) 称呼职称:对于有专业技术职称的人,可用职称相称,也可以仅称职称,如"教授""研究员""工程师"等。也可以在职称前加姓氏,如"刘教授""施研究员""赵工程师"等。在很正式的场合,要在职称前加姓名,如"陈景润教授""谢玉清研究员"等。

2. 表示亲切的生活称谓

(1) 姓氏加前后缀:对于生活中同级同辈的交往对象,在非正式场合,中国人习惯以姓氏加"大""小""老"等前缀词或"子""儿"等后缀词的方式来称呼对方,以显得亲切自然。如"老王""小李""大刘""杨子""高儿"(读儿化音)等。在生活中,对德高望重的老人,我们为了表示既亲切又敬重,往往在姓氏后面加"公"或"老"等后缀,如"毛公""谢老"等。如果被尊称的人名字是双音,将双名中的头一个字加在"老"之前,如称周培公先生为"培老"。

(2) 模拟亲属称谓:中国人非常注重家族伦理关系,习惯把家族内部的亲属称谓扩大应用到社会交往中,比照亲属之间的年龄、辈分的特点,借用亲属称谓来称呼对方。这种模拟亲属称谓被普遍应用于邻里、同事、同学、朋友以及陌生人等各种关系的人群中。传统习俗越浓厚的地区,这种交往称谓方式越普遍。称呼长者常用"爷爷""奶奶""叔叔""阿姨""大爷"(轻声)等。称呼同辈常用"大哥""兄弟""大姐""小妹"等。对于生活中较熟悉或亲近的非亲属关系社交对象,我们还习惯在亲属称谓前加上姓氏,如"陈大爷""王阿姨""李哥""赵姐"等。

(3) 省姓称名:如果熟悉的同辈或晚辈,其姓名为三个字,中国人为显亲切,可以省略姓氏,直接称名,如某学生叫"王金生",老师就可亲切地称呼其"金生"。如果是平辈,还可以在其名后面加上亲属称谓,以示更加亲近。如《亮剑》中楚云飞称李云龙为"云龙兄"。但要注意,如果对方是单字名,则不宜直接称对方名,应该使用姓名全称,或改别的称呼方式。

3. 表示谦恭的自我称呼

(1) 用姓名称自己:夫礼者,自卑而尊人。中国人在交际称呼上讲究贬己尊人,对对方用尊称,对自己则尽量用贬低的方式,以显谦恭。如用"鄙人""老朽""不才""在下""卑职""下官""晚生"等称呼自己。作为现代人,我们当然不必像古人那样过分自贬,但切忌用任何尊称称呼自己,以免给人妄自尊大的印象。

如果在交谈中提及自己,一般要直接称呼自己的姓名全称,或者是省略掉姓氏只称自己的名。如在《论语》中,孔子的弟子冉有在谈论自己的志向时,就用自己的名来自称:"方六七十,如五六十,求也为之,比及三年,可使有勇。"

(2) 用谦辞称呼与自己相关的人或物:在正式场合交流或发言,在涉及和自己相关的人和物品时,可适当加一些表示谦恭的词,会更显文雅、礼貌。如称家人为"家父""家母""舍弟""舍妹"等,称自己的作品为"拙作"等。

二、称呼的技巧

1. 称呼对方姓名时,要记准读对　心理学研究表明,在交际中,人们都希望对方能记住自己的姓名。对于初次交往就能记住自己的姓名的人,人们都会对其好感倍增。那些记不住或者记错读错自己的名字的人,人们对其的印象也会大打折扣。因此,在交往和服务中,我们要尽量快地记住对方的姓名,为了避免初次见面读错对方的姓名,有条件的可以提前查一查字典,在不具备条件的情况下,如果没把握就要主动询问对方或旁人,以免念错造成大家的尴尬,给人留下不好的印象。

2. 对方有多个身份时,就高不就低　在实际交往或服务中,经常碰到对方有多重身份或职务,这时该如何称呼对方,才显得礼貌尊重呢?我国一般采取就高不就低原则。比如王某既是某医院的院长,又是某大学的教授,这时就应该称呼对方为王院长,而不能称其为王教授。此外,在中国交际语境中,有时职衔听起来虽高,但并没有实权,是虚职,而有的职务听起来虽没有虚职高,但大权在握,那么在称呼对方时,就要称呼其实权职务。比如李某既是某市的市委书记又是某国际学术研究机构的荣誉主席,这时一定要称呼其为李书记而不能称其为李主席。此外,在我国人际交往中,还有一个习惯,即称副职负责人时,常常把"副"字故意省掉,以示尊敬或恭维。

3. 称呼不同对象时,恰当调整语态　在实际交际中,称呼不同对象时,语气、口吻也都要做出适当调整,以取得良好的交际效果。对年长者称呼要热情、谦恭、尊重;对同辈则要态度诚恳,表情自然,亲切友好;对年轻人要注意慈爱谦和,表达喜爱和关心。

4. 称呼众多对象,把握好次序　在大型社交场合,有时会同时与多人打招呼,这时,把握好次序就很关键了。一般采取先长后幼、先上后下、先女后男、先生疏后熟识的顺序。有时在集会发言致辞时,要同时称呼在座的很多人,这时一般采取"来宾职务"的称呼方式先重点称呼最重要的来宾,然后再泛称在座的其他来宾。

案例分析

一、案例呈现

有一位先生为外国朋友订生日蛋糕。他来到一家酒店的餐厅,对服务员说:"小姐,您好,我要为一位外国朋友订一份生日蛋糕,同时打一份贺卡,你可以吗?"服务员接过订单一看,忙说:"对不起,请问先生您的朋友是小姐还是太太?"这位先生也不清楚外国朋友结婚没有,从来没有打听过,他为难地抓了抓后脑勺想了想说:"小姐?太太?一大把岁数了,是太太吧。"

生日蛋糕做好后,服务员按地址到酒店客房送生日蛋糕。敲门后,一女子开门,服务员有礼貌地说:"请问,您是怀特太太吗?"女子愣了愣,不高兴地说:"错了!"服务员小姐疑惑地抬头看看门牌号,打电话问那位先生,那位先生回答:"没错,房间号码没错。"服务员又敲开门说:"没错,怀特太太,这是您的蛋糕。"那女子大声说:"告诉你错了,这里只有怀特小姐,没有怀特太太!"啪的一声,门被大力关上了。

扫码看答案

二、案例分析

请结合自己所学的关于称呼的知识,对这一案例进行分析,说一说订蛋糕的先生和服务员在得体称呼上所犯的错误和应遵循的称呼原则。

≡▶ 语言实践

一、情境判断,并阐述理由

1. 一位大学教师的女儿丽丽,平时在家里见到妈妈的老同学称呼他为"李叔叔",而恰好这学期丽丽选了李叔叔的课,那么丽丽在课堂上应该怎样称呼这位妈妈的老同学呢?

2. 演讲家曲啸到监狱给服刑人员做演讲,他在演讲开始时该怎样称呼台下的这一特殊群体呢?

3. 小李刚刚入职,部门经理王毅表示不必那么拘礼,可以直呼其名就好。而且小李确实见很多老员工都这么称呼他。小李该怎么称呼自己的部门经理呢?

二、设计对话,角色模拟

陈小姐三次去某个服装店购物,假如你是这个服装店的导购人员,该怎样与陈小姐交谈?请先设计好双方刚见面的话语(重点是称呼和寒暄语),然后和自己的同伴进行情景模拟对话。

(一)初次进店对话场景(陌生)

导购员:

顾客:

(二)一周后第二次进店对话场景(眼熟)

导购员:

顾客:

(三)第三次进店对话场景(熟识)

导购员:

顾客:

扫码看答案

拓展延伸

国际交往的称呼礼仪

（1）在国际交往中，一般对男子称"先生"，对女子称"夫人""女士""小姐"等。将已婚女子称为"夫人"，将未婚女子统称为"小姐"。婚姻情况不明的女子可称其为"小姐"，对戴结婚戒指的年纪稍大的女子可称"夫人"。

（2）对地位高的官方人士，一般为部长以上的高级官员，按国家情况称"阁下"、职衔或"先生"。如"部长阁下""总统阁下""总理阁下"等。但美国、墨西哥、德国等国没有称"阁下"的习惯，因此在这些国家可称"先生"。在国际交往礼仪培训中我们经常提示，对有地位的女士可称"夫人"，对有高级官衔的女士，也可称"阁下"。

（3）对医生、教授、法官、律师以及有博士等学位的人士，均可单独称"医生""教授""法官""律师""博士"等。同时可以加上姓氏，也可加"先生"。

（4）对军人一般称军衔，或军衔加"先生"，知道姓名的可冠以姓与名。如"上校先生""莫利少校""维尔斯中尉先生"等。有的国家对将军、元帅等高级军官称"阁下"。

第二节

表达谦恭有礼

≡▶ 情景再现

春秋时期,强大的秦国出兵偷袭弱小的郑国。郑国商人弦高得知秦国军队要偷袭自己的国家,他急中生智,假借本国国君使臣的名义,以自己的财物"慰劳"秦军,并用委婉的外交辞令拦截敌人。他对秦军说:"寡君闻吾子将步师出于敝邑,敢犒从者。不腆敝邑,为从者之淹,居则具一日之积,行则备一夕之卫。"

这段话的意思是:我们国君听说贵国军队出征要经过我们小小的郑国,请允许我对贵国军队表示慰问。敝国虽不丰厚,但是,为了贵军在此歇息逗留,我们已经做好了准备。您要住下,就为您备好那一天的粮草;您要出发,就给您安排那一夜的警卫。

第一句话,弦高将丰厚的礼物赠予秦军以赢得秦军的好感,稳住了敌人,达到暂时阻止秦军前进的目的。第二句话意在言外,表面上说给秦军准备了粮草并做好保卫工作,实际上是暗示他们:我们对你们的入侵已经做好了物质上、军事上的一切准备,你们休想得逞!

这两句话中用了谦辞和敬语,比如谦称自己的国君为"寡君",尊称对方为"吾子";谦称自己的家乡为"敝邑",把犒劳军队说成"敢犒"等,给人一种表面上很客气、很谦卑,而实际上却是柔中有刚之感。谦逊中带着自信,礼遇中含着威严。

≡▶ 知识积累

中国是礼仪之邦,自古至今,对礼仪礼节都十分重视。这表现在语言交际上,就是"尊人卑己",也就是通过抬高对方贬低自己来表达对对方的尊敬和自己谦恭有礼的态度。怎么"卑己"?——用谦辞;怎么"尊人"?——用敬语。

一、谦辞

谦辞就是在与别人进行语言交际中,在表达自己或和自己相关的内容时,表示自己不好、不如别人意思的一类词语。当然并不是真的不好,只是表达一种谦逊的态度。

常见的谦辞主要有以下几类。

(一)用于名词前面,合成一个词,指称自己或属于自己的东西

1. 拙 称自己的文章、见解等,本义是"笨,不聪慧",强调"浅陋、不高明"。

拙见:自己的见解。

拙作：自己的作品。

2. 小　称自己或属于自己的人或事物。本义是"排序靠后"，强调"自己地位低"。

小弟：男性在朋友或熟人之间对自己的谦称。例如：小弟有一不情之请。

小儿：谦称自己的儿子。

小女：谦称自己的女儿。

小店：谦称自己的店。

3. 薄　一般称自己奉献出的事物，本义是"少"，突出"微薄，不足道"。

薄酒：味淡的酒，常用作待客时的谦辞。例如：薄酒一杯，不成敬意。

薄礼：不丰厚的礼物，多用来谦称自己送的礼物。例如：些许薄礼，敬请笑纳。

薄面：为人求情时谦称自己的情面。例如：看在我的薄面上，原谅他一次。

4. 敝　称自己或自己的事物。本义是"破旧"，突出"低微，不如别人"。

敝姓：称自己的姓。例如：(您)贵姓？　敝姓王。

敝人：对人称自己。

敝处：谦称自己的家或住的地方。

敝校：谦称自己的学校。

5. 鄙　称自己或自己的事物。本义是"边境，没见识"，突出"粗陋，不入流"。

鄙人：谦称自己。

鄙见：谦称自己的见解。

6. 愚　用于自己的谦称。本义是"愚钝、愚蠢"，突出"愚笨，不高明"。

愚兄：对比自己年龄小的人谦称自己。

愚见：谦称自己的意见。例如：愚见浅陋，抛砖引玉。

7. 家　用于对别人称自己的辈分高或年纪大的亲戚。家本义有"平常的、普通的"意味，家里的长辈，本来是高高在上的，在这里降低为一般的、平常的，就表达了一种谦恭。

家父、家尊、家严、家君：谦称自己的父亲。

家母、家慈：谦称自己的母亲。

家兄：谦称自己的兄长。

8. 舍　用于对别人称自己的辈分低或年纪小的亲戚。舍本义是"房屋、居室"，这里强调一种"只是在屋里，不足以出门，不太成事"的谦逊态度。

舍弟：谦称弟弟。

舍妹：谦称妹妹。

9. 寒　用于称自己的住所，突出其"简陋，寒酸"。

寒舍：对人谦称自己的家。

(二)用在动词前，用来表达自己某些行为状态的不足、不佳，或处于低微的位置

1. 忝　忝是指自己的才德不配自己所处的位置、身份。表示辱没他人，自己有愧。

忝列：有愧被引入或处在其中。例如：忝列师门。

2. 拜　一般用于动作涉及别人的时候,拜的本义是"跪下",表示谦恭的态度。

拜读:读别人的文章作品。

拜托:托付别人事项。

拜访:看望别人。

3. 叨　叨本义是承受,意即承受了对方很多好处。

叨光:沾光(受到好处,表示感谢)。

叨教:领教(受到指教,表示感谢)。

叨扰:打扰(受到款待,表示感谢)。

4. 恭　在涉及对方行为中,把对方放在尊崇的位置,自己恭恭敬敬地对待对方。

恭贺:恭敬地祝贺。

恭候:恭敬地等候。

恭请:恭敬地邀请。

恭迎:恭敬地迎接。

恭喜:祝贺对方的喜事。

5. 敢　用于自己对别人的请求,敢本义是"有勇气",这里突出的反而是"不敢",也就是自己地位低,自己鼓足了很大的勇气,才敢说出口。

敢问:冒昧地询问,请问。例如:敢问先生贵姓?

敢烦:冒昧地麻烦。例如:敢烦小姐办件事。

6. 斗胆　一般用在涉及别人的动作前,斗胆就是"斗大的胆子",也就是大胆,这里和"敢"一样,表达自己地位低下,自己壮着胆子才敢这样做。

斗胆问一句:大着胆子问一句。

(三)独立使用,表达在某种语境下,自己在某方面的不足、不好或低微

抛砖引玉——比喻用自己粗浅的、不成熟的意见引出别人高明的、成熟的意见。

才疏学浅——形容自己见识不广,学问不深。

姑妄言之——对于自己不能深信不疑的事情,说给别人听时常用此语以示保留。姑妄,就是"姑且胡乱地"。说自己胡说,当然是自谦的态度。

聊表寸心——聊,略微;寸心,微薄的心意。略微表示一下心意。

笨鸟先飞——表示自己能力差,恐怕落后,比别人先行一步。

马齿徒增——自己白白长了年岁,学问能力没长。

蓬荜生辉——别人来到自己家里,或别人送到自己家里的东西,让自己破旧简陋的家一下子变得辉煌光亮。

洗耳恭听——别人讲话时,自己愿意把耳朵洗干净,恭恭敬敬地专心听。

不足挂齿——自己的事不值得提起。

献丑——谦称自己展示表演出来的内容不太好。

错爱——对别人对自己的抬爱表示谦逊。

过奖(过誉)——对别人对自己的夸奖赞誉表示谦逊。

见笑——自己呈现的内容不好,被人笑话。

二、敬语

敬语就是在语言交际中,用以抬高对方,尊崇对方,让对方显得尊贵的词语。大致可以分为以下三类。

(一)放在名词前,合成一个词,指称和对方有关的事物的敬语

1. 尊　用来称与对方有关的人或物。尊本身是"尊贵,受人尊敬"的意思,这里指称对方,显出恭敬之意。

尊驾:称对方。

尊意:对方的意思。

2. 贵　称与对方有关的事物,贵就是尊贵,用以表达敬意。

贵干:问人要做什么。

贵庚:问人年龄。

贵国:称对方国家。

贵姓:问人姓氏。

贵校:称对方学校。

贵恙:称对方的病。

3. 高　敬称别人的亲属或事物。高的本义是"高高在上",把对方的东西摆在高高在上的位置,自然是对对方的尊崇。

高就:称对方的工作或谋生的行业、处所。例如:另谋高就。

高论:称对方阐发的议论。例如:解读金庸的高论。

高见:称对方的见解。

4. 大　称与对方有关的事物。大有次序等级高、排序靠前的意思,放在名词前,加深其程度,以表示敬意。

大伯:除了指伯父外,也可尊称年长的男人。

大哥:可尊称与自己年龄相仿的男人。

大姐:可尊称女性朋友或熟人。

大妈、大娘:尊称年长的妇女。

大人:称有头有脸、有身份的人。例如:您大人大量,就原谅我这一回吧。

大驾:称对方。

大名:称对方的名字。

大作:称对方的著作。

5. 老　用来尊称别人,多指年岁比自己大,或上年纪的人。

老伯、老大爷、老太爷:可尊称老年男子。

老前辈:尊称同行里年纪较大、资格较老、经验较丰富的人。

老兄：尊称男性朋友。

6. 令　尊称他人的亲属，相当于"您的"。令本身有"优美"的含义，用美好指称对方亲人，自然有恭敬意味。

令尊：称对方的父亲。例如：令尊亲手交给我的。

令堂：称对方的母亲。例如：令堂身体如何？

令郎：称对方的儿子。

令爱：称对方的女儿。

7. 贤　表示"贤明，有才干"，是一种欣赏、夸赞的口吻，故用来表示对平辈或晚辈的敬称。

贤弟：称自己或对方的弟弟。

贤侄：称自己侄辈的男性。

8. 玉　对方身体或行动。玉是贵重美好的事物，用以形容对方，表示敬意。

玉成：成全。

玉体：称对方身体。

玉照：称对方的照片。

9. 芳　"芳香、美好"之意，用于对方或与对方有关的事物。

芳邻：称对方的邻居。

芳龄：称对方（多用于年轻女子）的年龄。

芳名：称对方（多用于年轻女子）的名字。

10. 雅　高雅、美好、不俗之意，用于称对方的情意、举动，有明显夸赞恭维之意。

雅教：称对方的指教。

雅量：称对方的度量大。

雅兴：称对方的兴趣大。

雅意：称对方的情意或意见。

（二）放在动词前，合成一个词，间接表达对方地位尊贵崇高或具有美好的特性的敬语

1. 屈　委屈对方的意思，本来对方是高高在上的，现在只能委屈一下，借此表达对对方的尊崇敬意。

屈驾：委屈大驾（多用于邀请人）。

屈就：多用于请人担任职务。

屈居：委屈地处于（较低的地位）。

屈尊：降低身份俯就。

2. 垂　含有"由上至下"的意思，所以多用于尊称长辈、上级对自己的行为。

垂问：表示别人（多指长辈或上级）对自己的询问，也可以说"垂询"。

垂爱：称对方（多指长辈或上级）对自己的爱护。例如：得到学术界、书法界同仁们的广泛支持和垂爱。

垂青：称别人的重视。例如：台商垂青黄帝故里。

垂念：称别人对自己的思念。例如：伏自将军垂念。

3. 俯 从上至下，多加在对方对自己的行动前，表达敬意。

俯察：称对方或上级对自己理解。

俯就：用于请对方同意担任某职务。

俯念：称对方或上级体念。

4. 赐 上级赏给下级，用于对方给自己指导建议。

赐教：别人给自己指教。

5. 光 发光、熠熠生辉的意思，用于对方来临，意即对方的到来让自己这里有光彩有荣耀，借此表达恭维之意。

光顾（多用于商家欢迎顾客）：称宾客来到。

光临：称宾客到来。

6. 惠 好处的意思，用于对方对待自己的行动，即对方的行为给自己带来好处。

惠存：请保存（多用于送人相片、书籍等纪念品时所题的上款）。

惠顾：惠临（多用于商家对顾客）。

惠临：指对方到自己这里来。

惠赠：指对方赠予（财物）。

7. 奉 本义是"下对上给出"，用于自己的举动涉及对方时，把对方奉为上级，自然表达了崇敬意。

奉告：告诉。

奉还：归还。

奉陪：陪伴或陪同做某事。

奉劝：劝告。

奉送：赠送。

奉迎：迎接。

奉赠：赠送。

8. 劳 在麻烦别人，请别人为自己做事时使用，本义是烦劳，意即对方地位尊贵，请别人做事很是愧疚。

劳驾：麻烦你。

劳步：用于别人来访。如：您公事忙，可不用劳步。

劳神：客套话，用于请人办事。如：劳神代为照顾一下。

9. 恕 请求对方原谅，这也是间接在抬高对方的地位，以示尊敬。

恕我直言：原谅我有话直说。

恕不远送：原谅我不能远送。

（三）独立使用，表达敬意客套的敬语

托福：对方福气使自己幸运。

久仰：仰慕已久。

斧正：请别人帮自己修改文章。

海涵：请对方用大海一样的胸怀包容自己的错误。

三、正确使用谦辞与敬语

（一）正确理解谦辞和敬语含义，使用对象内外有别

谦辞贬低说话对象，只能用于自己，用在对方身上就是严重的失礼和冒犯，敬语是抬高对方，应该用在师长或比自己地位、身份高的外人身上，如果错用在自己身上，就让人感觉傲慢自大。因此，谦辞和敬语在使用前，一定确保自己对其词语内涵已准确理解。严格区分使用对象，如果拿不准，宁可不用。

（二）准确体会谦辞、敬语的情感态度，使用对象亲疏有别

谦辞和敬语一般用于陌生人、关系比较生疏的人，对于关系十分亲密的人，是一种客气礼貌的表示，起到人与人之间的润滑作用，有利于营造友好的交流氛围。如果对很熟络亲密的人也使用各类谦辞、敬语，反而生分虚假，让人不舒服。

（三）准确体会谦辞、敬语的语体色彩，使用对象雅俗有别

上面我们列举出的各类谦辞、敬语，绝大多数都源自古代汉语书面语，书面语体现的感情色彩非常强烈，适合高雅、有一定文化修养的交流对象，还适合比较高雅正式的交流场合，也适合针对上述对象场合的书面交流。但如果是比较随意的交流环境，或面对的是文化修养不是很高的人，则不需要过多使用这些书面色彩强烈的谦辞、敬语，这时，可以改用一些通俗的、更口语化的礼貌用语（图 2-2-1）。

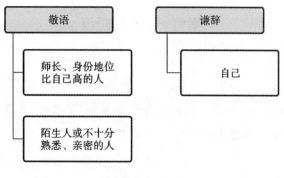

图 2-2-1

四、其他表敬礼貌用语

（一）词语

1. 表敬礼貌动词

用：表"吃""喝"，如"用餐""用酒"。

休息：表"睡觉"，如"您休息得怎么样？"

辛苦：表"来""去"，如"请您辛苦一趟。"

2. 表敬礼貌副词

特意：表示某人专门为自己做某事，能体现说者对听者的尊敬之意。

3. 表敬礼貌量词

位：经常被用来表示说话人对所涉及的人物的尊重，如"三位老师""一位客人"。

(二) 句型

1. 祈使句型

请……

请您……

请允许我……

请让我……

2. 征询句型

可不可以请(您)……

能不能请(您)……

能否请(您)……

请您……好吗?

劳驾您……好吗?

麻烦您……可以吗?

3. 致意句型

给您添麻烦了。

让您费心了。

案例分析

案例一：一封短信

一、案例呈现

陈编辑：

你好！寄上拙作《春日》，望拜读。敝人有吟诗雅趣，学习之余，凑成几句，错处颇多，但自己不能斧正，你是大手笔，望工作之暇给予修改，不吝赐教。

此致　教祺！

王洁

2018年1月6日

二、案例分析

请仔细阅读上面这封信，找出里面存在的不得体之处，并予以改正。

错误1：_____

错误2：_____

错误3：_____

案例二：发言片段

一、案例呈现

下面是某学生向老师祝寿时的一段发言：

这次我们专程从全国各地光临母校，给我们的恩师俞老师做寿。俞老师是一个世界闻名的

扫码看答案

大学者,他视名利淡如水,看事业重如山,八十高龄还在做学问。俞老师还把最近出版的拙作赠送给我们几个高足,我们都感到十分欣慰……

二、案例分析

请仔细阅读上面这封信,找出里面存在的不得体之处,并予以改正。

错误1:_____

错误2:_____

错误3:_____

错误4:_____

▶ 语言实践

一、改正下面话语中的错误礼貌用语

1. 陈凯,明天我准时去,你可要在家恭候呀。

2. 听说你遇到了困难,如需帮助的话,我们将不吝赐教。

3. 大家知道家父是一位著名的作家,作品广为流传,在文坛小有名气。我在上中学时候就读过他的不少作品,至今还能背诵其中的段落。您是他老人家的犬子,能在百忙之中有幸接受我的采访,我对此表示感谢。

二、设计情景,角色模拟

慧慧是一名美术专业的学生,因为在美术方面的天赋、独特的想法和踏实的学习态度深受专业老师王老师的喜爱。一次难得的机会王老师带她去拜访一位美术界大师(岳敏君)。假如你是这名学生,你该怎样与大师交谈?请先设计好双方刚见面的对话,然后和自己的同伴进行情景模拟对话。

环境:大师的家中。

老师:_____

大师:_____

学生:_____

▶ 拓展延伸

中国的传统书信

古人称书信为尺牍、尺素、书札、书牍、简札等。先秦两汉人写信,形式比较随便。至魏晋时

扫码看答案

期,开始有人撰作"书仪",就是各类书信的格式,以供他人写信时套用。迄今所知最早的书信格式,是晋代书法家索靖书写的《月仪》。

古人写书信更像是杂文或者抒情散文,敬语、谦辞都马虎不得,遣词造句也颇有讲究。

比如,给长辈写信,上款当然不具名,旧时在称呼之下要加"大人",后面还得有敬语和领起正文的习用语。如对父亲,一般上款都写"父亲大人膝下""敬禀者",末尾写"敬请福安"和"男某某叩禀"的下款。"膝下"之称,专用于父母;"禀"泛指下对上陈情,领起正文的"敬禀者",亦可用于老师和其他尊长。如果是长辈写给晚辈的家书则不必用敬称,直呼其名就可以,比如陶渊明写给儿子们的家书《与子俨等疏》中,直接写道:"告俨、俟、份、佚、佟",有几分训诫的口气。

书信讲究"自谦而敬人"。对他人用敬称,对自己用谦称是中国人的传统。司马迁在《报任安书》中自称"仆""牛马走"。"仆"也是奴仆的意思,日本至今还以"仆"作为第一人称的谦称。"牛马走"的意思是像牛马一样供驱使奔走的人。与此相类似的用法,是谦称自己的儿子为"犬子""贱息"等。

收信人该如何称谓也很有意思。除了用尊称之外,还可以在收信人称谓后用"俯启""赐启"等用语,表示请求对方开启信封。还有一种类似的表达方式,如"某某先生茶童收""某某先生书童收"等,写信者明知对方并没有茶童、书童之类的仆人,如此书写,除了表示敬意之外,还可以给书信增加一些雅趣。

古时交通并不发达,写完了信,或亲自送去,或托人捎去,若相距遥远,书信在路上走个一年半载也是常事。于是人们羡慕水中的游鱼、天空的飞雁,把思念寄托于碧波水府、白云天幕,幻想着"鱼雁传书"。随着实际需要的发展,于是就有了专门送信的信使、专门为信使驻马休息的驿站。

第三节

言谈避开禁忌

▶ 情景再现

有个人第一次坐渡船过河。这个人从来没见过船,也没坐过船,更不知道船舱叫什么。到了船上倒是显得很好问,简直是"子入太庙,每事问"。"船老板,我坐哪个坑里?"——他把船舱叫"坑"!船老板最忌讳别人"坑"这个不吉利字眼,随口骂了他一句。这人挨了骂,糊涂了,咕哝一句,"哟嗬,我一句话把你搞'翻'了!"船老板拿起撑船竹篙要打这人,被众人拉开了。结果船老板那天无论如何也不肯开船。"行船跑马三分命",所谓"不怕用心骂,只怕失口话",这人又是坐"坑"又是"翻",谁敢走?被一船人一顿抱怨。

我们从这个故事里,是不是感受到避开言谈的禁忌在日常生活中是非常重要的呢。

▶ 知识积累

禁忌语就是特定地区和特定人群认为不吉利、不礼貌的话语或话题,在语言表达与交际中,避开表达对象的禁忌语,尽量避免谈及令人反感和厌恶的话语或话题,是礼貌得体的重要方面。中国自古就有"入境而问禁,入国而问俗,入门而问讳"的讲究。

一、我们要了解的禁忌语

表达交流中需要避讳的话语和话题主要包括以下三大类型。

(一)因文化和传统而形成的普遍禁忌语

这是在长期的历史发展中,用文化传统的方式固定下来,被人们普遍使用的一类禁忌语。这类禁忌语的产生,可能与生命相关,可能与政治相关,也可能与宗教、职业、文化心理等众多因素相关。我们主要了解以下三个方面。

1. 与死亡有关的禁忌语 在各民族的文化中,死亡几乎都象征着生命体离开这个世界,永不回归,一直是一个不吉利、令人畏惧的概念。在人们的思想观念中,它是人类最恐惧、最害怕的禁忌语。在面对这一话题时候,人们都心有敬畏,不愿随口说出。即使必须提及,也会转换成其他说法,避免直接提及"死"这样的禁忌字眼。

我们在表达或交流时,对于死亡的话题,比如对方亲属死亡等,如果对方不主动提及,应尽量避免,如不可避免,则一定要使用替代的委婉语。

2. 与危险、灾祸、失败等负面结果相关的禁忌语 趋吉避凶是人类的普遍文化心理。所以,千百年来形成了许多与危险、灾祸、失败有关的禁忌语,比如结婚是男女结合、家庭聚合的大喜事,在这种情况下,切忌说"散""打伞""伞""破"等谐音谐义词语。"棺材"是装死尸的工具,不吉利,一般改称"寿材"。沿江河湖海的渔民,平日里忌讳人家说"翻""沉"等,甚至将"帆船"说成"快船"。四川的商人忌讳说"折本",就连猪舌都改称为"猪招财"。广东一带的商人一般忌讳人家说"干",因为干了就没有希望了,没有生路了,这样就连与"干"相关的相近读音的字也都要尽量回避,"猪肝""鸡肝""牛肝"都相应地改为"猪润""鸡润""牛润"。

3. 与特定的风俗习惯相关的禁忌语　不同地域、不同族群由于历史发展道路、宗教文化背景不同,形成了一些本民族或本地区特有的禁忌话题或话语。

比如信仰伊斯兰教的穆斯林,禁食猪肉,也忌讳在语言中提到"猪"。中国人尊老敬老,不忌讳年龄的话题,而在西方,则忌讳别人询问自己年龄。西方人比较开放,不太忌讳谈论性话题,而在相对传统的中国,人们都羞于启齿。

(二)因个人原因产生的特定禁忌语

因个人原因产生的特定禁忌语是指并非出自普遍的文化心理,而是出于社交礼貌、出于尊重对方而产生的禁忌语,它只针对特定对象和特定语境。

1. 生理上的缺陷　如果表达交流对象在身体上存在诸如失聪、失明、驼背、跛腿等残疾,或者存在腿短、五官违常、肥瘦失宜等缺陷,我们在社交场合表达交流时,就要千万注意,应该避免提及这些方面的话题或用到不尊敬的字眼。

2. 不体面不光彩的方面　还有一类禁忌语也是出于礼貌和尊重,大致包括三类。①涉及对方在为人处世方面的短处的话题。②涉及对方学习工作等方面的不足的话题。③涉及对方在生活中不幸、不体面、不光彩的经历或现状的话题,比如父母或自己离异、婆媳不和、父子关系紧张、患上不治之症、坐牢、子女品德不端、晚年凄凉、身有难言之隐等。这些话题,都是对方心中不愿被人知道和被人提及的内容,因此也就成为语言交往的禁忌。

(三)因职业规范要求而形成的职业禁忌语

对于需要用语言文字作为工具来完成职业行为的行业,包括各类服务性行业和新闻媒体行业等,对于如何使用语言,都形成了一些针对本行业从业人员的职业禁忌语。这些禁忌语大多出于职业道德要求或政治法律要求,目的是符合礼貌原则、规范原则和效率原则。

在此主要针对服务行业的一般情况,列举一些服务禁忌语。

你烦不烦!	你问我,我问谁!
声大点,讲清楚点。	什么呀?(你说什么,再说一遍?)
不要啰嗦。	你听我说。
急什么!	这我怎么知道?
我是为你一个人在服务吗?	不是告诉你了吗?怎么还问?
我讲得很清楚了,你还没懂吗?	你说的这个问题我不知道(不太清楚)。
怎么基本常识都不懂!	这个我说了你也不懂!
这是我们的规定,我也没办法。	你不要再说了,听我讲。

你的问题(事情)不归我们管。　　　　　这不可能的。

二、如何规避禁忌语

1. 提前了解，做好功课　对于语言表达对象，我们应尽量在表达交流前，了解其基本信息，比如对方的性别、年龄、籍贯、职业、身份、文化背景、生活经历等。应该在时间、精力许可的范围内，尽可能地多获取信息，然后根据这些信息，仔细准备自己的表达内容，避开引起对方不悦的所有内容。

2. 留心观察，主动规避　对于无法提前获知对方信息的情况，应该从以下两个方面尽量规避禁忌。

(1) 留心体察对象：在交往中应迅速发现并判别对象的基本情况，然后根据自己了解的禁忌语知识，分情况应对。比如：

发现对方是残障人士，切忌使用"残废"一词或一些不尊重残障人士的说法，诸如"傻子""呆子""侏儒""瞎子"等。

当发现对方身材不甚理想，尤其是对方对自己身材极不满意的，我们不能使用如"肥""矮"等词，不应"直言不讳"。

发现对方是老年人，就绝对不能说"老家伙""老东西""老废物""老没用"等词语。即便提的并不一定就是对方，对方也必定十分反感。也不要以"老头子""老婆子"一类的称呼去称呼老年人，要用显示尊敬的称谓。

若对方是西方国家人士，就不要探问年龄、收入等私人信息。

若对方有宗教信仰，就不要碰触其宗教禁忌语。

(2) 留心体察语境：我们要掌握人们趋吉避凶的基本禁忌心理，然后根据不同场合，遵循这些心理需求，避免提及一些引起对方厌恶的禁忌话题或话语。比如：

开车时，别提"撞车""翻车""车祸"，坐飞机别谈"坠毁"，坐船别说"翻船""沉船"等字眼。

在吉祥喜庆的场合，别说与死亡、赔钱、灾祸等有关的话题和话语。

在肃穆庄重的场合，不要说一些不洁不雅的语言。

在悲伤的场合，不要讲一些欢乐的话题。

3. 礼貌询问，慎重出言　在进入不熟悉的环境或与不熟悉的人交流时，为了避免尴尬和误解，我们可以礼貌婉转地向对方询问，在拿不准的情况下，要谨言慎行，避免因无知触犯对方的禁忌，破坏友好的交际氛围。

4. 改换说法，寻找替代　很多时候，提及对方禁忌的内容无可避免，这时我们一定要找到恰当的委婉语来替代。对于因文化传统形成的普遍性的禁忌语，往往已形成了固定的委婉语替代，我们要尽量掌握这些词语和说法，根据情况选择使用。

比如关于替代"死亡"的委婉语，汉语中就多达一百多种，比如"去世""谢世""逝世""不在了""老了""长眠""安息""寿终""归天""殉职""阵亡""捐躯""牺牲""就义""撒手人寰""停止呼吸了""百年之后"等。

对于由于个人原因产生的禁忌语，我们则需要根据情况，选择一些大家都能理解和接受的说法来替代,比如"瞎"可以用"失明"代替,"聋"可以用"失聪"代替,"胖"可以用"富态"代替,"跛"可以用"腿脚不方便"代替,"离婚"可以用"分开了"代替,"病得快死了"可以用"不行了"来代替。

案例分析

案例一:《祝福》片段

一、案例呈现

傍晚,我竟听到有些人聚在内室里谈话,仿佛议论什么事似的,但不一会,说话声也就止了,只有四叔且走而且高声地说:"不早不迟,偏偏要在这时候——这就可见是一个谬种!"

我先是诧异,接着是很不安,似乎这话于我有关系。试望门外,谁也没有。好容易待到晚饭前他们的短工来冲茶,我才得了打听消息的机会。

"刚才,四老爷和谁生气呢?"我问。

"还不是和祥林嫂?"那短工简捷的说。

"祥林嫂?怎么了?"我又赶紧的问。

"老了。"

"死了?"我的心突然紧缩,几乎跳起来,脸上大约也变了色,但他始终没有抬头,所以全不觉。我也就镇定了自己,接着问:

"什么时候死的?"

"什么时候?——昨天夜里,或者就是今天罢。——我说不清。"

"怎么死的?"

"怎么死的?——还不是穷死的?"他淡然的回答,仍然没有抬头向我看,出去了。

然而我的惊惶却不过暂时的事,随着就觉得要来的事,已经过去,并不必仰仗我自己的"说不清"和他之所谓"穷死的"的宽慰,心地已经渐渐轻松;不过偶然之间,还似乎有些负疚。晚饭摆出来了,四叔俨然地陪着。我也还想打听些关于祥林嫂的消息,但知道他虽然读过"鬼神者二气之良能也",而忌讳仍然极多,当临近祝福时候,是万不可提起死亡疾病之类的话的;倘不得已,就该用一种替代的隐语,可惜我又不知道,因此屡次想问,而终于中止了。

二、案例分析

这段文字使用了隐语。所谓隐语,是指为了替代禁忌语,而借用别的话来表示。找出文中出现的隐语,并指出代替的禁忌语是什么?

扫码看答案

案例二：《雷雨》片段

一、案例呈现

周朴园：(忍耐)克大夫是我在德国的好朋友，对于脑科很有研究，你的神经有点失常，他一定能治得好。

繁漪：(爆发)谁说我神经失常？你们为什么这样咒我？我没有病，告诉你，我没有病！

二、案例分析

请你分析，繁漪之所以暴怒，是因为周朴园哪句话触犯了她的禁忌，如果不想这么直接地冒犯她，周朴园的话可以怎样调整一下？

案例三：某国交通安全广告

一、案例呈现

驾驶汽车时速不超过 30 英里，你可以饱览本地美丽景色；超过 60 英里，请到法庭做客；超过 80 英里，欢迎光顾本地设备最新的急救医院；上了 100 英里，请君安息吧！

二、案例分析

请你分析这段广告词，下列说法都委婉地替代了哪些让人不愉快的禁忌语。

1. 请到法庭做客：_____
2. 欢迎光顾本地设备最新的急救医院：_____
3. 请君安息吧：_____

三 ▶ 语言实践

扫码看答案

一、分辨下列对"死亡"的委婉说法，是指的哪类人的死亡

圆寂：

羽化：

夭折：

香消玉殒：

捐躯：

二、设计情景，回答问题

1. 婚礼促成了两个人的美好姻缘，我们也时常会被邀请去参加亲友的婚礼，因此，我们一定要了解一些关于参加婚礼时应该注意的问题,例如禁忌之类的。假如你去参加亲朋好友的婚礼,在语言上要注意哪些禁忌,以及有哪些需要注意的事项(重点是语言上的禁忌和言行上的注意事项)?

_____

_____

_____

2. 追悼会是指为悼念死者而召开的会议。一般送花圈表示对死者的悲痛之情。有些在死者遗体所在地举行,有些在殡仪馆举行。你觉得参加老人的追悼会和参加非正常死亡的年轻人的追悼会各有什么禁忌?

_____

_____

_____

拓展延伸

中国传统禁忌语的基本类型

1. 人名 受到我国古代儒家礼乐文化的熏陶,逐渐形成了儒雅婉约的语言特色。长期以来,人们都一直避讳直呼其名,古人加冠后都要给自己起"字"以避讳,对帝王、诸侯、祖宗的名字更不能谈及。

(1)国讳。《说文解字》中解释道:"讳,忌也。"古时对帝王尊长,甚至是已故的帝王尊长,都不能直呼其名,以表示尊重。国讳也就是指对帝王及对帝王父亲、祖父全国上下都不可直呼其名。学界普遍认为避讳最早起源于周朝,《周礼·曲礼上》中记载"入境而问禁,入国而问俗,入门而问讳"。凡到别人家中先问主人及其祖先名讳,以免在交谈中失礼。秦朝是我国建立的第一个大一统的封建王朝,其开国君主秦始皇名政,秦朝就将正月改名为端月。"端月,正月也。秦讳政,故曰端"。古代全国上下都严禁直呼帝王名号,逐步发展为对皇后、君王祖父、君王陵墓以至后来对显贵诸侯、大臣等名字都避讳。

(2)家讳。家讳是家族内部避免直呼或者做文章时避免出现与祖先名讳相同字或词语的做法,其本质上是国讳的一种延伸,是封建等级观念和伦理道德的体现。传统家族立法规定在言谈和使用文字时,要求避讳父亲、祖先及所有长辈的名字,这就是所谓的家讳。中国古代四大名著之一《红楼梦》中,由于林黛玉母亲名字为"贾敏",林黛玉每当读到"敏"字时,为了避讳母亲的名字,将"敏"字改为"密"字。

2. 死丧 世界上大多数民族都有趋利避害的心理,避免使用直言祸事的字词。现代人通常以"过世""走了""逝世""老了""不在了""百年之后"等词语来指称死亡这一概念。《礼记·曲礼下》中说道:"天子死曰崩,诸侯曰薨,大夫曰卒,士曰不禄,庶人曰死。"可见,在古代表达死亡这一概念时要分社会阶级,天子死亡称"天崩""驾崩""大行""弃群臣"等。

3. 数字　中华文化绵延千年,积淀深厚,形成了独特的文化底蕴、语音特点和价值取向,这些因素也影响了数字符号。历代都崇尚数字"三",如"佛教三宝""三生有幸""三纲""三戒""三绝"等。也有崇尚偶数"四",因其是成双成对的象征,含有良好的寓意,如"四大名著""四大发明""四大美女"等。中国人还喜欢奇妙的数字"七",如"七宝""七佛""七情"等。

单元主题诵读——以礼待人

中国是礼仪之邦,千百年来,我们的先哲大儒,已经将"以礼待人"的精神注入了我们民族传统的骨髓和血液。对于服务行业,"以礼待人"更是最基本的职业规范。

本单元同学们学习很多关于礼貌得体表达的知识和技能。把这些技能在实际工作中运用出来,还需要有观念认知上的内驱力。本单元,我们从中国传统文化典籍中精选了一些关于"礼"的经典名言,同学们要通过朗读和背诵,充分吸取中华传统礼仪文化的精魂,从内在精神上成为一个彬彬有礼的服务职业人。

一、诸子名言

1. 居处恭,执事敬,与人忠。 ——孔子
2. 君子敬而无失,与人恭而有礼,四海之内皆兄弟也。 ——孔子
3. 非礼勿视,非礼勿听,非礼勿言,非礼勿动。 ——孔子
4. 君子所以异于人者,以其存心也。君子以仁存心、以礼存心。仁者爱人,有礼者敬人。爱人者人恒爱之,敬人者人恒敬之。 ——孟子
5. 人无礼则不生,事无礼则不成,国家无礼则不宁。 ——荀子

二、《礼记》选段

1. 道德仁义,非礼不成,教训正俗,非礼不备。分争辨讼,非礼不决。君臣上下父子兄弟,非礼不定。宦学事师,非礼不亲。班朝治军,莅官行法,非礼威严不行。祷祠祭祀,供给鬼神,非礼不诚不庄。是以君子恭敬撙节退让以明礼。鹦鹉能言,不离飞鸟;猩猩能言,不离禽兽。今人而无礼,虽能言,不亦禽兽之心乎?夫唯禽兽无礼,故父子聚麀。是故圣人作,为礼以教人。使人以有礼,知自别于禽兽。

2. 礼尚往来。往而不来,非礼也;来而不往,亦非礼也。人有礼则安,无礼则危。故曰:礼者不可不学也。夫礼者,自卑而尊人。虽负贩者,必有尊也,而况富贵乎?富贵而知好礼,则不骄不淫;贫贱而知好礼,则志不慑。

参考译文

第三单元 能说会道

单元主题训练——培养语言感染力

对服务从业人员来说，口语表达能力的重要性不言而喻。想让自己的语言打动别人、说服别人，必须要有感染力。所谓感染力就是说者想传递的情感、态度和观念能在听者心中引起共鸣。

能引起对方共鸣的表达，是有一定技巧和方法的。这一单元，同学们将学习如何讲故事、如何发表一个观点，如何当众演讲，以及在将来职场上如何胜任接待、咨询、介绍、推销等依靠口语表达的工作任务。

学习并应用好这些口语表达技能，就能练就一张利口，凭借自己出色的口语表达能力，自信地走上服务工作岗位。

主题一
口语表达丝丝入扣

◆ 主题说明

要想在服务职场练就一张利口，首先要在表达能力方面夯实基础。我们的日常口语表达按说话的内容性质不同，主要分为两类：一类是表达观点想法，另一类是讲述故事经历。

在这一主题中，同学们将从如何讲一个有说服力的观点和如何讲一个有吸引力的故事两个方面来训练基础口语表达能力，为后面的专项表达能力训练奠定基础。

第一节

能讲一个有说服力的观点

▶ 情景再现

周四一大早某公司总经理秘书向总经理汇报工作:"总经理您好!张总工程师来电话说酒店网络系统出现突发状况,他无法按时参加下午3点的会议了。我问了前厅李经理,他说他的时间较为宽裕,会议推迟到明天也没关系,但最晚中午11点30分得外出。今天下午的会议室也已经被别人预订了,但星期五还可以用。要在会上做主题发言的陈副总打电话过来,说他最早今天晚上才能从外地出差回来。我建议把今天下午3点的会议改在星期五上午10点比较合适,您看行吗?"

听完了秘书这段话,你要是那位总经理的话,会有什么感受呢?估计你也会想:这都什么乱七八糟的。这种表达条理不清的秘书一定不会再用下去。

▶ 知识积累

在生活中,我们确实会遇到上文提到的这类人,他们在讲话时总是滔滔不绝,但听了半天,却让人一头雾水。他们在表达上的根本问题在于逻辑性差,条理不清晰,这样讲出来的观点自然没有任何说服力。要想清晰表达一个有说服力的观点,就要学习如何有条理地表达。

所谓表达有条理就是言之有序,能将表达的内容以一种符合逻辑、符合听者接受习惯的结构顺序表达出来,做到层次清晰、主次分明、重点突出。学会有条理地表达,不但可以提升自我形象,改善人际关系,而且还可以提高工作效率。

如何做到表达一个观点有条理、有逻辑呢?我们可以从三个方面入手。

一、采用先总后分的表达策略

先总后分的表达策略就是在表达的一开始就把中心思想、主旨要点表达出来。如果是叙述说明类的表达,则至少要在开头有一个关于整体内容框架的总起句。

人接收信息的习惯总是先要大体明白表达者的意图,然后再带着目标去思考接收细节信息。如果一开始就是一大堆细节信息,接收信息的人往往就开始猜测对方究竟想要表达什么。猜来猜去就失去了耐心。比如下面这一幕:一位售后服务人员见完客户,经理向他询问情况时,他这样说:"今天太堵车了,折腾了一小时才到客户那边,不知道什么原因今天这个客户态度特别不好……"说了一大堆不着边际的细枝末节,经理实在忍不住了,只好不耐烦地打断:"请直接告诉我结果!"因此,我们在表达时要想给人条理清晰的感觉,一定要尽量采用先总后分或者先总后分再总的表达策略。

对于这种策略,我们并不陌生。语文课上老师指导学生:在写记叙文时,往往要求开头点题,结尾扣题;在写议论文时,要求开门见山提出观点。这都是这一策略的体现。

这一策略在以阐述观点为主要内容、以追求效率为第一位的职场表达中,更是要做到结论先行,把最重要的结论、观点、建议放在表达的开始,做到先结论后原因,先主要后次要。通过这种表达策略,表达者可以让信息接收者迅速抓住要表达的主旨,清晰地指引信息接收者沿着表达者的思路去理解内容。

比如"情景再现"中的案例,如果采用先总后分、结论先行的策略,就应该一开始就说:"董事长,我们可以将今天下午3点的会改在周五上午10点吗?"这样,董事长马上就能知道她要说的主要意图,然后再逐一表达这样做的理由和原因。

二、搭建层次清晰的主体内容

想要表达有条理,除了在开头给出结论观点或点明主题之外,接下来主体部分的"分说"同样至关重要。表达者一定要构建出层次清晰的主体内容结构,借助这样的表达结构让听者或读者一目了然。

在实践中,我们可以运用三种方法搭建起层次结构清晰的内容框架。

(一)基础素材概括法

当手头有一大堆素材,但苦于不知道怎样把它们整合成一篇结构清晰的表达内容时,可以采用自下而上的方式进行概括,将有共同点的几个事物按其共同属性归成一类。这个过程大致分成三步。

第一步:下定义。就是在归纳前确定素材中每种事物的内涵和本质特征,这实际上是个下定义的过程。我们可以将下定义的对象简单描绘为:A 是怎样的 B。

比如我们概括什么是"笑",就可以说"笑是一种人类表达喜悦的表情"。如果"笑"算一个概念的话,那"表情"就是"笑"的上一级概念,就好像是它的"父亲",我们在这里暂且称为"父概念"。而"表达喜悦"则是"笑"的本质特征。我们在头脑中确定一个事物,都是在进行着下定义过程。它是思维的基础,当然也是归纳的基础。

第二步:做比较。就是将头脑中已经明确的事物放在一起,发现其异同点。共同点一般就是指上一步下定义中的"父概念"相同。比如"皱眉",它是"一种人类表达不满的表情"。那"皱眉"和"笑"的共同点就在于它们的"父概念"相同,都是一种"表情"。它们的不同点在于一个是表达正面情绪的表情,另一个是表达负面情绪的表情。

第三步:归类并得出结论。就是在做比较的基础上,把具有相同点的事物归成一类,并概括出它们的共同特点。比如把"笑""皱眉""撇嘴"三个做比较后,自然就可以把"皱眉"和"撇嘴"归入一类,并总结出它们的共同点是"表达负面情绪的表情"。

讲完概括的三个步骤,我们再来看"情景再现"中的案例。秘书给出的理由如下:

①张总工程师来电话说酒店网络系统出现突发状况,他无法按时参加下午3点的会议。

②前厅李经理，他说他的时间较为宽裕，会议推迟到明天也没关系，但最晚中午11点30分他得外出。

③今天下午的会议室也已经被别人预订了，但星期五还可以用。

④要在会上做主题发言的陈副总打电话过来，说他最早今天晚上才能从外地出差回来。

我们用下定义和做比较的方法来自下而上概括四个原因的归类与特征，就会发现，四个原因中，张总工程师、前厅李经理和陈副总的三个原因共同点都属于"参会人员状况"。张总工程师和陈副总的共同属性都是"原定时间今天下午3点无法参会"，他俩和前厅李经理三个人的共同特征是"周五上午10点可以参会"。而原因③与其他三个原因的不同特征在于它属于"会议场地状况"。四条原因加起来的共同特征就是"周五上午10点可以开会"，这样我们就自上而下构建了一个层次清晰的结构主体，来支撑"会议改在周五上午10点召开"这一观点（图3-1-1）。

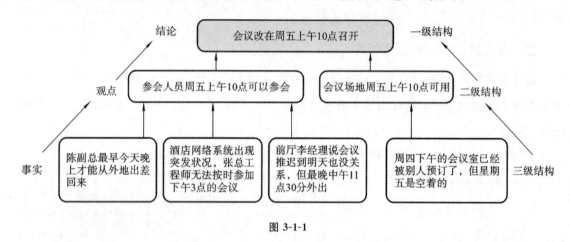

图 3-1-1

（二）中心主旨分解法

还有一种情况，是已经有了中心思想、主旨要点，但还没有支撑这一中心思想的素材。这时如何搭建一个层次清晰、符合逻辑的主体结构呢？就用到了另一种方法——自上而下分解。

那么如何分解已经确立的中心思想或主题观点呢，我们可以采用"问问题"的方式来进行。问问题就是设想听者听到说者表达的内容后会产生哪些疑问，然后从回答这些疑问的角度来分解出主体内容框架。

还以"情景再现"中的秘书为例。设想这位秘书在汇报工作前已经想好了"会议改在周五上午10点"的建议，她可以想象一下总经理一大早听到这个建议时会有什么疑问，估计他会问为什么要改。那秘书在构思时就可以从为什么的角度，按改时间的原因进行分解：可分参会人员和场地两类原因进行理由说明。这样表达的二级结构就形成了。秘书可以继续设想：总经理可能还会继续追问陈副总和张总工程师为什么周四下午不能参会，这时她就要把两人不能参会的相关信息核实准确，作为支撑二级结构的事实材料。这样通过自上而下分解，一个层级清晰、结构严谨的表达内容就构成了（图3-1-2）。

为了分解的角度更全面，设想对方问问题的方面可以概括为"5W2H"，即 what（是什么）、why（为什么）、who（谁）、where（在哪里）、when（什么时候）、how（怎么解决）、how much（数量多少）。想这么多问题，只是为了不遗漏重要方面，在实践中，我们更习惯于从是什么、为什么和怎么做三个角

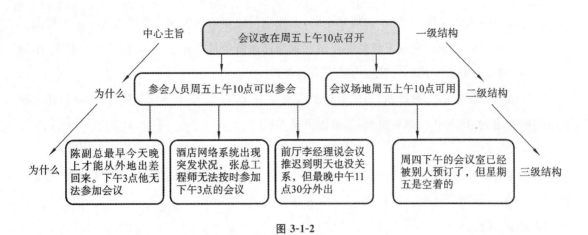

图 3-1-2

度去想问题,去做自上而下的分解,而且往往和自下而上的"基础素材概括法"结合起来使用。

（三）利用结构清晰的表达套路

表达观点具有说服力,往往源自内容本身条理清晰、逻辑性强,也就是所谓的结构化表达。结构化表达实际就是找到一种易于接受的表达模式,通俗地讲就是"套路",掌握这些套路,就能在最短的时间用最少的话语表达出观点。下面学习一些常用的表达套路。

1. 发表观点的开场套路——SCQA　SCQA 是一种用于发表观点意见的开场套路,通过这个套路,可以自然引入自己想阐述的中心观点,丝毫不拖泥带水。下面我们来看它的基本构成。

S(situation)表示情景,由对方熟悉的情景、事实引入。这个情景要让对方产生共鸣,在心里产生类似"对,你说得没错"的感觉。只有情景被认同了,下文才好开展。

C(complication)表示冲突,指出实际情况与理想状态存在的冲突,确认存在的问题。这是通过打破对方安全感来激起对方的注意力。

Q(question)表示疑问,是从对方的角度考虑,提出对方会关心的问题。

A(answer)表示回答,基于这个问题说者提供给听者答案,这个答案也就是说者下面要具体阐述的中心观点。

举个例子来说明。

学校自从采用线上线下混合式教学改革以来,学生的学习效率大幅度提升。但优质的线上学习资源成为制约改革进一步发展的瓶颈,怎么才能解决资源困境呢?教务处打算实施优质数字学习资源开发建设项目,联合企业,打造自己的数字资源库。

这是一个标准式的 SCQA 开场,我们可以通过表格来逐项加以分解。

S(情景)	学校自从采用线上线下混合式教学改革以来,学生的学习效率大幅度提升
C(冲突)	优质的线上学习资源成为制约改革进一步发展的瓶颈
Q(疑问)	怎么才能解决资源困境呢
A(回答)	实施优质数字学习资源开发建设项目,联合企业,打造自己的数字资源库

学习这一套路,可以让你拥有一个非常简洁自然的开场,为下面的正式发言表达观点打开一个良好的沟通局面。

2. 最简短的表达观点套路——电梯演讲　电梯演讲是美国麦肯锡公司提出一种表达理

念——即使与别人在电梯间30秒的短暂相遇,也能用最简短的话语清楚准确地表达一个观点。

电梯演讲在向高层领导或者重要客户做自我推荐或做项目推介、产品推销等非常有效,因为他们时间宝贵,希望听到简洁、清晰、有吸引力的表述。

电梯演讲原本仅是一种理念,不同领域的实践者,根据需要,提出不同套路模型,我们在比较了不同模型之后,将其共性提炼出来,形成以下基本模式。

第一步:铺垫。

用一句话铺垫开场。这里的铺垫,不是寒暄客套,而是在了解对方兴趣、需求和现状的基础上,与自己的目标诉求结合,找到一个能让对方认可的共识。

第二步:观点。

用一句话直接表达自己的诉求、建议、观点。这一句是让对方了解自己的目的意图,以最简洁的方式明确告诉对方即可,因为对方能不能接受,全看下面怎么表述。

第三步:证明。

用两句话表达出支撑自己观点、诉求的内容。这一步是整个电梯演讲成功与否的关键,也最考验说话人对自己所推介内容的理解把握程度。这两句话力求做到简洁易懂,有吸引力和说服力,但在功能上又各有侧重:

第一句说"价值"——无论是推介一个项目、一个产品还是推荐一个人,推出一个观点或建议,在这一步首先都要用极其简洁的一句话表达出这个推介对象独一无二的价值。注意不是介绍具体内容,是说价值。这个价值可以针对对方的需求、喜好,也可以针对市面上同类型内容的比较优势,但一定要说到点上,说到对方心里去,说出最大的吸引力。

第二句说"事实"——接着前一句说,简要说出支撑这一价值的有力事实,最好有数据支持。

第四步:互动。

用一句话重申诉求,并提出互动建议。我们不能指望一次短暂的电梯谈话就能达成一项重大事项。电梯谈话的目的是留下印象,发"球"出去,给对方"抛回来"的机会和兴趣。

下面我们举例来体会电梯演讲套路的全过程。背景:面对广州几位自媒体"大V",邀请他们参加广州自媒体"大V"聚会。

铺垫		自媒体作为一个行业虽然年轻,但前途是光明的,每个人都有不小的挑战与问题要面对
观点		未来属于专业化的团队,每个"大V"都值得相互学习
证明	价值	"大V"相互交流学习,能让每个人快速实现"1+1>2"的价值奇迹
	事实	深圳的"大V"聚会办了6期,已经达成了"下班后赚钱"这项合作,实现了2周收入100万
互动		各位,要不要一起办一期广州"大V"聚会?

案例分析

一、案例呈现

一位云计算厂商销售代表到一个传统企业拜访该企业IT部门的经理,他在楼道里碰到这位经理。但经理时间很紧,赶着去开会,只给了销售代表一分钟的时间介绍自己的产品。这位销售

代表是这样说的:

"我知道贵公司正打算采购一款云计算服务平台,我希望你们能购买我们公司的云计算服务。我们公司的云计算服务不仅可以帮你们省钱,还可以让工作人员省事。最重要的是:运维方面一旦出现问题,你们可以和老板讲,我们来帮你的IT团队承担责任。贵公司的三家主要竞争对手,都已采用我们的产品。您如果感兴趣,我想和您单独约个时间详谈。"

二、案例分析

这是一次典型的电梯演讲,请你根据电梯演讲的套路结构,分析并点评这位销售代表的讲话内容,你认为经理会接受他的推销吗?

我的分析:

铺垫	
观点	
证明	价值
	事实
互动	

我的点评:

扫码看答案

▶ 语言实践

一、本节开始"情景再现"中的案例,我们已经为那位秘书设计了表达的提纲,请模拟当时的情景,将向总经理汇报的内容写成文字,要求结论先行,条理清晰,有说服力

秘书:

扫码看答案

二、口语表达实践

冷战时期,美国总统肯尼迪曾向国会说明登月计划,以获得国会的支持。如何把如此庞大复杂的计划简单、明确地告诉国会,肯尼迪只用了一句话就道出了最关键的信息:十年内实现太空人登陆月球并安全返回。这句话被传为美谈,因为他把复杂的事情说得简单易懂。请你尝试用高度凝练的语言,一句话来介绍一个对象,要求简洁且有吸引力。

1. 在招聘会上,一句话介绍你自己的优势。

2. 在领导来参观时,一句话介绍你的班级特点。

3. 你想邀请一些人参加自己组织的一次活动(内容自定),一句话说明活动的价值。

三、请你仔细观察,认真思考,发现所在学校或班级中存在的一个问题,并给出你自己的观点与建议。现在让你当面向班主任或校领导提出这个建议。请尝试运用 SCQA 结构模式,完成这次表达的开场,要求先按下面表格,将内容写下来,然后当众练习表达

S(情景)	
C(冲突)	
Q(疑问)	
A(回答)	

四、选择一件有意思的商品(电子产品、小电器、文具等均可),运用电梯演讲四步法模式,向你认为适合的一个对象进行推介。要求总时长不超过 1 分钟,内容结构符合要求,做到观点明确、表达简洁、有吸引力、有说服力

铺垫		
观点		
证明	价值	
	事实	
互动		

⇛ 拓展延伸

《金字塔原理》简介

要想训练逻辑表达的能力,让受众有兴趣、能理解、记得住,可以阅读《金字塔原理》这本书,此书是训练思考能力、使表达呈现逻辑性的实用宝典。

《金字塔原理》一书的作者是芭芭拉·明托。她毕业于哈佛大学,她在写作方面的优势得到了麦肯锡公司高层的赏识,成为该公司第一位女咨询顾问。她总结出一套可以解决写作思路不清晰的有效方法,并传授这套方法,帮助麦肯锡公司以及政府、高校等各界人士撰写文案、报告、演示文稿等商务文章。

这本书畅销 40 余年,不仅是麦肯锡经典培训教材,甚至成为整个咨询业的标准,被众多国际知名企业和世界知名院校作为员工培训的材料。

这本书旨在通过学习金字塔原理,训练逻辑思维,在思考上提升结构化思维能力,在表达上突出重点、条理清晰。全书分为四章,有三个附录,每一章介绍了一种逻辑,分别是表达的逻辑、思考的逻辑、解决问题的逻辑和演示的逻辑。三个附录补充介绍了在无结构情况下解决问题的方法、序言结构范例以及对全书的要点进行了汇总。

第二节

会讲一个有吸引力的故事

▶ 情景再现

1983年,苹果公司推出麦金塔计算机的前夕,所有员工都拼了命地加班赶工。有一天,乔布斯来到工程师肯尼恩的办公室,指着还在测试中的麦金塔计算机,说:"开机。"

计算机开机,除了必须启动操作系统之外,还得测试存储器,以及完成其他起始作业,因此花了好几分钟。乔布斯摇摇头:"不行,速度还是太慢,必须再改进。"

肯尼恩和他的团队经过几个星期不眠不休的努力之后,乔布斯的答案还是"不行,不够,还要再短。"筋疲力尽的肯尼恩摇头表示,大家都已经尽全力了,现在已经是极限了。

这时,乔布斯知道肯尼恩已经听不进道理了,于是他改换说故事。他说:"如果开机的速度再快十秒,就能拯救一个人的命,你做不做?"随后乔布斯走到白板前,拿起笔,边说边算了起来:"我一直在想一件事,将来会有多少人使用麦金塔计算机?一百万?不对,我打赌再过几年,就会有五百万人,每天至少打开一次他们的麦金塔计算机。假设你们可以再努力节省十秒的开机时间,十秒乘以五百万个用户,就等于每一天省下五千万秒。一年换算下来,等于三亿多分钟,你知道这有多长吗?那是十个人的一生啊。"乔布斯最后说:"为了这十个人的一生,大家再努力减十秒吧!"

虽然肯尼恩在理智上觉得已经达到极限了,但受到乔布斯"十秒的开机时间=十个人的一生"故事激励,伙伴们全都拼命工作,最后成功地把开机时间缩短了二十八秒。

▶ 知识积累

在表达能力的构成中,除去结构性表达能力之外,最重要的要属于讲故事能力了。故事是人类历史上最古老的表达工具,《人类简史》这部著作将讲故事的能力作为人类社会形成大规模合作的根本原因。当想要说服别人,讲一个好故事是一条最有效的路径。既然讲故事这么重要,那如何才能把一个故事讲得生动、有吸引力呢?下面就来讲讲其中的方法和技巧。

讲好一个故事,需要从三方面考虑:①为什么讲这个故事;②讲一个什么样的故事;③怎样讲述这个故事。这三个问题对应的就是故事的三个要素:故事的主题、故事的情节和故事的语言。接下来分别来说明。

一、提炼一句话语明确故事主题

主题就是中心思想,一个好故事,应该在情节内容之上,能提炼并得到一句话,这句话就是讲故事人想要传达的一种思想、判断、主张、观点或哲理。比如大家熟悉的电影《肖申克的救赎》就是一个好故事,这是一个主人公因冤屈入狱,最终越狱成功重获自由的故事,表达的主题是什么呢？我们用一句话表达就是"只要你满怀希望,就能够成功。"

绝大多数情况下,讲故事不仅仅是单纯地叙述故事,而是要传达一定的主题思想,是将主题思想用一个故事包装起来,把个人的情感融进去,让听众身临其境,产生代入感,从而更好地理解背后隐藏的主题,更顺利地接受故事要体现的思想观念。

没有主题,我们的故事就像一只漂泊在大海上没有方向的航船,不知道终点在哪儿。我们在讲一个故事前,一定要想好自己所要表达的主题是什么,所有情节设计都要围绕这个主题展开。更为关键的是,我们要把它提炼成一句明确的话,放在故事的结尾处,让听众在听完故事后,产生更深远的回味与思考。

一个故事不能没有主题,但也只能设定一个主题,故事的篇幅短小,多个主题只能让听众产生混乱。

所以,想要讲好故事,请用一句话明确故事主题。

二、借助一个套路架构故事情节

人们爱听故事,即使是在嘈杂的餐厅,当你听见邻桌一个人说:"昨天晚上我到地下车库取车时,发现车窗全被砸碎了,地上还有个……"保证你马上会把头侧过去听,因为你知道马上一个故事就要被讲述了。故事之所以吸引人,是因为它具有趣味性,能够吸引听众,使他们有兴趣听下去。故事能不能有趣,最关键的因素就是故事情节。

有人研究了众多有趣故事后,发现好故事的情节都是符合一定规律的。其中最核心的三个要素就是冲突、行动、结局。

比如大家熟悉的《西游记》的故事(图 3-1-3):

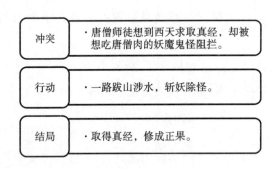

图 3-1-3

三个要素中最关键的是冲突,也就是要在故事中制造一个困境,形成某种冲突。所谓冲突,就是主人公想实现一个目标,但现实却存在阻碍,这样把冲突细分,就可分为"目标"和"阻碍"两部分。比如《西游记》的故事,目标就是"到西天求取真经",阻碍就是"各路妖怪想吃唐僧肉"。

三个要素中,行动是故事的主体,它的要求在于曲折,要想让故事吸引人,主人公实现目标的行动过程一定是一波三折的。有人分析大多数好莱坞电影,在故事的行动环节,都分成四步:为目标努力行动—结果遭遇挫折—出人意料的情况发生—事情出现转机。在经历过上面四步波折后,最终呈现故事的结局。

这样,一个故事如果想要更加生动、有吸引力,就由三个要素变成了七个步骤(图3-1-4):

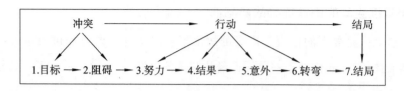

图 3-1-4

这七个步骤又称为"七步法",这种故事套路是台湾小说家许荣哲总结提出的,按照他的观点,要想在三分钟内讲一个精彩的故事,只需回答好这七个问题。

- 主人公的"目标"是什么?
- 他的"阻碍"是什么?
- 他如何"努力"?
- "结果"如何?(通常是不好的结果。)
- 有超越努力的"意外"可以改变这一切吗?
- 意外发生,情节会如何"转弯"?
- 最后的"结局"是什么?

我们可以按这个套路分析既有的好故事,也可以利用这个套路提供的框架设计一个精彩故事。比如下面就是依据七步法套路讲述的小故事。

目标:刘铮和同学们来无人区徒步穿越。在出发前,他们做了充分的准备,由于对路线规划有分歧,刘铮与队友分开行动,一个人孤零零地迷失在茫茫荒野里,急切地想和队友取得联系。

阻碍:三天过去了,自己背包里的水和食物越来越少,他的身体也疲惫不堪,死亡正向刘铮逼近。

努力:为了节省食物,他一边走一边采食野果、野菜,甚至捕食昆虫,想把自带的食物留在最后关头。

结果:六七天后,刘铮终于发现前面不远的地方有两座房子。他兴奋异常,拼尽全力奔了过去,然而走近之后却发现,房子里空空如也,早已被人遗弃,里面既没有水也没有食物。

意外:刘铮非常失望,一下子泄了气,很长时间才缓过神来。他强撑着,提起精神重新上路。走着走着,刘铮突然发现两辆汽车从远处向自己这边开过来。车很快追上他,从里面跳下五个大汉,有两人手中还提着枪。

转折:刘铮吓得呆在原地,刚想转身逃跑,五个人中的一个大喊一声喝住了他。双方一接触才知道,原来这片地区藏羚羊盗猎猖獗,车上的人是野生动物保护巡逻队队员,常年在附近四处巡逻,刚好碰上了刘铮,以为他是盗猎者。

结局:刘铮向他们讲明了自己的身份和经历,巡逻队队员都十分同情他。他们让刘铮先饱餐了一顿,然后载他返回到巡逻队驻地,最终帮助刘铮和队友们取得了联系。

在实际表达中,并不是每个故事都要完整展现这七个步骤,有时因为时间短暂,有时因为故事内容单薄,不能用这个"七步法"套路,这时可以把它变形、缩减,形成比较简单的套路。比如:可以是"目标—阻碍—努力—结局";也可以是"目标—阻碍—意外—结局"。总之,都要在故事情节中,挑起冲突,制作麻烦,形成一定悬念,吸引听众饶有兴趣地听下去。

三、运用精练生动的语言描绘故事画面

这一部分讲到的是故事的语言。广义的故事语言包括有声语言和讲故事人的表情肢体语言。关于表情肢体语言,我们在第一单元已经从解读的角度讲过,这里我们重点说说故事的有声语言。

(一)用生动的语言讲述细节

故事语言的要求,最重要的一条就是要"绘声绘色"。也就是能在将细节描述给听众,让他们在头脑中产生画面感,在情感上产生代入感。

1. 让听众在头脑中产生画面感　要想产生画面感,就不能仅用一些概括性的语句陈述。而是要交代事物的具体样貌。比如讲到一艘船,你不能说"一艘又长又豪华的轮船驶过眼前",而要提供细节:"一艘200多米长、3层楼高的轮船驶过眼前,船身精致的印字,看起来非常奢华"。这样听众脑海中才容易浮现出一艘豪华轮船的画面。

2. 让听众在情感上产生代入感　产生代入感就是让听众在情感上产生共鸣,这同样离不开细节。比如你在故事中这样说:"小李重感冒还坚持去上课,反而被老师责骂,很可怜。"听众听了很难感受到小李的可怜,这时就非常需要讲故事的人将小李带病被责骂的种种细节呈现出来,比如当时他的动作、神态、语言等,让听众产生身临其境的画面感。按照此思路,可以这样讲:"小李低着头,眼里含着泪花,剧烈的咳嗽使他弯下腰,双手压着胸脯。"当你听到这样的讲述时,小李那可怜巴巴的样子,是不是很容易在你眼前呈现,让你不自觉对他产生同情。

(二)用精练的语言,让讲述干净简洁

除去语言的生动,用口语讲故事,还有一个重要要求就是语言要简洁精练。

1. 多用短句,少用术语和生僻字　口语的特点是听完就过去了,不能反复听。可供听者回味理解的时间非常短暂,所以一定要少用大长句,少用深奥晦涩的专业术语,少用书面色彩浓厚的生僻字词。

这样的问题,最容易出现在事先准备了讲稿,讲故事的人照稿念或背稿的情形中。解决的办法就是站在听众的角度,化长句为短句,将生僻词语改为通俗易懂的内容。

2. 减少余赘,让故事语言干净　用口语讲故事,应减少三类赘语。

(1)减少说话时各种拖时间的发语词。包括"呃""啊""这个……呢""那个"等。这些发语词一般出现在一个意思表达的起始阶段,表示了一种思考还在延续的状态。

(2)减少说话时各种习惯性的连接词。有人习惯在两句话之间,不管是不是顺承关系都加个"然后呢",或是"完了呢",不管是不是因果关系,后半句都加个"那么"。加上这些连接词,纯粹是一种无意识的习惯。

(3)减少说话时各种无意义的插入语。比如"什么呢""就是说""怎么说呢""是不是""说实话"等。这些插入语,和那些起到提示指引作用的话语标记语还不一样,它们的标记作用很小,只是一种俗称"口头禅"的赘语。

上述三类赘语,对于说话的表情达意没有任何实质意义。但它们的每次使用,都意味着对话

语的一次切分,当话语中大量出现这三类赘语,必然会破坏语言的结构,给人以断断续续、支离破碎、不连贯的感觉。让人感觉说话人的表达非常啰嗦,不简洁。比如下面这位教师的课堂语言,就是一个非常典型的反面例子:

那么这个夏朝呢,啊,我们说它是一个传说中的朝代,啊,也就是说,啊,咱们还没有很多的考古发现,啊,没有发现周朝以前有关于夏朝的文字记载,啊,那么这个夏朝呢,我们不敢说它一定存在,啊,不敢说古书里那些记载都是真的,啊。那么我们来讲下一节,啊,这个,商朝的起源。啊。

3. 如何减少三类赘语 三类赘语的出现,大概包括以下两个原因。

(1) 对说话内容不熟悉,边说边思考导致加入了赘语。针对这种情况,我们可以在内容准备上下功夫,条件允许,可以把讲话稿写出来。这样就可以减少在讲话过程中加工信息的负担,从而让话语更加简洁连贯。如果条件不允许写出讲话稿,我们可以尝试尽量放松心情,刻意放慢语速,有意识地控制不说出那些赘语,可将其变成适当的停顿。

(2) 多年养成的不良表达习惯。首先,这些毛病最开始形成可能是因为表达能力有欠缺,长久以来,很多人就将它作为一种习惯保留下来。要想克服,就要自己充分意识到这种毛病对表达交流的危害性,要有改正的主观愿望。其次,时时处处保持警醒,一旦在说话时出现赘语,就马上提醒自己。有时还可以请身边的人帮助提醒自己。毛病的养成非一朝一夕,所以克服起来也不会一蹴而就,需要我们持续不断地改正和练习。

提炼出一个引人深思的主题,设计好一个曲折跌宕的故事情节,用精练又形象的语言让听众产生画面感和代入感,只要做到这三点,你就能讲出一个精彩生动的好故事。

案例分析

乔布斯的故事

一、案例呈现

乔布斯的人生目标是什么?答案正是他对百事可乐公司的约翰·斯卡利说的"改变整个世界"。这个目标也太大了吧?正因为大,乔布斯才足以成为传奇。

乔布斯的母亲未婚生子,因此小乔布斯一出生就过继给养父养母,养父母是卖二手汽车的商人,他们一辈子没上过大学,乔布斯不像比尔·盖茨那样出生在富裕的家庭。

乔布斯本身并不会开发计算机,但那一点都不重要,重要的是他成功说服了他的朋友斯蒂夫·沃兹尼亚克,把他设计出来的计算机拿出来卖。二十一岁的乔布斯已经在自家车库和斯蒂夫·沃兹尼亚克成立了苹果公司。他们一起创造了世界上最早的商业化的个人计算机,它的名字叫 Apple I。

好景不长,乔布斯被公司员工以及董事会认定是苹果公司发展的障碍,就这样,乔布斯被逐出了自己一手创办的苹果公司。

乔布斯离开苹果公司十年后,苹果公司的经营陷入了困境,市场占有率从巅峰时期的 16%,跌到 4%。一年亏损十亿美元,九十天之内就会破产。而另起炉灶的乔布斯,不仅自己成立了计算机软件公司,还收购了一个动画工作室,也就是后来制作了《玩具总动员》《海底总动员》名闻天下的皮克斯动画工作室。中国有句老话叫"十年风水轮流转",把它套在苹果公司和乔布斯身上特别适用。正是这个奇妙的转机,逼得苹果公司高层拉下脸来,把乔布斯请回去"救火"。

就这样,担任临时 CEO 的乔布斯,一边整顿公司内务,一边试图重建一个全新的苹果公司。1997 年,苹果公司推出 iMac,并搭配一支叫"Think Different"的广告,创新的设计再加上不凡的理念,产品大卖,使苹果公司渡过财政危机。随后,苹果公司乘胜追击,推出大受欢迎的 Mac OS X 操作系统。乔布斯全面翻红,从临时 CEO,变成正式的 CEO。

人们会永远记得担任 CEO 的乔布斯,在苹果公司的产品发布会上侃侃而谈、意气风发的样子。他带给人们一次又一次的惊奇,从 iPod 到 iPhone,再到 iPad,一个又一个划时代的电子产品。乔布斯真的完成了他最初的目标——改变整个世界。

二、案例分析

1. 请你根据故事内容,设计一句话,表达这个故事的主题。

我的设计:_____。

2. 请你使用"七步法"套路,分析乔布斯的故事,将每一步内容简要概括在下表中,体会其精彩曲折的故事情节。

步　骤	故事内容(概括表述)

语言实践

一、下面是一个故事的片段,因缺乏细节而显得平淡乏味,请你从构建画面感和增加代入感的角度,想象情节,在故事的适当节点添加细节,让故事讲起来更加生动、吸引人

小王刚毕业时找工作特别辛苦,投出的简历大部分都石沉大海,好不容易的面试机会,每次基本都会出点小状况,最终被拒之门外,一个月下来一个 offer 都没拿到,看着同学们都去了自己想去的大公司,他感到心力交瘁,夜夜失眠。

二、回顾自己的经历,选择一个给你深刻印象和启迪的片段,提炼出一句话主题,运用完整的"七步法"故事结构或者缩减版的"四步法"故事结构,写出故事稿,并当众讲一讲

扫码看答案

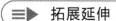 拓展延伸

讲故事的非语言技巧

（1）保持目光接触。目光接触是与其他人联系的、非常重要的非语言方式之一。它不仅有助于保持学生的注意力，而且还传达了一种自信和真实的感觉。

想象一下，你低头看着脚，讲述一个故事，听众会是什么感受？即使故事本身很精彩，他们的感觉也不会好。始终直视听众的眼睛，你就会与他们保持心灵上的联系，同时让他们集中注意力。

（2）多运用肢体语言。肢体语言的使用方式有很多。作为讲故事的人，你可以用手、脚、腿和头部等身体部位做动作。同样，也可以要求听众在故事的某些部分做动作配合。这有助于激活他们的记忆，并将注意力集中在讲的内容上。

（3）使用戏剧性暂停。人们说话的速度比大脑处理的速度要快。如果在讲故事的关键时刻停下来，就会让听众有机会思考刚刚获知的信息。不要害怕停顿，特别是在紧张的时候。流行的电视节目常常使用戏剧性的停顿（或悬念），吸引观众回到故事中，问题看起来无法解决的时候，就是暂停的正确时机，让观众有机会自己思考解决方案。

（4）根据不同的角色，改变声音。当赋予角色个性时，角色更加令人难忘。其中一项就使用不同的声音表现角色。在没有视觉道具的情况下，声音的改变是使角色栩栩如生的途径之一。

主题二
当众演讲头头是道

◆ 主题说明

演讲又叫讲演或演说，是指在公众场合，以有声语言为主要手段，以体态语言为辅助手段，针对某个具体问题，鲜明、完整地发表自己的见解和主张，阐明事理或抒发情感，进行宣传鼓动的一种语言交际活动。

服务行业从业者要以客户为服务对象，在有效时间内，提供恰当、准确的服务。这就要求从业者除了具备过硬的专业能力外，还要具有较强的沟通能力及表达能力。试想如果你当众说话紧张、结结巴巴，那么纵然再好的服务，也一定会大打折扣。在本主题，我们帮助同学们了解演讲的相关知识，着力提高大家的演讲水平。

为了便于学习，我们将演讲简单分为命题演讲和即兴演讲两种。希望通过本主题的学习与训练，同学们能熟练掌握演讲技能。

第一节

如何准备命题演讲

≡▶ 情景再现

为了弘扬传统文化，提高学生人文素养，培育和践行社会主义核心价值观，展现学生风采，学校组织了以"匠心筑梦"为主题的演讲比赛。酒店服务专业的小王同学报名参加了这次比赛，在比赛前小王对主题进行了酝酿与构思，并执笔成文。随后，小王设计了演讲过程并进行了演讲练习。比赛那天，小王因为准备充分，发挥出色，赢得了比赛的第一名。

同学们，从小王身上你们学到了什么？如果你们参加类似的演讲比赛会如何准备呢？

≡▶ 知识积累

演讲是一件非常个性化的事情。即便是同一个主题的演讲，不同的演讲者的演讲内容也可能是不同的；即便是想表达同一个观点，不同演讲者引用的例子也可能是不同的；即便是引用了同一个例子，不同演讲者分析的角度也可能是不同的。所以说，演讲是很个性化的表现，我们要通过"演"和"讲"两部分，向别人展示出自己的个性及观点看法。

那么，在命题演讲之前，我们应该做哪些准备呢？

一、选定演讲主题

尽管命题演讲已经给了范围，但是演讲者依然需要确定具体的演讲主题。

（一）选题要适合自己

在选题时，我们最好选择那些自己熟悉的、深入了解的、感兴趣的话题。我们要尽量避免选择那些自己不了解、无趣的话题。只有那些能真正吸引演讲者自己的话题，才有可能调动演讲者的真情实感。要知道，真情流露才能够打动别人。

另外，选题也要适合演讲者自己的年龄、身份。比如让一个厨师就美食进行演讲，让发型师就发型潮流进行演讲，让茶艺师就品茶方法进行演讲，这些都非常有说服力。

（二）选题要适合听众

抓住人心的捷径，在于以对方最关心的问题为话题。在选题时，一定要考虑，这个演讲是讲给谁听的，他们爱听什么，想听什么。比如一位老师，以"新学期注意事项"为主题的命题演讲，给高一新生讲，他们希望听到什么？给高二学生讲，他们希望听到什么？给高三毕业班学生讲，他们又希望听到什么呢？

（三）选题要适合背景

这里说的背景，不仅包括时间背景、环境背景，还包括社会背景。比如你是学校学生会主席，在新年联欢会上要进行演讲。这时，选题时，就要考虑到新年这个时间背景，联欢会这个环境背景。

二、撰写演讲稿

选定讲题之后，我们就要收集资料，撰写演讲稿。演讲稿主要包括：标题、开场白、正文、结尾。

（一）标题——画龙点睛

好的演讲稿标题应该好听、好记、有深意。好的标题常常具有以下几个特点：第一，好的标题是主题的浓缩精华。例如：以比赛、友谊为主题的演讲，题目可以是"友谊第一，比赛第二"。第二，好的标题应该蕴含感情。例如：以孝顺父母为主题的演讲，题目可以是"说不尽的孝子情"。第三，好的标题常常充满哲理。例如：以环境与我为主题的演讲，题目可以是"近朱者赤，近墨者黑"。

我们已经了解了好的演讲标题的特点，下面来学习撰写标题的几种方法。

1. 解词释义　用简单的词语对演讲稿中的核心词做解释，表达清楚明白。如"理解——友谊的桥梁""爱——化解矛盾的金钥匙""中国，我永远的家""长征，不朽的丰碑""爸爸，我坚强的后盾""青春，成就梦想""我，属于远方""女人，你的名字叫伟大""花，不只开在春天"等。

2. 发出呼告　对观众直接发出呼唤、号召，增强感染力。如"让法律为青春护航""让青春绽放光彩""保护环境，从我做起""请伸出你的手""请珍惜时间""不要向困难低头""向着太阳，大步前进""我不想当坏孩子"等。

3. 巧用修辞　巧用修辞手法，使语言生动形象，更加具有感染力。如"梦想之舟，青春之路""踏踏实实做事，明明白白做人""学习传统文化，传承工匠精神""书山有路，学海无涯""仰望星空，脚踏实地""父爱如山""梦想是一只小船""起航，就能到达终点""世界不大是个家""我和好习惯有个约会""明天正向你微笑"等。

4. 引用诗句　直接节选部分诗句做标题，增强感染力和说服力。如"人生若只如初见""宝剑锋从磨砺出，梅花香自苦寒来""千里之行，始于足下""一蓑烟雨任平生""怎一个愁字了得""谁言寸草心，报得三春晖""一片冰心在玉壶""自在飞花轻似梦"等。

总之，标题是演讲稿中重要的组成部分。从字数上来说，标题不宜过长；从形式上来说，可以是词，可以是短语，也可以是句子；从内容上来说，是对演讲内容的高度概括；从手法上来说，可以引用诗句，可以运用修辞。一个好的标题会加深听众对你的第一印象，引起听众倾听的欲望。因此在撰写演讲稿标题时，一定要深思熟虑、精雕细琢。

（二）开场白——先声夺人

演讲的开场白要起到"镇场"的作用，因此通常要简短有力。如果在三句话之内，演讲者还没有让听众安静下来，倾听演讲，并对演讲内容产生兴趣，那么演讲者的演讲就很难成功了。开场白不要太长，通常100字左右，一般不超过200字。过于冗长的开场白会让听众觉得啰嗦，听半天依然不明所以,就会让人丧失听下去的兴趣。演讲稿开场白可以有很多不同的形式,下面就给大家介绍几种常用的形式。

1. 新闻式 演讲者首先以比较严肃的口吻宣布一条引人注目的新闻,以此来引起全场听众的注意。这样的开场白,可以迅速将大家的注意力吸引到演讲者的身上。要注意,这里引用的新闻,一定是真实可靠的、具有新鲜度的、比较重大的、与主题相关的。例如:

2017年11月2日,北京××区人民法院对一起校园霸凌案进行宣判。五名犯罪时未满十八岁的被告人分别被判处有期徒刑。被告人朱某犯寻衅滋事罪,判处有期徒刑一年;被告人赵某、李某、霍某、高某犯寻衅滋事罪,分别判处有期徒刑十一个月。四朵本该灿烂绽放的青春之花面临法律的制裁。如何拒绝校园暴力,如何杜绝校园霸凌,是摆在我们当今教育者面前的重大问题。

2. 提问式 一上台便向听众提出一个或几个问题,将听众带入问题当中,引导他们与演讲者一同思考。这样做能够很快吸引听众注意,让听众带着问题倾听,大大提高他们的关注度和参与度。要注意,提出的问题必须围绕主题,与听众密切相关,能够发人深省。例如:

同学们,中职学生就职时最大的困难是什么?面对着那么多求职者,那么激烈的竞争,什么是我们最大的弊端?我们应该如何去克服自己的弊端,战胜求职时的困难?

3. 赞扬式 人们一般都喜欢听赞扬的语言,演讲者在开场时说几句赞扬的话,能够尽快缩短与听众的感情距离。但要注意分寸,不然会给人哗众取宠、油嘴滑舌的印象。例如:

今天,我很高兴能够和大家一起交流分享。我在很多的地方演讲过,但是从来没有一个地方的听众像你们一样热情与认真。我相信今天的交流一定会让我受益匪浅。

4. 抒情式 这种开场白主要是借助抒情式的语言,通过优美的辞藻、精心设计的语言,感染听众,调动他们的情感,给他们美的感受。例如:

下雨的时候,雨丝浸润着古巷,瓦片上的青苔,含苞的花朵,都在欣喜地啜饮天降的甘霖。雨天我不怎么出门的,泡一壶清茶,坐在藤椅上,翻翻古老的线装书。或许,也会有调皮的孩子在雨中嬉戏,清脆的笑声如挂在檐角的风铃,美妙悦耳。或许,也有丁香般的姑娘,举着油纸伞消失在巷口,留下背影让人遐想。雨中的一切都如一首婉约的诗,一花一木都充满了灵气,营造着诗意的氛围。

5. 故事式 在演讲开头,先讲一个既简短精彩又容易理解的故事。设计一种情境,营造一种氛围,使听众对故事发展和人物命运深表关切,从而仔细听下去。例如:

大家或许记得这样一个传说:阿拉伯有个神奇的山洞,里面收藏了40个大盗偷来的金银珠宝。只要掌握了一句咒语,洞门就会自动打开。有一天,一个叫阿里巴巴的年轻人无意中知道了咒语,他用咒语打开了这个财宝之门,成为巨富。亲爱的同学们,现在你们的面前也有一个这样的大门,里面装满了知识的财宝,只要你们找到咒语就一定能够打开这道大门,获得里面的财宝。

6. 直白式 也就是开门见山的方式,一开始就用高度凝练的语言把演讲的基本目的和主题告诉朋友。这种方式言简意赅,单刀直入,直截了当切入演讲的主题。例如:

什么是男子汉?不同的人有不同的答案。我的观点是:男子汉,不一定要风流倜傥、气宇轩昂,也不一定高大伟岸、玉树临风。但他一定要有爱国的精神,要有在关键时刻挺身而出的高尚人格。

7. 引用式　演讲的开场白也有直接引用他人话语的——大多是富有哲理的名人名言,它为演讲主旨做事前的铺垫和烘托,概括了演讲的主旨。例如:

奥斯特洛夫斯基在《钢铁是怎样炼成的》一书中这样说:人最宝贵的东西是生命,生命属于我们只有一次,一个人的生命应该这样度过:当他回首往事时,不因虚度年华而悔恨,不因碌碌无为而羞耻。这样在他临死的时候就能够说:我已把整个生命和全部精力都已献给了世界上最壮丽的事业——为人类解放而斗争!

8. 修辞式　在演讲的开场白中运用修辞手法,使语言更加生动形象,更能吸引听众的注意力。这里常用到的修辞有比喻、拟人、排比、设问、反问、通感、对比等。例如:

当你孤独寂寞时,是谁陪在你身边,为你送来温暖和关怀? 当你穷困潦倒时,是谁向你伸出了援助之手,带你走出困顿? 当你失意无助时,是谁为你开启明灯,指引你继续前行? 那些曾经帮助过我的人啊,我该如何回报你们呢?

总之,开场白的形式多种多样,任何开场白,都是为了吸引观众、引出主题。选择适合你的、适合主题的、适合观众的开场白,为演讲打响成功的第一枪。

(三) 正文——紧扣主题

演讲稿的正文内容要围绕一个主题进行,即发现什么问题,观点是什么,我赞成什么或反对什么。这个问题可能是复杂的,可能有很多角度,可能有很多层面,但必须始终是同一个问题。写好演讲稿的正文可以从两方面入手:一是安排好层次结构,二是善于恰当制造高潮。

1. 安排好层次结构　演讲稿正文要层层展开,步步推向高潮。所谓高潮,即演讲中最精彩、最激动人心的段落。在主体部分的行文上,要在理论上一步步说服听众,在内容上一步步吸引听众,在感情上一步步感染听众。要精心安排结构层次,层层深入,水到渠成地推向高潮。

主体部分展开的方式有以下三种。

(1) 并列式:并列式就是围绕演讲的中心论点,从不同角度、不同侧面进行表现,其结构形态呈放射状四面展开,宛若车轮之轴与其辐条。而每一侧面都直接面向中心论点,证明中心论点。例如:

我想分享给格力电器的那些年轻人,他们的梦想是什么。我们有一个员工,他是一个初中生,他来到格力电器就是一个普通的搬运工。按照一般人来说,一个搬运工把货搬走,不把货摔了,就觉得很好了。但他不是,他在公司看到我们的叉车,就特别地羡慕。他想,什么时候我能去开这个叉车就好了。他每天下班以后就围着叉车转,后来他的班长说,你如果对这个叉车感兴趣的话,就去考个证。结果他花了600块钱,考了一个叉车证,开始开叉车。他实现了他的梦想,但他并没有因此满足。有时候,不满足也是一种青春。他开了叉车后,跟同事们在一起吃饭时,看到别人用打火机把啤酒瓶瓶盖打开了。你知道他在想什么? 他在想,如果我用叉车能把啤酒瓶瓶盖打开,是不是就表示我的技术更加精湛了? 他回来后买了好多箱啤酒,每天去练,最后他成功了,他不仅用叉车叉开了啤酒瓶瓶盖,最后他练到了能用叉车穿针引线。这种精神感动了一批人,我们公司现在所有的叉车工在培训过程中,必须能开啤酒瓶瓶盖和穿针引线才是合格的叉车工。

我再讲第二个例子,我们公司的一个本科毕业生,他学的是暖通专业,到我们企业12年时间,从一个普通的大学生成为我们一个研究院的院长。他不像张天一,没有自己的公司,但是他很自豪,因为他带领一个团队开发出了很多领导了这个行业世界地位的技术。我们对青春的梦想,对青春的向往是什么?就是我们每个人把自己的能量释放出来,因为我们自己的释放,我们改变了一批人,感动了一批人。

我60岁了,但我一点没觉得我老了,因为我觉得我一直非常有斗志,有活力。1990年我到了格力电器当业务员,1995年做部长,我接手格力电器时,我们4个亿都没有,但是我用一年时间做到28个亿,这个变化并不是说我有多少能耐,我觉得正是因为青春,我觉得我有活力、我有追求、我有梦想。我的梦想是什么?就是让我们的产品卖到世界各地。

(2)递进式:从表面、浅层入手,采取步步深入、层层推进的方法,最终揭示深刻的主题,犹如层层剥笋。用这种方法来安排演讲稿的结构层次,能使事物得到由表及里的深入阐述和证明。例如:

我的母亲像那个年代的大多数人一样,并没有读过很多书,更没有上过学。从小,我常常听到她讲一句话,"吃亏就是占便宜",这句话影响了我大半辈子。

这不是说为了占便宜而去吃亏,也不是说吃了亏就一定能占便宜,这是一种人生哲学和价值观。小的时候,我把它作为懦弱的借口,尽量避免冲突。再大一些的时候,我把它当作面对失败的理由,少了懊悔与内疚。成年以后,我把它作为远离名利的信念,保持内心的安宁。

中学毕业之后,我曾在一个农场工作了五年。一次,场里推荐工农兵大学生,去一个师范学院读书。农场里的很多人都推荐了我。当时的我可以说是信心满满。但不久便得知农场领导决定的是另一个人。虽据理力争,但最终还是没能改变农场领导的决定。大家可以想象我当时的心情。用了很久,我才使自己慢慢地平静下来。

很多年以后,当读到《尼布尔的祈祷文》中的一段话时,我还想起了那些不眠之夜。文中说"请给我平静,去接受我无法改变的;请给我勇气,去改变我能够改变的;请给我智慧,去分辨这两者"。

我们每个人都会遇到一些内心难以接受的事情,如何使自己始终保持健康与平和心态,这真的需要很大勇气和智慧,需要我们去体验、去感悟、去历练。世间的事情有时是很奇妙的,当我以平和的心态面对现实,继续保持自己的乐观向上,生命中竟获得了意外的惊喜。我没有能够到那所师范学院学习,却幸运地赶上了第二年恢复高考,进入了北京大学。

价值观是一个很有意思的东西,看不见也摸不着,却随时随地在影响我们的行为。特别是当你要做出重要抉择的时候,内心深处的价值观就会被唤起。反过来,我们也可以根据人们的行为和抉择,了解他的价值观。

(3)对比式:在表明观点后,在正文中陈述正反两种案例或者做法,通过比较,突出观点的正确性。例如:

我们俩从小就认识,到现在已经三十年了……当时我全部的梦想就是把我的公司做大、做大、做大,一直拼了命地干,拼了命地干。2008年汶川地震,在家里看电视。实在受不了了。我说:"必须要去。"我们到了一线,开始救援。当时有一个四十多岁的大哥,走到我旁边说:"队长,能不能帮我把女儿扒出来,我女儿已经死了。"我到了那儿一看,其实我不敢看那姑娘的脸。她就斜着,被预制板埋在里面。然后我拿一块布盖着她的脸,就开始凿岩。突然机器一滑,然后掉到他女儿的身体里了。我是那种硬汉型,从不落泪,但是那天我就掉眼泪了。而且最让我吃惊的是他父亲一句埋怨没有,他就开始安慰我,跟我讲,她职高毕业,到东汽上班,然后转正,分到了房子,房子塌了。回来之后我就问梁红,我说:"咱们现在过的日子有意思吗?咱们过的是咱们想要的生活吗?还记得小时候各种各样的梦想吗?"

那个问题我当时真的没有回答出来。于是我们用了三天的时间做了一个决定,一个我们人生中很重要的一个决定:我们想去改变。因为当你的内心真的接触到一些生生死死,真的能够打动你内心的时候,就会整个人沉静下来,想去做一些改变。我们决定用十年的时间,用"侣行"的方式,探索我们真正想要的生活方式,走在路上,去看看真实的自己。

总之,演讲的正文是整篇演讲的主体,正文行文的好坏决定着演讲是否能够成功。杂乱的正文会让听众迷糊,不能体会演讲者的意思。因此,在撰写演讲稿时,我们要注意主体各段落间的关联,或并列,或递进,或对比。通过这些关联,更加有效地表达自己的观点,便于听众理解。

2. 在正文中恰当制造高潮　演讲稿的正文部分要张弛有度,正所谓"文似观山不喜平"。我们要在正文中制造几个大小不同的高潮,始终牢牢抓住听众。所谓演讲的高潮,就是演讲者感情最激昂、气势最雄劲的时刻,也是听众情绪最激动、精神最振奋的时刻。一次演讲,若能出现一次或几次高潮,说明演讲者与听讲者之间在感情上产生了强烈的共鸣,说明演讲者的信念和意志得到了响应,说明他所宣传的观点和主张得到了听众发自内心的欢迎和赞同。那么要如何制造高潮呢?

(1)通过生动、感人的故事制造高潮。例如:

让我记忆最深刻的是一个孩子,那时我们去了摩加迪沙唯一的一家医院。我在医院外面的草坪上见到了他,他是在一场爆炸中双腿被炸成了这个样子。在爆炸中,他失去了他所有的家人。当时我看到他的时候,他的腿上盖着黑纱。当我走近他,我能闻到那种腐败的味道。他把黑纱掀开,苍蝇飞起来,能够看到甲虫还在他的腿上爬,但是他依然冲我微笑。我特别不理解,就问他,我说都这样了,你怎么还能乐得出来?他跟我说了一句让我这辈子都会记住的话:"至少我还活着。"我再也不发脾气了。可能我们正在抱怨的今天,就是很多人期望却永远得不到的未来。

(2)通过巧妙、精美的语言制造高潮。例如:

如果你没有经历过战争的话,你也许也会知道汽车炸弹,但是你不会像我一样,在叙利亚的大马士革经历了连环的汽车炸弹爆炸,看到整条马路变成鲜血的河流,那些闻讯赶来的亲属,他们只能用铁片去刮墙上血肉模糊的残块,算是为亲人收尸了。如果你没有经历过战争的话,你也会知道战争很残忍,但是你不会像我一样,在乌克兰看到,一个十五六岁的少年,他在战区边上只学了十分钟的步枪射击,就被人带着走向了战场。你不会陷入深深的迷茫,交战双方的战士对你都很友好,他们看上去都很善良,但是在一阵交火过后,他们互相射死了对方。有人常常问我,你是不是很好战,所以你总愿意去那些地方?其实,经历过这种浓缩的生离死别和人生悲欢以后,你更加知道人生的珍贵，知道生命也很脆弱。其实我每次走进战地的时候，我都会在想：为什么要战争？怎么样才能避免战争？当你觉得战争离你很远的时候，我觉得世界离我很近。我们在同一个世界、同一个时代，面对一样的困难、一样的挑战。我的国土、我的家园怎么样能够避免战争？这是我想通过我的新闻报道，带给我的观众的。

(3) 通过超凡、透彻的道理制造高潮。例如：

我把"传"跟"承"分为两个概念，"传"我认为就是使它保存、流传；"承"，那就是要使它延续、继承，这两个不同的概念，给我们提出了不同的任务，我们也应该采取不同的态度。对于"传"，我认为是无条件的、绝对的，我们要尽我们的可能把前人留下来的精神的、物质的文化，这些遗产都要在我们这一代，尽可能把它完整地保存下来。如果我们再不自觉地保存的话，它们很可能就在我们这一代人里面，它就绝了。不要去区分它到底是有用还是无用，先进还是落后，没有必要，有的时候你争论它该不该保存的过程中间，可能这个老建筑就倒塌了；这个文化的人，可能就已经去世了，或者已经丧失了再传的能力了。不争论，保存下来……但是"承"呢，那就不同了，我们要继承的，不可能是它的百分之百。首先要理解这种文化，其中哪些部分我们可以照原样继承下来，这样的它是不多的。但是哪些部分，可以经过我们现代的、科学的转换，散发出它的精神实质，它的精华，用新的形式，成为我们今天的生活，今天文化的一部分，甚至可以为未来做出贡献。当然完全不适合的，这些糟粕的，我们要剔除。但是长期以来，我总觉得我们对这些看法往往只停留在理论，没有做出实际的事情来。所以我自己在考虑，我们到底古代文化里面，哪些是值得我们今天"承"的？

总之，许多有经验的演讲者在写演讲稿时，或通过生动、感人的故事，或通过巧妙、精美的语言，或通过超凡、透彻的道理，使听众为之吸引、打动、折服，从而掀起演讲的高潮。演讲者就像一块磁铁，持续吸引住听众，当听众有些许疲惫时，演讲者就要发射一次大的磁力——这就是我们今天讲的演讲的高潮，总之，好的演讲要能够达到台上台下融为一体、和谐统一。

一般来说，一次较短的演讲，我们将高潮安排在结尾前为宜；至于篇幅较长的演讲，则可以在演讲的中间和结尾前出现两次高潮；至于篇幅更长一些的演讲，我们可以将高潮安排在开始三分钟后、七分钟左右和结尾前。这里我要提醒同学们，一篇演讲稿的高潮不能太过频繁，否则观众也会审美疲劳，而失去兴趣。当然，我们上面所说的这些，不过是一种经验之谈，一种建议，同学们可以根据自己的实际情况，恰当地设计自己的演讲稿。最后，我们强调一下，演讲稿的正文部分要求：内容充实、结构巧妙、恰当设置高潮，相信这样的演讲稿一定可以帮助演讲者始终牢牢吸引听众的注意力，最终获得演讲的成功。

(四) 结尾——回味无穷

好的演讲结尾，就如乐曲结束时的强音，动人心魄；不好的结尾，则犹如吃花生米，吃到最后一粒是个坏的，又苦又臭，使整个演讲失去原有的香味。演讲常见的结尾有以下几种。

1. 总结全文，突出重点 例如：

我们要爱生活、爱世界、爱自己。最重要的是，我们不要盲目地去抄袭别人的生活，更不要轻易地去相信别人的话。我们要学会独立地思考，勇敢地寻找，寻找生活的美丽、世界的美丽、自己的美丽。我很庆幸我是一个独立、自由、勇敢的人,我可以通过自身努力,去掌控自己人生。我感恩这一切。谢谢大家。

2. 发出号召,提出倡议　例如:

朋友们,你是否也喜欢我今天所说的构想?但是,我只是一个平凡的人,我一个人的能力是极其有限的。古语有云:人心齐,泰山移。希望在座的各位能够和我一起,撸起袖子加油干。我相信,在不久的将来,我们的梦想一定能够现实!让我们一起努力吧!

3. 坚定信念,立下誓言　例如:

我坚信,我们的学校一定会因为我们的努力而更加美好。在这里,我向大家保证:如果我当选学生会主席,我保证在一年之内实现刚刚所说的所有计划,我将尽心竭力为同学们提供最好的服务。请大家相信我,给我这个机会!让我们一起实现我们心中的梦想!谢谢大家。

4. 提出问题,发人深省　例如:

同学们,我想问你:如果你打算从北京到广州去旅行,如果单考虑快捷因素的话,是坐高铁好呢?还是骑自行车好呢?当然是坐高铁更好了啊。书籍就如同高铁,有了这样的工具,我们能够更快地到达知识的彼岸,去探索我们想要了解的新知。人生是有限的,学习的时间更是有限的。同学们,你还在犹豫什么呢?请登上高铁,开始旅行吧!

5. 名言警句,充满深意　例如:

同志们,现在我想用保尔的那段话结束我的演讲:人最宝贵的东西是生命,生命属于我们只有一次,一个人的生命应该这样度过:当他回首往事时,不因虚度年华而悔恨,不因碌碌无为而羞耻。这样在他临死的时候就能够说:我已把整个生命和全部精力都已献给了世界上最壮丽的事业——为人类解放而斗争!

三、练习演讲

学会了撰写演讲稿,接下来我们一起研究:如何把演讲稿的内容演讲出来。

(一)设计演讲过程

确定演讲稿之后,我们要设计演讲过程,主要包括设计语言、设计动作、设计服装。

1. 设计语言

(1)口语化:演讲的语言要口语化。演讲不是完全照稿子一字不落地背诵,演讲的关键是"讲",而不是"背",演讲者要把自己的观点用语言讲出来。这就要求演讲者要将演讲稿中的语言进行二次口语化处理。这里的口语化是指演讲者自然、个性、生动的语言。要提醒大家,口语化不等于充满口头禅,也不等于低俗的、不文明的语言。

(2)停顿、重音、语速:为了更好地阐述观点、表达感情,演讲者要根据内容和自己的演讲习惯,在语言中设计停顿、重音和语速。停顿可以放在重点词句前,也可以放在重点词语后。重音可以是一个词,也可以是一个句子;可以是动词,也可以是名词,甚至可以是感叹词。语速要根据表达的需要时快时慢。总之,这些都要根据演讲具体内容和演讲者要表达的情感而定,都要事先加以推敲和设计。但无论怎样设计,都要符合大众的一般审美规律,也要具有个性化特点。要让听众更好地听清楚演讲者想强调的内容及更好地了解演讲者想表达的感情。例如:

初二那年,家里出现了困难,我**必须**(重音)用自己的办法解决。/(停顿)一开始我去借钱,我借遍了**所有**(重音)的亲戚朋友,可是还远远不够。我**只能**(重音)辍学,出去打工。辍学前的那天晚上,我哭了很久。/(停顿)辍学后,我才发现,我根本**找不到**(重音)工作!<u>她们嫌我小,嫌我瘦,嫌我没有力气!</u>(语速快)难道/(停顿)我只能/(停顿)去乞讨?/(停顿)<u>我把我能找到的证明我身份的所有的证件都铺在地上,我希望大家不要把我当成一个骗子,我希望有人可以帮帮我!</u>(语速逐渐变快)但是,我始终张不开嘴,说不出**一个字**(重音)!

2. 设计动作　演讲时要配合一些必要的肢体动作。动作的数量不能过多也不能过少,动作过多会分散听众注意力,影响演讲效果;过少会显得呆板,一动不动,像背书一样。演讲时的动作要简单明了,幅度自然适当。动作幅度过小观众看不到,不明白演讲者在干什么。演讲不是舞台剧,也不需要很夸张的肢体动作,如果演讲动作幅度过大的话,反而会显得夸张而矫揉造作。

命题演讲的动作需要提前设计,做什么动作,在什么时候做,这些都需要符合内容和表达情感的需要,也要符合审美的一般标准。通常我们会比较多设计手部、手臂和面部变化,比较少设计腿部和脚部的动作,特别是使用固定麦克风时,我们就更不能走来走去了。

3. 设计服装　演讲时的服饰要整洁得体。既要适合演讲者的特点,又要适合演讲场合的需要。比如公司主管在新员工培训时要进行演讲,这时着正装或者工作服就非常合适。同样是公司主管,在公司新年联欢会上的演讲,这时着得体、喜庆的便装就非常合适。这里想提醒大家,任何演讲都要避免那些款式过于暴露、颜色过于鲜艳、配饰低俗不雅的服装。

(二)演讲练习

演讲的练习可以分为单独练习和公开练习两种。

1. 单独练习　单独练习是指的是一个人,在没有观众的情况下独自进行练习。单独练习是演讲练习环节的核心环节,每一个演讲者在演讲之前都必须经过反复的单独练习。练习之初演讲者要将长篇的稿子拆成很多部分,逐一完成练习。练习时,我们要遵循"读—背—讲—演讲"这样的顺序。

第一步:读。这里说的读,既可以是朗读,也可以是默读,我们可以根据演讲者个人的喜好进行选择。在这个阶段,我们要纠正读音,明白意思,梳理结构,然后反反复复多读几遍。一篇比较生的演讲稿,要想读熟,通常需要经过5~10遍。

第二步:背。读熟之后,尝试背诵。我们要拆解全文,分段背诵,反复背诵,最终达到完整背诵。

第三步:讲。背熟之后开始练习讲,讲的时候要融入自己对内容的理解,在停顿、重音、语速等方面进行个性化加工。还要根据自己的说话特点,对演讲稿的语言进行个性化加工,加工成为适合自己的口语化语言。

第四步:演。最后,我们把设计好的动作加进去,真正完成"演讲"的过程。这里要注意,动作频率不宜过多,幅度要适中。演讲中的动作应适合演讲者、适合观众、适合演讲内容、适合演讲环节等。

需要特别提示的是,单独练习时,可以借助镜子、录像等手段来了解自己练习的情况,找到自己的缺点,发现自己的优势,这样就可以在练习中不断进步。

单独练习之后我们要达到语音准确、内容完整、感情真挚、姿势自然的水平。

2. 公开练习　　有的人单独练习时明明表现很好,但正式演讲时就结结巴巴,甚至出现忘词的现象。这是为什么呢?站在台上,面对众人讲话,很多人都会紧张,这就必然会影响演讲的效果。所以,我们需要在正式演讲之前进行公开练习。

我们可以请老师、家人、同学、朋友作为观众,进行模拟演讲。演讲之后,请观众做出评价,提出意见。要虚心听取,客观思考,找到不足,改正不足。经过反复打磨,不断润色,最终一定可以达到更加完美的状态。这里要提醒大家,虚心听取别人的意见,不代表盲目听取别人所有的意见。正所谓众口难调,我们要根据自己的理解,客观分辨哪些意见应当听取,哪些意见纯属听众个性化解读,不必强迫自己的演讲被所有人喜欢。可以说,在正式演讲之前,公开练习的次数越多,你演讲时成功的概率就越高。我建议大家在正式演讲之前,至少要进行 2 次公开练习。

案例分析

案例一:演讲——《改变不了环境,就改变自己》

一、案例呈现

尊敬的老师们、亲爱的同学们:

大家上午好!

很荣幸今天能够站在这里,和大家一起交流分享我的观点。当环境无法改变时,我们应该怎么做呢?今天我演讲的题目是"改变不了环境,就改变自己"。

著名的文学家托尔斯泰曾经说过:"世界上只有两种人:一种是观望者,一种是行动者。大多数人想改变这个世界,但没人想改变自己。"想要改变现状,就要改变自己;要改变自己,就得改变自己的观念。一切成就,都是从正确的观念开始的。一连串的失败,也都是从错误的观念开始的。要适应社会,适应环境,适应变化,就要学会改变自己。

柏拉图告诉弟子自己能够移山,弟子们纷纷请教方法,柏拉图笑着说:"很简单,山若不来,我就过去。"弟子们一片哗然。这个世界上根本就没有移山之术,唯一的一个移动山的方法就是:山不来,我便过去。同样的道理,人不能改变环境,那么我们就要改变自己。

一个黑人小孩在他父亲的葡萄酒厂看守橡木桶。每天早上,他用抹布将一个个木桶擦干净,然后一排排整齐地放好。令他生气的是,往往一夜之间,风就把他排列整齐的木桶吹得东倒西歪。小男孩很委屈地哭了。父亲摸着小男孩的头说:"孩子,不要哭,我们能够想办法去征服风。"于是小男孩擦干了眼泪坐在木桶边想啊想,想了半天最后想出了一个办法,他从井边挑来一桶又一桶的清水,把它们倒进那些空空的橡木桶里,然后他就忐忑不安地回家睡觉了。第二天,天刚亮,小男孩就匆匆地爬了起来,他跑到放桶的地方一看,那些橡木桶一个一个排列得整整齐齐,没有一个被风吹倒的,也没有一个被风吹歪的。小男孩开心地笑了,他对父亲说:"要想木桶不被风吹倒，就要加重木桶的重量。"男孩的父亲赞许地微笑了。

是的，我们不能改变风，改变不了这个世界上的许多东西，但是我们能够改变自己，给自己加重，这样我们就能够适应变化，不被打败！

在某教堂地下室里，圣公会主教的墓碑上写着这样一段话：当我年轻自由的时候，我的想象力没有任何局限，我梦想改变这个世界。当我渐渐成熟明智的时候，我发现这个世界是不可改变的，于是我将眼光放得短浅了一些，那就只改变我的国家吧！但是我的国家似乎也是我无法改变的。当我到了迟暮之年，抱着最后一丝努力的期望，我决定只改变我的家庭、我最亲近的人——但是，唉！他们根本不理解改变。此刻我在临终之际，我才突然意识到：如果起初我只改变自己，之后我就能够依次改变我的家人。然后，在他们的激发和鼓励下，我也许能改变我的国家。再接下来，也许我连整个世界都能够改变。

人生如水，人只能去适应环境。如果不能改变环境，就改变自己，只有这样，才能克服更多的困难、战胜更多的挫折，实现自我。如果不能看到自己的缺点和不足，只是一味地埋怨环境不利，从而把改变境遇的期望寄托在改变环境上，这实在是徒劳无益。

虽然我们不能改变世界，但我们能够改变自己，让我们用爱心和智慧来应对一切困境。

谢谢大家！

二、案例分析

这是一篇优秀的演讲稿。下面，我们一起来分析它的优点：第一，题目简单明了，直接表达观点——改变不了环境，就改变自己。第二，开场白，采用问题式和直白式，抛出问题，吸引观众，然后直接亮明自己的观点。第三，这篇演讲正文部分采用了层层递进的结构方式，先用名言引出观点，然后引用两个富有感染力和说服力的小故事，不断深入论证，强化自己的观点。正文最后用一段墓志铭中的人生故事制造演讲的小高潮。演讲的结尾处，作者采用"总结全文，突出重点"的结尾方式，再次强化演讲的中心论点。

案例二：演讲——《学会感恩》

一、案例呈现

敬爱的老师，亲爱的同学们：

大家早上好！今天我演讲的题目是"学会感恩"。

落叶在空中盘旋，谱写着一曲感恩的乐章，那是大树对滋养它大地的感恩；白云在蔚蓝的天空中飘荡，描绘着那一幅幅感人的画面，那是白云对哺育它的蓝天的感恩。因为感恩才会有这个多彩的社会，因为感恩才会有真挚的友情。因为感恩才让我们懂得了生命的真谛。

"感恩"是一个人与生俱来的本性，是一个人不可磨灭的良知，也是现代社会成功人士健康性格的表现，一个连感恩都不知晓的人必定是拥有一颗冷酷绝情的心。感恩是爱和善的基础，我们虽然不可能变成完人，如果你学会了感恩，至少可以让自己活得更加美丽，更加充实。

如果你是一个苦恼的人，应该学会感恩，因为感恩是驱除苦恼的一剂良方妙药；如果你是一个对生活心灰意冷的人，应学会感恩，因为感恩的时候就是你的身心得到温暖的时候；如果你是一个郁郁不得志的人，应学会感恩，因为感恩会使你的心情渐渐舒畅，渐渐平和；如果你是一个被生活压得喘不过气来的人，应学会感恩，因为感恩会使你逐步释放重负、放松身心；如果你是一个只顾索取的人，更应学会感恩，因为感恩会使你变得会适当地给予；如果你是一个快乐的人，也应学会感恩，这样，你的快乐就会取之不尽……对别人感恩，相应会得到他人对你的感恩，所以你得到了两份好心情。学会感恩，就是学会长存感激之情，永存爱心。

如果没有阳光就没有温暖，没有雨露就没有五谷丰登，没有水源就没有生命，没有父母就没有我们自己，没有真情的存在，人世间将会是一片孤独与黑暗，懂得感恩，你就会愈发地珍惜生命、珍惜生活、珍惜每一次学习的机会，珍惜目前所拥有的一切，心存感恩，世界将会变得五彩斑斓！

朋友们，让我们学会感恩，感恩生养我们的父母，感恩教导我们的恩师，感恩关心我们的同学，感恩身边的人和事，感恩生活中的每一天，让感恩永远充盈于我们的美好的心灵之中吧！

二、案例分析

请试着用我们所学知识，按照题目、开场白、正文、结尾四个方面，分析这个演讲稿。它哪里好？哪里需要改进？

扫码看答案

语言实践

一、请运用所学的开场白方式，给下面每个演讲话题设计两个不同方式的开场白

（一）多彩的青春

开场白1：（　　）式开场白

开场白2：（　　）式开场白

（二）榜样的力量

开场白1：（　　）式开场白

开场白2：(　　)式开场白

二、为下面的演讲稿补充设计两个不同方式的结尾

坚定信念，超越自我

尊敬的领导、老师，亲爱的同学们：

大家好！

今天我演讲的题目是"坚定信念，超越自我"。

海伦·凯勒有这样一句十分形象而生动的话："当一个人感觉到有高飞的冲动时，他将再也不会满足于在地上爬。"正是有了远大的理想，正是有一种信念，她理解了生命的挑战，创造了生命的奇迹。

她，集盲聋哑于一身的弱女子竟然毕业于哈佛大学，并用生命的全部力量奔走呼告，建起了一家家慈善机构，为残疾人造福，被评选为20世纪美国十大英雄偶像。理想和信念像熊熊燃烧的烈火使她走出黑暗，走出死寂，理想和信念像巨大的羽翼，帮助她飞上云天。

人不仅活在物质世界里，还活在精神世界里，活在理想与信念之中。对于人的生命而言，要存活，只要有食物、有水就够了；但是要想活得精彩，就要有精神，就要有远大的理想和坚定的信念。

理想信念使贫困的人变成富翁，使黑暗中的人看见光明，使绝境中的人看到期望，使梦想变成现实。

下面我给大家讲一个故事。

无际的沙漠中，一支探险队在艰难地跋涉。头顶骄阳似火，烤得探险队员们口干舌燥，挥汗如雨。水就是他们赖以生存的信念，最糟糕的是，他们没有水了。信念破灭了，一个个像塌了架、丢了魂，不约而同地将目光投向队长。这可怎样办？

队长从腰间取出一个水壶，两手举起来，用力晃了晃，惊喜地喊道："哦，我这里还有一壶水！但穿越沙漠前，谁也不能喝。"沉甸甸的水壶从队员们的手中依次传递，原先那种濒临绝望的脸上又显露出坚定的神色，必须要走出沙漠的信念支撑他们踉跄着，一步一步地向前挪动。看着那水壶，他们抿抿干裂的嘴唇，陡然增添了力量。

最后，他们死里逃生，走出茫茫无垠的沙漠，大家喜极而泣之时，久久凝视着那个给了他们信念支撑的水壶。队长小心翼翼地拧开水壶盖，缓缓流出的却是一缕缕沙子。他诚挚地说："只要心里有坚定的信念，干枯的沙子有时也能够变成清冽的泉水。"黑人领袖马丁·路德金有句名言："这个世界上，没有人能够使你倒下。如果你自己的信念还站立着的话。"是的，即使在最困难的时候，也不要熄灭心中信念的火把。

结尾1：

结尾2：

三、请以"感恩"为主题，写一篇演讲稿。 要求演讲时间5～8分钟

拓展延伸

演讲的身姿

身姿即形体外表，良好的形体外表是一个人精神面貌的具体体现。登台前一定要做到精神集中、情绪饱满，保持心情愉快。

1. 演讲的身姿包括上下台行姿、站姿、手势动作等

（1）上下台行姿。演讲者的上下台行姿，应稳健有力，大方自然。上身要挺拔向上，双臂自然地前后摆动，幅度适度，目光平视正前方，表现出一种沉着、自信的态度。

（2）站姿。站立时一般取"丁"字步，两腿前后交叉且距离适中，保持身体平衡。两手不做动作时自然下垂，微屈。

（3）手势动作。常见的手势动作有上举（抬）、下压和平移、斜挥等；有单手和双手两种；还有拳式、掌式等。

2. 在设计手势动作时要掌握的原则

（1）辨清褒贬含义。含褒义的，即表达积极意义，如希望、肯定等，手往往向上、向前、向内；含贬义的，即表达消极意义，如批判、否定等，手往往向下、向后、向外。另外，手势动作范围大致划分为上、中、下三个区。号召性的动作，多在胸部以上的区域；强调性的动作，多安排在胸前区域；鄙视、贬斥性动作，多在胸部以下的左右侧，且以右手在左侧做动作最佳。

（2）把握动作的情感分量。一般来说，单手的分量比双手轻，当配合演讲内容设计动作时，大都不将双手同时进行的大幅度动作安排在演讲前半部，应随着一个一个的小高潮，动作幅度逐渐加大。

另外，拳式动作和掌式动作的含义是有差别的。拳式动作往往强调动机、决心，而掌式动作往往是动机和效果同时兼顾，如在表达"不达目的，誓不罢休"时使用。

第二节

如何构思即兴演讲

▶ 情景再现

在某学校2009届美容美发专业毕业10周年聚会上,同学们都很高兴,大家兴奋地聊着天。吃饭之前,同学们让小张作为代表即兴讲几句。小张曾是班长,现在是一名美容行业的从业人员。他担任一家美容企业的销售经理,工作中经常会有当众发言或演讲的情况,这也使他练就了好口才。只见他稍加思索,在大家期待的目光下开始了发言。他回顾了自己和同学从过去到现在的经历,再展望未来。演讲中,小张娓娓道来,话语既简洁又富有哲理,饱含深情,赢得了大家热烈的掌声。

思考:同学们有没有遇到过需要即兴演讲的情况呢?你的表现又怎样呢?你认为即兴演讲的能力对于服务从业人员是否至关重要呢?

▶ 知识积累

一、即兴演讲的特点

即兴演讲是指演讲者在事先没有准备的情况下,就眼前的人、物、事、景、情,临时、即兴进行演讲。即兴演讲具有触发性和变化性两大特点。

1. 触发性 即兴演讲常常是因为某件事临时触发的,演讲者在演讲之前并不知道或不确定自己将针对某事进行演讲。

2. 变化性 即兴演讲的演讲场合、听众、内容、形式等都具有变化性,有时甚至会遇到预想不到的情况。

二、即兴演讲对演讲者的素质要求

1. 一定的知识广度 只有学识丰富,才能在短暂的准备时间内从脑海中找到生动的例证和恰当的词汇,使即兴演讲增添魅力。这就要求演讲者具备一定的自己所从事专业的知识,并能了解日常生活知识,如风土人情、地理环境等。

2. 一定的思想深度 这是指即兴演讲者对事物纵向的分析认识能力。演讲者对内容应能宏观地把握,通过表层迅速深入到事物本质,形成一条有深度的主线,围绕着这条主线,丰富资料,连贯成文,避免事例繁杂、脱离主题。

3. 较强的综合材料的能力 即兴演讲要求演讲者在很短的时间里把符合主题的材料组合、

凝结在一起。这就使演讲者应具备较强的综合能力,有效地展现出其知识的广度和思想的深度。

4. 较高的现场表达技巧　即兴演讲没有事先精心写好的演讲稿,临场发挥是特别重要的。演讲者在构思初具轮廓后,应注意观察场所和听众,摄取那些与演讲主题有关的人物或景物,因地设喻,即景生情。

5. 较强的应变能力　即兴演讲由于演讲前无充分准备,在临场时就容易出现意外,如出现怯场、忘词等现象。遇到这种情况,只有沉着冷静,巧妙应变,才能扭转被动局面,反败为胜。

三、即兴演讲的分类

（一）相对即兴演讲

在演讲之前,演讲者知道演讲内容所涉及的范围,但并不确定具体的演讲主题。这时,演讲者可以从以下几个方面做一些有针对性的准备。

1. 想一想　演讲者在事前要认真思考,分析演讲可能涉及哪些知识和内容,尽可能想得周全一些。

2. 找一找　演讲者要针对这些可能出现的内容,收集、整理资料——这便是在为演讲准备素材。

3. 理一理　素材准备好了,就要提炼观点。提炼的观点不能人云亦云,也不能过于标新立异、哗众取宠。而是要通过梳理材料、深入思考、去粗取精,最终树立自己的观点。

4. 备一备　包括事例和道理两个方面的准备。

（1）备事例。为了演讲时可以表达清楚、说服别人,我们就需要事先准备一些事例,用事例来具体说明自己的观点。事例既要丰富,又要典型,还要生动,这样才能更好地为观点服务。

（2）备道理。除了事例,我们还要准备一些道理和一些有哲理的话。这就需要大家全面深入地思考问题。准备的道理也可以引用现成的名人名言或者古诗名句,这样会为演讲增添光彩。

当然,因为之后的演讲是即兴的,所以,事先准备的材料有可能用不上。但是,为了即兴演讲发挥出色,我们还是要尽可能多地准备材料,不打无准备之战。

（二）完全即兴演讲

完全即兴演讲是指演讲者完全不知道演讲内容的范围,而是临时拿到题目或主题,并且没有过多的准备时间,而被要求现场演讲。这种演讲的难度较大,它要求演讲者具备较强的综合素质。

完全即兴演讲开始之前,准备时间往往非常短,有时只有一两分钟。在这一两分钟里,演讲者要沉着冷静,在心中将腹稿准备得尽量完整:确定自己的观点,选择佐证观点的事例或者与之相关的名言警句,并且条理清楚地表达出来。

四、即兴演讲前的准备

（一）克服紧张情绪

1. 接纳紧张　对演讲少的人来说,演讲前紧张是自然的,所以如果你演讲会紧张,那么请正视并接纳自己的紧张情绪。紧张本身并没有错,遇到突发情况或者没有准备好的事情,谁都会紧张。接纳自己内心的这种变化,反而会帮助你放松下来。

2. 放松心情 那么如何放松呢？给大家介绍几种方法。

（1）用鼻子慢慢地深吸一口气，吸到不能再吸，然后猛地一下用嘴把气吐出去，反复三到五次，全身就会慢慢放松下来。

（2）尽量自然地缓缓环视演讲现场，将一切尽收眼底，坦然接受现场的环境。

（3）双手握紧然后放松，反复几次，让肌肉缩紧再放松，就会促使热量散发，放松肌肉和心情。

（4）微微闭上眼睛，用舌尖顶上腭，用鼻慢慢地吸气、呼气，这样做可以达到安定心绪的目的。

消除紧张的方法有很多，要在实践中选择适合自己的方法。英国有个企业家叫詹姆斯，因演讲屡次失败，怕在众人面前出丑，所以，每次当众演讲时就非常紧张。有一次演讲前他拧了自己大腿一下，突然间他感到出奇的平静，结果那次演讲效果极好。由此可见，每个人都要选择适合自己的方法。

（二）认真倾听

在即兴演讲之前，要认真倾听，准确掌握此刻谈论的主题，对争论的焦点要始终保持警觉，时刻做好演讲的思想准备。有了思想准备，还必须寻找一个好的话题，而准确的话题，来源于对当时情况的熟悉与掌握。要注意时间、场合和对象。

1924年，印度诗人泰戈尔在北京过了他64岁寿辰，北京学术界举行了祝寿仪式。梁启超登台即兴演讲。因泰戈尔想让梁启超为他起一个中国名字，所以，梁启超便从印度称中国为"震旦"，讲到从天竺（印度）来的都姓竺，并将两个国名联起来，赠给泰戈尔一个新名叫"竺震旦"。由于话题选择得好，故整篇演讲生动活泼，情趣盎然，寓意深刻。

（三）构思腹稿

在演讲之前我们要理清讲话思路，做到胸有成竹。腹稿要观点明确，结构完整，事例真实，道理清楚。演讲者在极短的时间内要解决好三个问题"说什么""用什么来说"和"怎样说"。围绕这三个问题，可以尝试做以下几个方面的准备。

1. 抓主题 演讲内容要围绕一个主题或者一个观点，紧扣主题精心组织材料进行论证。切忌观点摇摆不定。

2. 找材料 即兴演讲无法在事先做充分准备，完全依靠即兴抓取材料，其来源一是平时的知识积累，二是眼前的人和事，又应以后者为主。如过多引用间接材料，往往失去即兴演讲的现实感和针对性，起不了应有的作用，只有多联系现场中的人和事，才能紧紧抓住听众的注意力。

3. 组材料 即兴演讲中材料的组合有并列式、正反式、递进式三种形式。

（1）并列式：将总题分解成若干个分题，如在即兴演讲《世界也有我们的一半》中，演讲者谈了三个问题：一是女人没有获得自己的"一半"；二是女人本应有自己的"一半"；三是女人应争得自己的"一半"。这三个分题各自独立又互相关联，共同阐明同一主题：世界也有我们的一半。这种材料的组合方式可使演讲条理井然，而且极有力量和气势。

（2）正反式：围绕题目要求，一方面从正面说明，另一方面从反面说明。如即兴演讲《一个青年军人的思考》中,演讲者围绕着"我们应当自强不息"这一主题,先列举一些反面事例,进行分析、批评,然后以一名战士自学成才的事例从正面称赞自强不息的民族精神。正反对比,效果明显突出,引人深思。

(3)递进式:围绕所要说明或论述的问题,先说明"为什么",继而谈"怎么样"。如即兴演讲《在失败面前挺起胸膛》围绕中心谈了两个问题:一是自己为什么能在失败中崛起,二是自己怎么样从失败中崛起。这就是典型的递进式结构。

这里要提醒大家,构思腹稿要千万注意:对于不了解的事情不要冒充内行;不要在公共场所谈论别人的缺陷;不要谈论容易引起争论的话题;不要到处诉苦发牢骚。

(四)即兴演讲的常用结构

1. 开头——揭题 简单地对演讲题目内涵做出解释,或对其意义作用进行阐述。揭题要简洁明了,旗帜鲜明地亮出演讲的主题和观点。

2. 主体——案例+分析

(1)案例要典型新颖:如果即兴演讲没能给别人留下印象,那么往往是因为案例不典型,或缺乏新意。不典型就是所举的例子和所表达的观点并不契合,这样就很难说服别人,这个例子也就显得很多余、尴尬。缺乏新意就会缺乏魅力。如果所举的例子,是别人刚刚讲完的,那么就如同"炒剩饭",老调重弹,拾人牙慧,令人生厌。如何才能即兴讲出典型的、新颖的案例呢?那就需要我们平时多读书、多看报、多上网,了解历史、关心时事,只有平时多积累,掌握丰富的知识,才能在即兴演讲时信手拈来列举出所需要的、典型的、新颖的案例。

(2)分析要深刻:即兴演讲的分析要深刻,这样才能给听众深刻的启迪。具体来说,首先,立意要深刻。要选择一个合适的角度切入。同样的一件事情可以有很多角度。我们可以根据目的确定切入的角度。这个角度一定是经过深思熟虑的,如果这个角度不经过深入思考,那么后面的分析也不可能深刻。除了立意深刻外,内涵挖掘也要深刻。很多时候,我们要小切口,深挖掘——以小见大。所谓以小见大,是要求演讲者深入挖掘,以点带面,抓住案例中最本质的关键,触类旁通,引申扩展,适当升华。如果分析小而实、短而精、细而宏、博而深,那么一定会令人难忘、回味无穷。

3. 结尾——重申观点,首尾呼应 演讲的结尾,作者要在此重申观点,或发出倡议,或表示决心,或展望未来,与演讲的第一部分相互呼应。

此三段式,虽然略显刻板,但是却非常实用。按照这三段式格式,可以减少演讲者谋篇布局的时间,更好地完成即兴演讲,要知道,在即兴演讲的准备过程中,一分一秒都十分宝贵,将谋篇布局节约出来的时间用于思考实质的内容,组织语言,那么即兴演讲就会更精彩。

▶ 案例分析

案例一:人生处处是考场

一、案例呈现

我认为:人生处处是考场。考场是检验知识水平的地方。你会什么,不会什么,付出了多少努力,可以在考场中一展无余。朋友,你想过没有,生活也在不断地对你进行考试,无论何时,无论何地。

曾经听过这样一个真实的事:某学校在考场门前故意放了一只黑板擦,观察能有哪位同学捡起它。有的人慌慌张张跑入考场,根本没有留意到有一只黑板擦;有的人看到了,把脚轻轻一抬,当作没看到一样跨过去了;有的人对着挡路的黑板擦骂了一句,泄愤地踢了一脚,大步走过去了。这也是一个考场,是一次没有试卷的考试。不同的考试,人这一生,有意无意之中,要经历多少次?从童年到少年,从青年到成年,成长的每一步,都设有大大小小不同的考场!在你学走第一步路时,在你学说第一句话时,在你学写第一个字时,在你经历第一次困难时,你亦是经历了一次又一次的考试。不经意中,我们在考场上磨砺,在考试中成长。

面对大大小小的考试,我们要时刻准备、认真对待,竭尽所能、笑对得失。只有经得住考验的人,才能够不断超越,不断进步。朋友们,人生处处是考场,请全力以赴!

二、案例分析

这是一篇即兴演讲,采用了典型的三段式——"揭题""案例+分析""重申观点,首尾呼应"。开头第一段,点明"人生处处是考场"。中间部分,借一个具体的例子,分析成长过程中人会面对不同的考试。最后一段表明观点:人生处处是考场,要全力以赴。首尾呼应,观点明确,例子典型,分析明白。

案例二:一屋不扫,未必不能扫天下

一、案例呈现

东汉的陈蕃,由于持有"大丈夫处世,当扫除天下,安事一室"的观点,而遭到薛勤的"一屋不扫,何以扫天下"的责备。的确,很多成就大业的人,都是非常关注身边的小事的人。但我却认为:一屋不扫,未必就不能扫天下。

薛勤认为,一个人想要成就一番伟业,首先必须从"扫一屋"这样的小事做起。但是,我却认为:好男儿志在四方,又怎能为一屋一院所困?一个人如果只注重身边的琐事,把自己的大部分时间都花在琐碎的小事上面,那么他哪有时间和精力去成就大事呢?也根本谈不上"扫天下"了。相反,如果有成就大事的志向,并为之而努力奋斗,即使不去做"扫一屋"这样的小事,那又有何妨?所以,陈蕃不去"扫一屋",而志在"扫天下"未必就错。

唐朝大诗人刘禹锡在《陋室铭》中写道"苔痕上阶绿,草色入帘青",青苔都长到了他门前的台阶上,马上就要进入室内了,他也没有去"扫"一下,却依然与"鸿儒谈笑",互相学习,取长补短,专心创作,终于成为名闻天下的诗人。闻一多先生为研究古代典籍,目不窥园,头发凌乱不堪,可他却无暇梳理一下,最终成就了《唐诗杂论》。再如,一个重要战役的胜利,士兵的勇敢固然不可少,但是指挥员的正确指挥却更具有决定性作用。如果每个指挥员都纠缠于日常的小事,那么他哪还有更多的时间去研究作战方案呢?所以,很多军事领导人的身边都配备一个生活秘书,去照顾他们的生活,处理生活中琐碎的小事。难道你能说这些叱咤风云的指挥官不能"扫天下"吗?

这里我并不是说扫屋者不对,而是说,某些时候,我们不应该被一些烦琐小事所困扰。我们应该树立成就事业的大志,并全力以赴,分秒必争地为之奋斗。这样,我们才有可能成就大事业,为社会、为人民做出较大贡献。因此我认为,即使"不扫一屋",也未必就不能扫天下。

二、案例分析

请试着用所学知识,分析这个演讲稿。它哪里好?哪里需要改进?

扫码看答案

语言实践

一、你和三五知己在一起聊天,其间一个朋友告诉你们他最近学会了吸烟,他把每天的早饭钱都拿来买香烟了,请你构思一个即兴演讲,劝他戒烟

要求:演讲采用递进式组织材料。

二、以小组为单位,每人准备一个即兴演讲题目,然后互相交换,就同伴提供的题目打腹稿,当众做即兴演讲

拓展延伸

自我介绍的方法

自我介绍是日常生活中常见的即兴演讲,也是我们所说的相对即兴演讲。如何介绍自己的名字是有讲究的。有很多的朋友介绍自己的名字时陷入了一些误区。

误区一:介绍姓名时非要用拆字法。

(1) 不是每个姓名都要用拆字法 比如,"我姓朱,撇未朱"。

(2) 常见的姓不用过多的解释 比如,"我姓赵,一个走字旁,加一个叉。"

(3) 不常见或者可能误会的姓,有时候组词法更容易明白 比如"我姓呼,呼吸的呼。"

误区二:用低俗、消极的词语来介绍自己。

比如"我姓王,王八的王""我姓涂,涂料的涂"……这些介绍可能都会贻笑大方。其实可以用"天王的王""王者风范的王""难得糊涂的涂"代替。如果非要讲那些低俗或消极的词语,只会让别人看低一等。请注意:一个人的遣词造句会直接反映出这个人的层次品位!

误区三:不讲名字,容易被人忘记。

有些同学和新朋友聊天,不愿意介绍自己的名字,只是说:我姓王,我姓张。这样的介绍不够亲近,也很容易被人忘记。人际沟通时要清楚介绍自己的名字,有必要的话要反复介绍。在交往过程中,让人记住姓名是非常重要的。

误区四:不注意语气语调,没能抑扬顿挫。

没有抑扬顿挫,讲话平淡无奇,无法给别人形成强大的冲击力,也不容易吸引别人的注意。

其实,在介绍自己时,只要注意停顿和重音这两个技巧就立即可以让我们的名字在整句话中显得很有分量!比如,我叫(停顿1秒钟)张——小——鹏(三个字重读,字与字之间再适当停顿),我来自——北京——房山区。各位同学,你可以试一下,增加了顿挫是不是效果好很多了呢?

下面,我们一起看几位同学的自我介绍吧,他们的介绍好不好呢?看了他们的介绍,能不能让你在短时间内记住他们呢?

(一)

老师们、同学们:

大家好!

我叫赵春晓。我很喜欢我的名字。我出生在一个春天的早上。爸爸说:"一年之计在于春,一日之计在于晨"。我的名字饱含了父母对我的爱和期望。不知道你们发现没有,我的名字里包括了三个"第一":赵,百家姓之首;春,四季之首;晓,一天之首。因此,我也常常提醒自己,做任何事情都要努力,永争第一。

我毕业于××中学。我并不聪慧,但对于学习却非常认真。从小学到初中,我一直努力学习。初三的时候,每次大考,我的成绩基本在年级50名左右。初中时,我担任了班里面的生活委员。因为工作细致,我曾经被评为北京市优秀学生干部。我从小就喜欢画画,特别是国画,我的作品曾经在学校的比赛中获奖。

我坚信,如果你认准一个目标,坚持不懈,那么你一定会收获成功。最后,我希望能和大家一起,在这里,为我们的理想插上腾飞的翅膀!谢谢大家!

(二)

敬爱的老师、亲爱的同学们:

大家下午好!

我叫王庆,三横一竖的王,普天同庆的庆。父母希望我平时积善余庆,日后做出普天同庆的大事。我来自贵州,我的家乡有高高的山,绿绿的树,还有清澈的小溪。我家养了很多的羊,小时候,我常常在山上放羊。虽然我的家乡并不富裕,但是在我心里,那是最美丽的地方。我诚恳地邀请大家,暑假到我家乡玩,我带大家去山上摘果子,去小溪抓鱼。

人常说,与善人居,如入芝兰之室!我虽然出生在一个小村庄,但是我仍有见贤思齐之心,有鸿鹄高飞之志。我仰慕咱们学校的大名,我欣赏咱们专业的老师,我期待在这里与各位同学进行智慧的交碰,共同领略青春与自信的飞扬!最后,祝愿大家在未来的三年都能学有所成,在日后的人生道路上,乘风破浪!谢谢大家!

(三)

老师们、同学们:

大家好!

我叫李腾,很荣幸走上讲台,向大家介绍我自己。

我有旺盛的精力、清醒的头脑。初中的时候,我一直是班干部,我乐于用自己的才干,为同学服务,为班集体增光。我为人正直,平时与大家相处融洽,人际关系一直比较好。我能够明辨是非,敢于坚持原则,因此对于是非问题,我是一个执着的人。对于学习,我很喜欢理科,因为我觉得数理化很有趣。相对理科,我不大喜欢文科,特别是历史比较差。我打算利用职高这三年,多读一点书,特别是关于咱们国家历史的书,我觉得作为中国人,应该了解自己国家的历史。这就是我,你的同学李腾,希望我和大家能够成为好朋友。谢谢大家!

主题三

商务沟通句句动心

◆ 主题说明

以职业身份与服务对象进行语言上的沟通接洽是服务行业和服务岗位的一项重要工作。这类岗位包括服务行业前台接待、专职客服、业务推广、商品销售等。

在这一主题中,我们主要进行两个专项学习:客户接待与咨询、产品介绍与销售。希望通过本主题的学习与训练,同学们能将所掌握的语言知识和技能主动应用于职业场景,让自己的职业能力得到提升。

第一节 客户接待与咨询

▶ 情景再现

养老专业的小李同学,实习时被分配到一家养老院,主要负责前台接待咨询工作。某日,一对中年男女来到养老院,想咨询养老院的基本情况,并有意在之后安排他们的父亲来养老院住。小李在学校期间,非常注意锻炼自己的语言表达能力,专门学习过客户接待与咨询的方法和技巧,知道如何应对接待岗位上的这种情况。

面对这对中年客人的提问,小李详细介绍了养老院的各种特色服务项目,通过比较同等档次的其他养老机构,充分介绍了本院的优势。十几分钟后,这对中年男女结束了他们的咨询,并对这家养老院产生了良好的印象,小李趁机留下对方的联系方式。在后续的进一步沟通交流中,客户最终将自己的父亲安排进院。小李经历了一次成功的接待与咨询。

作为服务类专业的学生,毕业后,我们很可能常常要承担接待咨询的工作,那么我们应该如何像小李一样,游刃有余地完成这类工作呢?

▶ 知识积累

接待咨询的意思是,客户主动联系商家,提出一些咨询问题,希望得到满意的答复。作为被咨询者,要为客户提供及时、准确的答复。这里要提醒大家注意,无论采用什么方法进行沟通,最终的目的都是一个——让客户满意之后,尽快购买我们的产品或服务。目前接待咨询主要分为当面接待咨询、电话接待咨询和网络接待咨询三种形式。

一、当面接待咨询

(一)当面接待咨询的准备工作

1. 知识准备 我们要在事先对所销售的产品或提供的服务有充分的了解,这是事先准备的核心内容。我们要准确了解所生产的产品的材料、特点、产地等知识,了解我们所提供的服务的优点、功效、特点等情况,当客户针对这些问题进行咨询时,我们就可以快速、准确地提供答复。这样不仅能够解决客户的疑惑,更能够体现我们的专业性,增强客户对我们的信任,提高销售成功的概率。

我们还需要事前归纳整理常见咨询问题,并给出参考答案。这样也可以提高咨询的效率。

2. 心理准备 心理准备指的是培养耐心及诚恳的积极心态和互帮互助的合作精神。有的时候,客户的提问是犀利的,态度是强硬的,甚至是不礼貌的。这个时候,就要求我们事先做好心理准备,理智、谦和又不失尊严地面对客户的质疑,甚至刁难。有的同学,刚刚参加工作,面对客户上门咨询时的不良态度倍感委屈,甚至辞职。其实大可不必这样。换位想一想,在产品使用过程中,遇到问题,心情不好,也难免会态度恶劣。这个时候,就需要我们换位思考。这样就更加容易理解客户的疑问,接纳客户的态度。

3. 物质准备 物质准备指的是接待环境准备和办公用品准备。我们可以在接待地点摆几盆绿植,或者养一些金鱼,这样不仅可以美化环境、净化空气,还可以给人带来好心情。作为接待人员,通常我们还要事先准备纸、笔、一次性水杯、饮料、面巾纸等用品。如果客户带小朋友前来,还可以准备一些零食和玩具,方便接待咨询的顺利进行。

从见到客户的那一秒开始,我们的接待工作就正式开始了。我们该怎么做呢?又该注意什么呢?

(二)当面接待咨询的一般流程

1. 热情接待

(1)动作:起身、离座、点头、面带微笑。

(2)语言:您好,很高兴为您服务。有什么可以帮您的吗?

2. 自我介绍

(1)动作:目视对方、诚恳谦虚。

(2)语言:我是这家公司的××(职务)××(姓名)。

3. 了解咨询需求

(1)动作:目视对方、认真倾听、记录重点。在此过程中,可以初步了解对方的性格特点,了解对方的背景情况,从而为下一步沟通做好准备。

(2)语言:请问,您想了解哪方面的情况?

4. 满足咨询需求

(1)动作:目视对方、认真严谨、不过分夸张、不态度冷淡。在此过程中,要表现出专业性,在短时间内获得咨询者的信任。

(2)语言:针对咨询者提出的问题一一解答。一方面介绍被咨询对象的特点及优势,另一方面打消咨询者的顾虑。

5. 获得客户相关资料或者完成销售任务

(1)动作:态度诚恳、自然,不能强求。

(2)语言:希望您能留下联络方式,我们最近会有产品免费试用的活动,到时候可以提前以短信的形式通知您。如果您对我的回答满意,并且喜欢我们的产品,我可以马上为您下单,我们今天还有××优惠活动。

6. 结束咨询

(1)动作:赠送名片、起身、离座、点头或握手。

(2)语言:如果有任何疑问,欢迎您来店咨询,或者随时给我打电话,希望您能够喜欢我们的产品。

(三) 当面接待咨询的注意事项

进行当面接待咨询时,我们常常会无意间犯一些错误,影响接待咨询的效果,下面列举了一些需要特别注意的事项。

(1) 语言清晰,使用普通话;语调平稳,没有过高音或过低音;语速适中,让听者感到舒适。避免使用鼻音、尖噪声及"口头禅"。

(2) 说话时,和咨询者保持恰当的距离,太远或者太近,都会让人感到不舒服。另外,被咨询者要保持口气清新,个人仪容干净整洁,服饰得体。

(3) 当面咨询要有"五声":进店时有欢迎声,落座时有问候声,表扬时有致谢声,批评时有致歉声,离开时有道别声。

(4) 面带微笑、认真聆听、目光接触。被咨询者要面带微笑,自然地看着对方,认真聆听,咨询过程中,多采用目光接触的方法,让对方感觉到诚恳。

二、电话接待咨询

电话接待咨询是指双方通过电话进行咨询的方式。在客户打电话咨询之前,通常已经明确一个或者多个咨询问题,通过电话咨询,被咨询者要达到解答问题的目的。

(一) 电话接待咨询的特点

1. 便利性　咨询者不必特地前往某个地方进行咨询,而是通过拨打电话与商家沟通,这样对于很多咨询者而言,是更加便利的。

2. 私密性　很多人喜欢使用电话咨询的方法,因为他们觉得使用电话咨询,就不必忌讳很多问题,这也是对咨询者隐私的一种保护。有的时候,咨询者出于某种目的,甚至不使用真实姓名,不留下真实联络方法,由于没有见面,电话咨询也可以随时中断,所以,电话咨询的私密性也可能给咨询带来麻烦。

3. 感官单一性　和当面咨询不同,电话咨询缺乏视觉等其他感官的影响力,因此被咨询者要充分调动对方的听觉,让对方听得清楚、听得明白、听得舒适。

(二) 电话接待咨询的一般流程

1. 接电话

(1) 动作:铃响三声内接电话。

(2) 语言:您好,这里是××,有什么可以帮您的吗?

2. 了解咨询需求

(1) 动作:安静、认真聆听。

(2) 适当做出回应,不随意打断对方的咨询。

3. 重复咨询问题

(1) 动作:认真复述,减少失误。

(2) 语言:您咨询的问题是××。

4. 暂时中断通话

（1）动作：礼貌、诚恳。

（2）语言：请稍等，我帮您看一下。/不好意思，让您久等了。

5. 结束咨询

（1）动作：稍等三秒，再轻轻放下电话。

（2）语言：请问，我还有什么能为您效劳的吗？/不客气，再见。

（三）电话接待咨询的注意事项

（1）语音清晰，使用普通话。音量适中，过大会造成对方不适，太小使对方听不清楚。说话时距离话筒5厘米左右。语调适中，避免过尖的声音。语速放慢，语气温和。回答直接，简明扼要，避免支支吾吾，含混不清。

（2）电话铃响三声内接通电话，接电话时情绪饱满。

（3）使用礼貌用语，称呼对方时用"您"或者"这位先生""这位女士"。

（4）电话接待咨询一定要耐心听对方把话说完，并筛选出重要信息，如果必须打断，要先说"不好意思，我打断您一下。"

（5）电话接待咨询回答问题时，一定要简单清楚，最好在1分钟内把一个问题回答清楚，回答问题要直接，不要支支吾吾，让客人产生不必要的误会。

（6）电话接待咨询要耐心，要让客人把问题问完，一般在最后要说："我还有什么可以帮您的吗？"不要着急挂电话，以免让客人觉得你不耐烦。

三、网络接待咨询

网络接待咨询是以网络为媒介，帮助咨询双方建立通畅、良好的咨询关系，达到咨询目的。网络接待咨询与电话接待咨询有很多相似的地方，都具有便利性、神秘性、感官单一性的特点。不同的是，网络接待咨询调动咨询者的不再是听觉感官，而是通过文字、符号、图片等调动咨询者的视觉感官，从而达到接待咨询的目的。

（一）网络接待咨询的特点

1. 反应及时 从事网络接待咨询的人，打字速度一定要快。一般情况让客人等待的时间不能超过30秒，如回答内容太长，可分次回答。对于常见问题，可以提前准备好答案，直接复制粘贴答案。

2. 打字准确 从事网络接待咨询的人，打字一定要准确。不然不仅不能准确表达正确的意思，还可能闹笑话，造成误会。比如：把"这件衣服有大码"打成"这件衣服有大妈"。

3. 热情亲切 平台不同，店面特点不同，语言风格也会略有不同。但是总体来说，都要热情亲切、用语礼貌。有时候，恰当使用图片或表情包也能起到不错的效果。注意，切忌使用表达不良情绪的表情包或者不文明的图片。

（二）网络接待咨询的一般流程

1. 打招呼 与客户打招呼要及时，通常客户会先问："在吗？"这时，网络接待咨询人员要在第一时间回复，如果让客户等待时间过长，可能会失去这单生意。除了及时回复以外，打招呼时，

微课：怎样打电话

最主要的是态度热情。如"欢迎光临,我是××(店名)客服××(名字),很高兴为您服务!""亲,您好,有什么可以帮您的吗?"等。

2. 介绍产品

(1) 分析客户提问:网络接待咨询人员在描述产品之前,要仔细分析客户的提问,那些问题中体现了客户的需求和特点。根据客户的需求,尽可能详细地将产品描述出来。

(2) 基础介绍全面准确:在介绍产品的基础信息时,要全面准确,快速消除买家的不信任感。基础介绍内容包括产品性能、材料、产地、售后服务、生产厂家等。

(3) 突出产品细节及卖点:在介绍产品时,要有意识地突出产品的细节及卖点,吸引客户的兴趣,提升客户的购买欲。每个产品都有很多的细节,那么,哪个细节能抓住眼前这位客户呢?在和买家沟通的过程中,要分析客户特点,挖掘客户的关注点。比如,有的客户特别关注产品的科技含量,那么网络接待咨询人员就针对这个特点,充分介绍。当然,这就要求网络接待咨询人员对产品各方面都了如指掌。

(4) 先说缺点再说优点:世界上没有完美的产品,因此,不要回避产品的缺点。当客户问及缺点,要如实地告诉客户——对于任何一个人而言,诚实都是最宝贵的品格。但是在说明缺点时,也是有技巧的。首先,先说缺点,后说优点。因为后说的更能被别人记住。其次,说明缺点时应简单直接,说优点时应生动充分。网络接待咨询人员只需要将产品的缺点直接告诉客户就可以,不用说得那么详细。但是说优点时,就需要生动和充分,要将客户的注意力从缺点迅速转移到优点上来。对比之下,客户自然容易下单购买了。

3. 结束咨询

(1) 确认是否已下单:有时候,客户咨询完依然没有下单,这时网络接待咨询人员可以确认一下。比如:"亲,如果喜欢就马上下单吧,我们的产品不会让你失望的。"或者"对于我们的产品,您还有什么疑问吗?"

(2) 礼貌告别:在网络接待咨询时也要注意有头有尾,无论客户是否购买产品,网络接待咨询人员都应该礼貌地与客户告别。比如:"感谢您的咨询,祝您生活愉快。"或者"希望我的回答能够令您满意,再见。"

(三)解决差评问题

在网络接待咨询中,解决差评问题是常见的问题,也是棘手的问题。其实解决差评问题也是有方法的。

1. 确认身份及产品 "请问,是某某先生/女士吗?我是××店的客服某某,您某月某日从我们店购买了××产品。请问,您对我们的产品有什么意见吗?"

2. 了解问题,耐心聆听,适时给出反馈 "哦……嗯……是的……"

3. 及时道歉 "真的非常抱歉,我很理解您此时的感受,如果我遇到类似的情况,我也一定很生气。我代表本店向您真诚地道歉。"

4. 解决问题 "谢谢您的建议。我一定把您的建议反映到工厂那边,督促他们保证产品质量。""谢谢您的建议,我一定和快递公司方面反映这个问题,以后避免发生类似的问题。""谢谢您的建议,我一会翻查之前您和客服的聊天记录,对于客服不礼貌不专业的行为,我们一定会严肃处罚。"

5. 再次道歉 "真的非常不好意思,给您带来了不愉快的感受。您的意见我们虚心接受,希望以后做得更好。这次很不好意思。"

6. 引入主题 "我们会对您反映的问题积极处理,也请您宽宏大量,高抬贵手,能够给我们一次改正的机会。""我愿意帮您申请××(礼物)/退返××钱/一个打折卡,作为补偿,礼轻情意重,大家交个朋友,也请您帮我这个忙!"

7. 确定修改 "您现在方便吗?能否马上帮我们修改评价?"

8. 收尾工作 "再一次为我们工作的失误向您表达歉意,希望您下次依然选择我们店的产品,我们将竭诚为您提供最优质的服务,谢谢您的惠顾。"

案例分析

案例一

一、案例呈现

小张是某美发店的前台工作人员,这一天,有一个衣着朴素的老年女性客人进店咨询。

客人:我想染个头发,你可以为我介绍一下吗?

小张(随手拿来一个本子,低着头开始讲):我们现在主要有三种染发产品,分别是……

客人(指着本子上的一张图片):这种最贵,贵在哪里啊?

小张(头也不抬,看向一边,继续解释):贵的原因是……

客人:我再考虑一下吧,有点贵了。

小张(指着另一张图片,依然没有抬头):我看您就染这种吧,这种便宜,满足您的要求。来都来了,要不下次还得再跑一趟,大冷天儿的,再摔着您老人家。

客人生气地转身走了。

二、案例分析

这是一次失败的接待咨询。

首先,小张缺少和客户的肢体交流(包括眼神交流及恰当的动作交流)。小张的这种行为会让客户感到冷漠及不被尊重。其次,小张接待的语言不规范、不礼貌,这样做会造成客户的不适感。当客户觉得产品贵时,小张应该及时分析产品价格高的原因,帮助客户理解及接受这个产品。如果客户依然不能接受这个产品,小张应该根据客户的需求推荐其他产品。总之,案例中小张的这次接待,从过程上说,并没有帮助客户解答疑问,满足需求;从结果上说,并没有促成客户购买产品。因此,这次接待是失败的。

案例二

一、案例呈现

小李是某健身俱乐部的工作人员,主要负责电话接待咨询工作。

小李:您好,这里是××健身俱乐部,请问有什么可以帮您的吗?

客人:我找高教练。

小李:高教练现在不方便接听电话,他在上课,有什么需要我转达的吗?

客人:不用了,我想直接和高教练说。

小李:好的。请您留下联络方式,等高教练下课,我马上告知高教练,让他和您取得联系。

客人:好的。我姓白,我的电话是……

小李:白小姐,您的电话是……,高教练下课我马上告诉他,让他尽快联系您。

客人:好的,谢谢。

小李:我还有什么可以帮您的吗?

客人:这个时间高教练有课吗?他什么时间有课啊?

小李:请您稍等一下,我马上帮您查一下……白小姐,让您久等了。高教练每周二、四、六晚上六点到八点有课。

客人:好的,我知道了,谢谢。

小李:不客气。请问,还有什么能为您效劳的吗?

客人:没有了,谢谢。

小李:不客气,感谢您的来电,再见。

二、案例分析

这是一次成功的电话接待咨询。

小李电话接待咨询用语规范、礼貌。回答问题及时、专业、准确。客人的第一个问题是:想要找高教练,小李让客人留下联络方式,并承诺及时转达。客人的第二个问题是:想了解高教练上课时间,小李确认后,准确地回答了客人的这个问题。所以,可以看出,这次电话接待咨询解答了客人的疑惑,客人比较满意。

案例三

一、案例呈现

买家:我脸上有很多青春痘,听说你家这款洗面奶很适合,你能介绍一下吗?

客服小红:亲,您真是太有眼光了。这款洗面奶祛痘效果一流。它采用天然植物成分,安全不刺激。洗面奶里添加了多味名贵的中药,能够有效地杀灭细菌,抑制痘痘的产生。同时,它还可以迅速收缩毛孔,美白皮肤,修复痘印。如果您使用了这款洗面奶,相信一个月内,将消除您脸上的痘痘,还您细腻光洁的皮肤。

买家:效果这么好吗?

客服小红:绝对这么好!效果百分之百的。

买家:都有效?

客服小红:相信我吧!您买几支?

买家:我再想想吧。

二、案例分析

扫码看答案

语言实践

一、结合所学专业,与你的小伙伴模拟一次当面接待咨询,并表演出来(时间 5~8 分钟)

二、结合所学专业,和你的同学一起设计一次成功的电话接待咨询,在咨询里回答客人 2~3 个问题(时间 2~4 分钟)

三、结合所学知识,分析下列网络接待咨询的案例

买家:这款包是××牌子的吗?是正品吗?

客服小吉:绝对的正品,我们支持专柜检验,请放心购买。

买家:我看这款包你们现在做活动,比正价便宜了 500 元啊,不会有什么问题吧?

客服小吉:亲,我明白您的意思,之前也有客人有这个顾虑,担心商品的质量。但是我们可以跟您保证,我们店里卖的东西无论是正价还是特价,都是正品,质量都是有保障的。最近我们店在做周年店庆,所以特意拿出两款包搞活动,做特价。这款包就是其中之一。今天晚上 12 点之后,这两款包就恢复正价了,所以如果您喜欢,请抓紧时间购买哦。现在购买还是非常划算的。

买家:哦,这样啊,那我马上下单。

客服小吉:好的,付款后,我们会安排尽快发货的。祝您购物愉快!

我的分析:_____

_____

扫码看答案

拓展延伸

一、酒店前台接待咨询常用语

(1)您好,欢迎光临!先生/女士,请问,有什么需要帮助的吗?

(2)先生/女士,请问您有预订吗?

(3)先生/女士,请问您想了解什么样的房型?

(4)对不起,先生/女士,房间已满,非常抱歉。这是我们的名片,下次您可以提前电话预订,我们一定会为您预留房间。

(5)对不起,先生/女士,您预约的××房型,目前没有退出来,我可以帮您更换成××房型/免费升级成××房型,您看可以吗?给您带来的不便,我深感抱歉。

(6) 请您稍等一下,我们的经理将亲自回答您刚刚提出的问题。

二、美容接待咨询常见问题

(1) 产品的成分。

(2) 产品的价格。

(3) 产品的作用。

(4) 针对某种肌肤,产品是否有效。

(5) 自己的某种皮肤问题(如过敏、痘痘、皱纹、暗黄等)适合哪个产品。

(6) 某种产品的副作用。

三、电话接待咨询禁语

(1) 这事不归我管。

(2) 你爱找谁找谁去。

(3) 我不知道。

(4) 这事我做不了主。

(5) 你还想我怎么样?

(6) 我已经解释清楚了,你不明白我也没办法。

第二节 产品介绍与销售

▶ 情景再现

一条街上有三个水果店。

一天,有位老太太来到第一家水果店,问:"有李子卖吗?"店主见有生意,马上迎上前说:"您看我这李子又大又甜,新鲜得很呢!"没想到老太太一听,竟扭头走了。

老太太接着来到第二家水果店,同样问:"有李子卖吗?"第二位店主马上迎上前说:"我这里李子有酸的,也有甜的,您是想买酸的还是想买甜的?""我想买一斤酸李子。"于是老太太买了一斤酸李子就回去了。

第二天,老太太来到第三家水果店,同样问:"有李子卖吗?"第三位店主马上迎上前问道:"我这里李子有酸的,也有甜的,您是想买酸的还是想买甜的?""我想买一斤酸李子。"第三位店主在给老太太称酸李子时,聊道:"在我这买李子的人一般都喜欢甜的,可您为什么要买酸的呢?""最近我儿媳妇怀上孩子啦,特别喜欢吃酸李子。""哎呀!那要恭喜您老人家快要抱孙子了!怀孕期间的营养是非常关键的,要多吃些高蛋白的食物。听说多吃些维生素丰富的水果,生下的宝宝会更聪明些!""是啊!那哪种水果含的维生素更丰富些呢?""猕猴桃含维生素很丰富!"就这样,老太太不仅买了一斤李子,还买了一斤猕猴桃。

思考:三个销售人员中谁是合格的?谁不合格?为什么?

▶ 知识积累

首先,我们要知道,什么是"介绍"?介绍是指相继传话;为人引进或带入新的事物。老舍在《骆驼祥子》中这样写道"我们所要介绍的是祥子,不是骆驼,因为'骆驼'只是个外号。"周而复在《上海的早晨》中这样写道"冯永祥一听她给自己介绍姓名,就懂得她不满意刚才的称呼。"本节所说的介绍,特指服务专业销售人员为人引进或带入新的事物。

明白了什么是"介绍",下面我们来思考,什么是产品?产品是指能够供给市场,被人们使用和消费,并能满足人们某种需求的任何东西,包括有形的物品及无形的服务、组织、观念或它们的组合。本节所说的产品,指的是服务专业所涉及的有形产品(如食品、化妆品、服装、健身器材等)或无形产品(如美容服务、酒店服务、养老服务等)。

一、产品介绍的目的

1. 传播知识 销售人员通过介绍,传播产品所包含的新知识、新技术、新理念,使客户了解、掌握,或继续传播。

2. 宣传企业 销售人员通过介绍,宣传公司的企业文化,在客户心中塑造企业形象,提高企业产品品牌价值。

3. 满足需求 销售人员通过沟通,了解客户个性化需求,有针对性地介绍产品用途及特点,满足客户需求,引导客户消费。

4. 创造消费 销售人员通过沟通,获得客户信任,帮助客户分析潜在问题,引导和挖掘客户新的需求,从而创造消费。

二、产品介绍的内容

1. 产品简介 产品简介是产品介绍中的核心部分。销售人员要用专业、精练的语言告诉客户"产品是什么"。简介是对产品本身的总概况,包括产品的名称、用途、技术,甚至产地、厂家等等信息,但要注意,这部分介绍应点到为止,不需要充分地展开。千万不要一开始就滔滔不绝,令人生厌。具体的关于某方面的介绍,可以在进一步沟通环节,有针对性地详细、清楚地回答客户。

2. 产品功能 产品功能是必须准确说明的部分。如介绍减肥产品时需要说明健康瘦身或者瘦腿、瘦腰等功能;介绍美容产品时需要说明美白、祛斑、嫩肤、补水等功能;介绍电子产品时需要说明录音、录像、电子书、电影等功能。这部分介绍必须准确明白、客观完整,让客户清楚地了解产品具有哪些功能,这些功能是否满足客户自身的需求——这是销售与客户进一步沟通的重要前提。

3. 产品原理 这部分需要销售人员具有一定的专业知识。销售人员需要准确地告诉客户产品的配料或材质是什么、配料或材质具有哪些性质,产品研发过程中包含了哪些原理等。总之,讲述产品为什么能够实现这些功效,让客户相信产品的功效是切实可信的、是有迹可循的。这个环节能够帮助客户更深入地了解产品,使客户信任产品。值得一提的是,这部分需要销售人员具有更专业、更深入的知识。

4. 产品保质期、注意事项、使用方法等 这一环节的介绍属于产品介绍中必要的补充环节,常常涉及客户关心的重要问题。这一环节体现了销售人员对客户的关心与诚意,在保健产品、药品、食品中尤其重要。什么群体不能使用,使用时需要注意什么,保质期是什么时候,如何正确使用等都是非常重要的问题,需要准确明白地告诉客户,以免不当使用带来不良后果。

三、介绍产品时的注意要点

1. 专业、精练的语言 不专业的语言是销售人员的大忌。一旦在介绍中被客户认为"不专业",那么就会逐渐失去客户的信任,接下来的销售也就很难成功了。在回答客户提出的问题时,专业的语言不仅能帮助客户解答疑问、了解产品,更能够增强客户对销售人员及其销售产品的信心,最终说服客户,促成产品买卖。

例如,美容专业关于面膜的常用术语:按照成分必须了解黄瓜面膜、番茄面膜、牛奶面膜、海泥面膜、玫瑰面膜、灵芝面膜等;按照功效必须了解补水面膜、美白面膜、祛斑面膜、紧致面膜、祛痘面膜等。

在快节奏的今天，很多人行色匆匆，如果这个时候碰到一个啰嗦的销售人员，你会怎样做呢？停下脚步，耐心倾听他冗长而没有重点的介绍？还是礼貌地一笑，拒绝和他进一步沟通？答案显而易见。曾经有一个销售主管做过一个调查，发现导致推销失败的一个重要原因是：销售人员喋喋不休使客户产生了厌烦的心理。因此为了节约客户的时间，获得客户的好感，销售人员需要用精练的语言，在短时间内引起客户的兴趣，并帮助客户了解产品的重要信息。要记住，销售不是演讲，更不是表演，通过沟通，在短时间内把产品的信息和客户的需求对接上，才可能成功销售。

因此在介绍产品时，通常可以使用这样的语言："请问您想了解哪方面的产品？""我简单为您介绍一下它的特点。""您还想了解这个产品哪方面的信息？"

2. 自信、真诚的态度　自信来源于何处？盲目的而不切实际的自信只能将客户推得更远。

自信来源于专业。销售人员在上岗工作之前，一定要充分地了解销售的产品。无论是成分材料、技术特点、物理特征，还是功能效果、适用人群，销售人员心中都要清楚明白。只有销售人员具备了专业、丰富的产品知识，才能够信心十足。

例如，当客户质疑一款手机的价格时，可以这样说："我们这款手机是××材质，采用了××技术，渗透了××科技理念，它具备××特殊的功能和卖点，因此它的价格与它的功能和质量是十分匹配的，我认为这款手机虽然价格并不便宜，但是绝对是物超所值的。"

实事求是、真诚可信——这是一个成功的销售人员必须具备的品格。

很多销售人员在介绍产品时神化产品、夸夸其谈。他们原本希望自己夸张的介绍可以让客户对自己的产品产生兴趣和信任，从而促成买卖。但是，事实上往往适得其反。不仅不能打动客户，反而让客户心生疑惑，设置防线，甚至拒绝购买。为了避免这种情况，销售人员既要充分说明产品的卖点，但又不要夸大优点，应实事求是。对于产品的不足，适度避短，但不要隐瞒，将短处真诚地告诉客户，反而更容易被客户接受，因为有时极力回避的短处，可能并不是客户最在意的。相对而言，多数客户更加在意的是销售人员真诚可信的品格。

例如，在介绍一款祛斑精华液时，客户询问是不是百分之百有效，该怎么回答呢？这时可以这样回答："我们这款精华液，如果使用方法正确，并搭配同套系其他产品一起使用，对于脸上的可见斑及隐形斑都具有很好的抑制生长和淡化的作用，通常连续使用4周，脸上的色斑可以明显减少。"

3. 准确、高效的沟通　销售人员在与客户沟通时，不要说个不停，而是要一步一步地引导客户说出自己的需求，在耐心倾听后，销售人员要能够在短时间内准确把握客户的需求，并且从浅层需求深入挖掘下去，把握根本需求，开发潜在需求。如果没有准确把握需求而盲目推销，那么就会南辕北辙，介绍再多，也说不到客户心里去，怎么可能引导客户消费呢？

在沟通过程中，对于客户的观点和看法，销售人员不要急于给出否定的判断，而是要从客户的角度出发，尊重客户，理解客户，帮助客户想办法，解决客户需求。

只有这样，与客户的沟通才是愉快的，更是准确高效的。

例如：一对老年夫妻到养老院咨询养老服务，通过沟通，咨询服务人员了解到他们都是退休教师，喜欢读书，喜欢安静，因此他们很看重养老院的环境，希望夫妻两个人住在一个套间，闲暇时可以安安静静地读书写字。那么,咨询服务人员针对养老院的自然环境进行介绍,强调套间的独立性及私密性,就更加容易打动这对老年客户。

4. 眼见为实的效果 很多时候,口若悬河的介绍不如眼见为实的效果,更能令人信服。相比销售人员的话,客户更愿意相信自己的眼睛和切实的感受。试想,一位卖彩妆的销售人员用她推销的产品在客户脸上完成了一个精致的妆容,客户看到自己脸上的变化,闻到化妆品淡淡的清香,体会到粉饼舒适透气的质感,这时一定会对产品产生认同感,激发购买欲望。

在销售过程中,如何引导客户参与亲身体验?销售人员邀请客户体验时态度要诚恳,既要主动热情,又绝对不可以强求。体验时,要给客户安静感受的空间,不要急于求成,在客户耳边喋喋不休。为了让客户很好地体验出效果,销售人员不要吝啬自己的产品,对待客户要一视同仁,绝不可以以貌取人。

下面以邀请客户试用推荐的面霜为例进行介绍。

销售人员:您愿意试一下这款面霜吗?我可以先简单帮您卸妆,然后帮您涂抹这款面霜,配合我的专业手法,您可以马上体验到它的保湿效果。

客户:我不想卸妆,太麻烦了。

销售人员:没关系,我可以帮您涂抹在手的虎口部位,您也可以体验到它的保湿效果的。

客户:好的,那就试一试吧。

销售人员一边涂抹,一边向客户介绍产品的特点,比如气味、功效、成分等。

四、产品销售的价格谈判

通常客户总是希望用最低廉的价格买到最好的产品,这就是我们常常说的物美价廉。作为一名销售人员,希望用尽量高的价格卖掉手中的产品,获得更大的利润。成功的销售人员会通过一系列的"讨价还价",最终和客户就价格问题找到一个平衡点,达到双方都满意的结果。下面,我们就来学习作为一名销售人员如何有技巧地和客户"讨价还价"。

(一)报价之前注意什么?

通常,销售人员不会对进店的客户第一时间报出价格(特价时除外)。在报出价格之前,销售人员要说些什么,做些什么呢?

1. 介绍产品 上一节我们已经讲过如何介绍产品。在报出价格之前,销售人员要引导客户了解产品,对产品产生兴趣,因为对客户有价值的产品,才有讨价还价的可能性。试想,这个产品并不符合客户的要求,或者客户根本没有需求,那么进一步沟通时,无论价格多少,客户成功购买的可能性都比较低。

2. 体验产品 为了让客户更容易接受价格,销售人员在提出价格之前,最好可以引导客户通过体验,认可产品的价值。俗话说,事实胜于雄辩。亲身的体验,要胜于销售人员的"自卖自夸"。但是,很多销售人员发现,很多时候,让客户体验,也并非易事。一些客户面对销售人员时,早已产生了戒备之心,怕体验之后被软磨硬泡,耽误时间,甚至强制消费。如何让客户放心体验呢?这就需要销售人员具备基本的职业道德素养,以诚待人,以信示人。相信经过一段时间,获得了客户的信任,自然可以放下戒备之心,乐于体验,客观公正地评价所推销的产品。

微课:介绍工艺流程

例如：在超市，推销人员拿着新上市的薯片请客户试吃，客户停下脚步，接过薯片，认真试吃，试吃时销售人员适当介绍产品的情况，试吃后，客户询问价格，这个时候销售人员报出价格，就更容易被客户所接受。

（二）如何报价？

1．报价不能太低，要留出砍价的余地　有的时候，销售人员为了节约时间，会给出一个接近底价的价格。但是，在多数客户看来，报价都是有降价的空间（明码标价的超市、商场、专卖店除外）。因此，报价过低，没有留出讨价还价的余地，在与客户沟通价格问题时，必然态度坚决，这就会让客户觉得销售人员没有做出利润上的让步，感觉到沟通不畅快，因此不愿意购买。其实，很多客户，特别是女性客户，她们乐于在讨价还价中获得一种心理上的满足。因此巧妙地利用客户这种心理，能够帮助我们促成销售。

2．报价不能太高，要在合理范围内　报价太高，超出合理的范围，一方面会吓坏客户，让客户质疑自己的购买能力；另一方面，会引起客户的反感，让客户觉得销售人员缺乏诚信，漫天要价。因此报价不能太高，要在一个合理的范围内。什么是合理的范围？简单来说，就是让客户觉得，报价与产品基本匹配，让人觉得物有所值。

3．报价时应注意的其他事项　报出价格时，销售人员可以用一些具有先入为主效果的语言，如"还是老价格""价格不贵""最近做活动，比较便宜""价格特别划算"等。说价格时，语气要自然，态度要诚恳，声音要洪亮，数字要准确。

（三）价格博弈的技巧

当销售人员报出价格后，很多客户都会说"太贵了"，这时该怎么办呢？很烦躁？很懊恼？还是不知所措？如果态度坚决，拒不让步，会失去客户；一味迁就，没有底线，会失去利润。其实，当客户开始讨价还价的时候，就是销售买卖即将成功的时候。作为一个销售人员，要清楚地明白，这是买卖成功的关键，只要抓住时机，把握客户，利用技巧，就一定可以在这场价格博弈中处于不败的地位。

1．价格细分法　价格细分法就是将总价拆分成小的价格，化整为零，隐藏价格高带来的威慑力，以利于客户接受。

比如，一瓶香水500元，客户觉得贵时可以这样帮客户拆分价格："这瓶香水500元，共有50毫升，平均下来一毫升10元，一毫升至少可以喷10次，平均一次就是1元钱。每天早晨上班前，您花上两三元钱，让自己香气宜人，更能换来一天的好心情，您觉得这个价格贵吗？"

2．突出优势法　当客户提出产品价格贵时，销售人员可以通过货比三家的办法，让客户明白，产品贵在哪里，帮助他们明白"一分钱一分货"的道理。这里应注意，千万不要恶意诋毁别人的产品，这是销售的大忌。要巧妙地将自己的产品和竞争对手的产品进行良性、客观的比较，突出自己产品在品质、材料、设计、性能、效果、服务等方面的优势，从而让客户自然明白"一分钱一分货"的道理。

比如，客户认为酒店的房价太贵时，酒店服务人员可以通过比较，展现酒店在地理位置、交通便利、自然环境、酒店设施、配套服务等方面的优势，这样帮客户分析："据我所知，我们的价格的确比周边其他酒店略高,但是我们是挂牌五星级酒店,这一点,是具备竞争实力的。另外我们酒店拥有自己的沙滩,这是很多客人选择我们的重要原因。我们的餐厅也是周围酒店中最大的,在用餐时,您完全不用担心座位和餐食供应量的问题。我们还拥有两个24小时西餐厅,随时为您提供餐饮服务。以上这些都是周围其他酒店不能为您提供的。我相信,虽然我们酒店价格略高,但一定可以给您提供与之匹配的服务。"

3. 适度让步法 在价格博弈时,销售人员不要把价格说死,要留有一定的议价空间(标明不议价的除外)。当销售人员第一次报出价格后,客户总是希望获得更低的价格。这时,在保证基本利润的基础上,给客户打一个折扣,是一个不错的办法。这样就会对客户产生很大的吸引力,让客户觉得自己获得了利益。如果价格实在不能让步,也可以给客户赠送一些小礼物或者赠送配套的服务。

例如,某客户想购买一个没有折扣的新款彩妆粉饼,销售人员报价499元,客户觉得贵,这时,如果销售人员可以拿出一些其他产品的试用装,作为赠品送给客户。这样一方面可以让客户感觉自己获得了利益,另一方面也推销了其他产品,一举两得。

这里要提醒大家,价格上的让步要适度,降价幅度过大,或降价次数过多(多于两次),会让客户认为报价不实,存在很大的水分,这就会给之后的销售带来很多不必要的麻烦。

4. 善用后台法 如果销售人员与客户在价格博弈上难分胜负时,可以善用后台,借助高一级的销售主管,来帮助完成此次销售。举个例子,销售人员可以告诉客户:"您说的这个价格,我真的卖不了,今天我们主管在,要不您和我们主管聊聊。"销售主管来了以后,向客户表示,如果真心想买,就用销售主管的权限,给客户再打个9折。这样客户觉得自己得到了更大的利益,也就会乐于完成这次购买了。再举个例子,当销售人员和客户就价格无法达成一致时,销售人员可以这样说:"您说的价格,我们销售主管也给不了啊,我要是卖了,就扣我的钱补差价了,不信您问问我们销售主管。"这时销售主管可以出现,肯定销售人员刚刚说的话,那么客户通常也就不再逼销售人员降价了。

案例分析

案例一

一、案例呈现

一位年轻的男士走到某名表的柜台前。

销售人员:您好,我是这个专柜的柜员,很高兴为您服务。

客户:您好。

销售人员:先生很有气质,一看就是成功人士。像您这样有身份的人一定要选择我们品牌的手表才能衬托您的气质。

客户:哦。

销售人员:很多商务人士、明星大腕都是我们的客户。我们这个季度新推出了一款表,特别适合您。它的表面材质是……内部机芯是……必须说明的是,它具有……的特点。

客户：哦，我还有事，改天再看吧。

二、案例分析

这是一次失败的产品介绍。

失败原因是：销售人员没有与客户进行准确高效的沟通。销售人员一味阐述自己的观点，自说自话。要知道，产品介绍，绝对不是一个人的事，它应该是两个人，甚至多个人互动的行为，销售人员与客户双方有问有答。销售人员在了解客户需求的同时，帮助客户了解产品，最终促成买卖。

案例二

一、案例呈现

客户：这款笔记本怎么卖？

销售人员：如果您真心想要，我给您便宜点，5200元。

客户：我买好几台呢，你便宜点，一台4800元吧。

销售人员：不行，给不了。5100元，这是最低价了。

客户：就便宜100元啊，你太没诚意了。5000吧，咱们各让200元。

销售人员：真卖不了，那样我就白干了。

客户转身走了。

二、案例分析

同学们，请想一想，此次销售为什么会失败？一个重要原因是，销售人员一开始的报价就存在问题——报价过低。因此在其后的价格谈判时，客户始终占据主导地位，这样销售人员对价格的谈判就很难成功。如果销售人员把笔记本电脑的第一次报价定在5400~5600元，那么他就给自己留出了比较充足的余地。在与客户讨价还价的过程中，做出了足够的让步，才会使客户欣然接受博弈后的价格。因此，作为销售人员，第一次给客户报价时，价格不可定得过低。

案例三

一、案例呈现

一个中年人走进一家保健器材用品商店。

销售人员：您好，您需要哪种器材？

客户：我家老人腿脚不方便，我想帮他买一个行走辅助器。

销售人员：你想买贵的还是便宜的？

客户：我不太了解，你介绍一下吧。

销售人员：贵的就是价格贵，便宜的就是价格便宜点。

客户：啊？贵在哪了？

销售人员：这……反正贵肯定有贵的理由。

客户：那它们有什么区别呢？

销售人员：这……功能都差不多，应该就是一个新款，一个旧款吧。

客户:我们先不买了,再看看吧。

二、案例分析

扫码看答案

语言实践

一、结合实际,补充下面的对话

(一)情景 1

客户:你们品牌的这两种洗衣机,看上去差不多啊,为什么价钱差这么多?

销售人员:

(二)情景 2

客户:这款面霜多少钱?

销售人员:您好,这款面霜 600 元。

客户:太贵了!

销售人员:

二、判断对错,并说明原因

(一)情境 1

客户:这个保健品效果怎么样?

销售人员:这是我们聘请国外科学家研发的新产品,简直是药到病除。

(二)情境 2

客户:这个裙子怎么卖?

销售人员:您好,这个裙子 500 元。

客户:太贵了。

销售人员:您说多少钱您才能买啊。

客户:100 元。

销售人员:卖不了,你这不是瞎砍价吗?

客户:你让我说的啊。不卖算了!

三、结合你现在所学的专业,为客户介绍一款产品

四、结合你所学的专业，设计一个与客户进行价格博弈的小话剧，和你的小伙伴分角色表演出来，表演时间不超过 6 分钟

拓展延伸

不同性别的客户，价格博弈时不同的特点

由于性别不同，男性客户和女性客户在与销售人员进行价格博弈时，具有不同的特点，针对这些特点，销售人员要采用不同的对策，方能取胜。

1. 男性客户 男性客户的消费心理通常具有以下特点：①比较自信；②注重品牌或者档次；③消费行为理性；④做出购买决定较快。

因此，面对男性客户，当他对产品价格产生异议时，销售人员可以采用"适度让步法"和"突出优势法"。男性客户购物是比较理性的，通常他们是有确实购买需求，才会向销售人员询问价格，一旦价格符合他的心理价位，他也就会迅速购买，不会拖拉。因为多数男性客户注重产品的质量、实用性、品牌、档次。因此在介绍时，不用将重点放在外观、潮流等方面。

2. 女性客户 女性客户的消费心理通常具有以下特点：①喜欢被称赞、被认可；②购买动机容易受外界因素影响；③带有浓重的感情色彩；④喜欢体验后购买。

因此，面对女性客户，当她对产品价格产生异议时，销售人员需要采用多种博弈方法。销售人员可以主动引导她们体验产品，直观感受产品的效果。另外，对于女性客户，我们要及时肯定她们的看法，真诚赞美她们的试用效果。很多女性客户，都非常喜欢被赠送小礼物，因此销售人员采用赠送小礼物的方式往往可以留住女性客户，提高销售成功概率。

单元主题诵读——以信事人

"信"是诚实守信、不欺骗、讲信誉的意思。从"信"字的结构看,一个"人"一个"言",刚好表达了开口许诺的本义,古人认为"信"是一个人开口说话的根本。一个人说出的话就是一个承诺、一个保证。

作为一名服务行业从业者,面对客户,说出的话一定要诚实可信。倘若欺骗了客户,即使做成了当前的生意,那也只是蝇头小利,不能长远发展下去。只有以信示人,才能真正被客户接受和喜欢。信不仅是服务行业从业者与客户沟通的前提,更是为人处世的基础。

本单元的主题诵读是两组关于"信"的经典名言,希望同学们反复诵读,加深理解,将"信"的观念融入自己的内心,做到以信事人,以信立身。

一、名家名言

1. 轻诺必寡信,多易必多难。　　　　　　　　　　　——老子
2. 失信不立。　　　　　　　　　　　　　　　　——《左传》
3. 言必诚信,行必忠正。　　　　　　　　　　　　——孔子
4. 志不强者智不达,言不信者行不果。　　　　　　　——墨子
5. 内外相应也,言行相称也。　　　　　　　　　　——韩非子
6. 得黄金百斤,不如得季布一诺。　　　　　　　　——《史记》

二、《论语》选段

1. 人而无信,不知其可也。大车无輗,小车无軏,其何以行之哉?
　　　　　　　　　　　　　　　　　　　　　　　　——《论语·为政》
2. 吾日三省吾身。为人谋而不忠乎?与朋友交而不信乎?传不习乎?
　　　　　　　　　　　　　　　　　　　　　　　　——《论语·学而》
3. 信近于义,言可复也。恭近于礼,远耻辱也。因不失其亲,亦可宗也。
　　　　　　　　　　　　　　　　　　　　　　　　——《论语·学而》
4. 言必信,行必果。硁硁然小人哉!抑亦可以为次矣。　——《论语·子路》

参考译文

第四单元 下笔有神

单元主题训练——培养语言表现力

在全球化大背景下,交际与沟通已成为人们的一种重要的生存方式。随着市场经济的深入发展和社会契约化水平的不断提高,职场中文字表达能力的重要性日显突出。对于从事现代服务行业的每个从业者,时时处处都离不开书面表达,修炼一支生花妙笔,将会成为职业生涯发展的助推器。

本单元的主题训练,将通过四个主题来训练语言的表现力:"书面表达有技巧"针对语言书面表达基本功;"商务文书有规范"和"信函往来有礼节"主要针对常用商务文书的规范写作技巧;"宣传文案有创意"则是针对创意文案的写作技巧。

相信通过这些知识技能的学习,同学们一定能在职场中妙笔生花,大有作为。

主题一
书面表达有技巧

◆ 主题说明

写文章是我们从小训练的语文技能,如何让自己写出的文章有表现力,让人容易读、爱读,有很多需要单独训练的基本技巧。这一主题围绕让文字更简洁、让文字更生动、让文字更顺畅三个文字表达的基础技巧来展开学习。

书面表达能力是一种实践能力,这些基本的写作技巧和方法,为我们提高书面表达能力提供了训练的路径,也提供了训练的工具和指导,但真正的能力提高,还需要大量的写作实践。

相信在这些方法的指导下,再结合勤奋练习,就能轻松完成大部分服务岗位上的书面表达任务。

第一节

让文字更简洁

▶ 情景再现

茹太素是明朝开国皇帝朱元璋手下的一个大臣。他性格耿直,敢于犯颜直谏,也能提出较好的建议。可惜他有个缺点,写给皇帝的奏章总是太啰嗦。

洪武八年,茹太素又一次上书皇帝提出建议,这次他一口气写了上万字。朱元璋拿到奏章,读了一大半还不知茹太素要说什么,气得他命令侍卫将茹太素拖出去打了一顿廷杖。

打了茹太素之后,朱元璋耐着性子把奏章看完,发现他要说的有五件事,其中四件有可行性,但说清这些事,只需要几百字就足矣。而这位茹太素老先生却足足用了上万字,这对于日理万机时间宝贵的皇帝来讲,无端浪费时间,委实罪过不小。让他当众挨打尝尝苦头,也确实不冤。

奏章是公文,表达简洁是基本要求。我们在生活和工作中,简洁的表达也同样很重要,在这一节,我们就重点学习如何简洁地表达。

▶ 知识积累

简洁就是用语简明扼要,不说废话,表意完整流畅,准确传达作者的意图和目的。简洁是表达的基本要求,无论是书面表达还是口头表达,简洁的表达都是最高效的,也最能体现表达者的思维水平和语言应用能力。

下面我们就讲一讲写文章如何做到简洁表达。要想做到书面表达简洁,可以从以下几个方面入手。

一、无效的信息删掉

无效的信息是指对读者或者对于文章本身的表达意图完全没有意义,或意义不很大但却占用了很大篇幅的内容。这些无效的信息,要么通过下笔前的有意识设计来规避,要么在写成之后,复读修改时删除,总之就是坚决不留。

(一)从主旨出发判断信息是否无效

写文章,主旨是灵魂,想在文章中表达什么样的中心思想,什么样的情感态度,决定了选择哪些材料来构建整篇文章。因此,从大的篇章结构来看,主旨就成为我们判断一段内容是否是有效的信息的标尺。例如下面一段文字:

当然,这种笨重的书搬运起来是极不方便的。据说,秦始皇每天批阅的简牍文书有120斤重。西汉的时候,东方朔给汉武帝写了一篇文章,用了 3000 斤竹简,是由两名身强力壮的武士吃力地抬到宫廷里面去的。汉武帝一片一片地把竹简解下来看,足足用了两个月的时间才看完。

这段话的主旨是竹木简牍极其笨重、不方便。但是最后一句关于读了多长时间的话,显然跟要表现的主旨关联不大,它就属于无效信息,应当删除。

所以,我们在写文章的过程中,要始终不忘表达的主旨是什么,在构思和写作时尽量避免无效信息出现。当文章完成后,应当一边想着主旨一边重读文章,凡对主题没有帮助的直接删去,哪怕它很精彩,也要忍痛割爱。一篇好的文章,不是因为每一段精彩,而是因为整体精彩。

(二)从读者出发判断信息是否无效

文章是写给人看的,如果特定的读者群已经掌握某些信息,在给他们写文章时,这些信息就没必要出现在文章里,如果出现,就属于占用资源的无效信息,应当坚决删去。比如著名惊悚小说家斯蒂芬·金在读高中时,曾给校刊投稿,写的是本校篮球队的内容。有这样一段:

昨晚在里斯本高中深受喜爱的体育馆里,杰·希尔斯的队友和粉丝都为一位运动员创造校史的精彩表现震惊不已。身材小巧,投球精准,人送美誉"子弹鲍伯"的鲍伯·兰森一举拿下 37 分。事实如此,你没听错。加上他动作优雅,速度惊人……还有一种奇怪的谦恭姿态。

粗看这段话没什么问题,描写也颇生动,可校刊的编辑古德先生认为它写得太啰嗦了,并做了如下的修改:

昨晚在里斯本高中深受喜爱的体育馆里,杰·希尔斯的队友和粉丝都为一位运动员创造校史的精彩表现震惊不已。~~身材小巧,投球精准,人送美誉"子弹鲍伯"的~~鲍伯·兰森一举拿下 37 分。事实如此,你没听错。加上他动作优雅,速度惊人……还有一种奇怪的谦恭姿态。

古德先生认为,校刊的读者都是本校学生,他们对于自己学校的体育馆和校队球员都已经很熟悉,被删掉的两处修饰语,对于他们来说,就属于无效信息。所以,我们要想文章写得简洁,就要坚决剔除那些不言自明的信息内容。

(三)从效果出发判断信息是否无效

我们在写文章时,会不自觉(或无意识)地加入一些信息,当写完再读时会发现,这些信息对于要表达的思想情感没有任何"增色"作用,倒是显得句子很"臃肿",而删掉这些信息后,句子不但干净清爽,而且一点也不损伤表达效果。像这样的信息包括以下两种不同类型。

1. 自觉添加的余赘　作者出于某种主观愿望,不自觉地增加了一些修饰性语言,但其实并没有增加表达效果,反而画蛇添足。比如下面这些例子:

"把它放下!"她<u>威胁地</u>叫道。

"还给我"他<u>凄惨地</u>哀求,"那是我的。"

"别傻了,老李。"老板<u>鄙夷地</u>说。

在这三句话中,划线的三个修饰语是为了指明说话人的语气状态,但我们删掉再读一读:

"把它放下!"她叫道。

"还给我"他哀求,"那是我的。"

"别傻了,老李。"老板说。

你会发现,删去后一点都不影响表达效果,这是因为,威胁、凄惨、鄙夷已经在他们各自的话语中充分流露,再额外添加修饰,就是余赘。像这样有意添加的修饰,有时候可能是我们的得意之笔因而舍不得去掉,但从简洁表达的角度,这些都属于无效信息,应当坚决删除。

2. 无意识添加的余赘 我们在写作时,经常会无意识地带上很多"小零碎",比如"我的""你的""他们的"等代词,"的""了"等助词,"因为""以至"等因果词。这些字词,有或没有与表达效果没有任何关系,删掉它们,会让句子显得格外干净、洗练。我们看下面几个例子:

我掰开揉碎地和他说了一大堆,但今天早晨一看,我的那些话都白说了。

公司员工受不了新领导的苛刻,以至于相继离职。

我和大学生享受同级别的待遇。

前段时间因为采访的缘故,我认识了一个名叫周周的餐厅店长。

上面这些句子都不是病句,这些无效信息也不是我们有意识加入的,因此特别容易被忽略。我们一定要养成简洁表达的习惯和意识,力争做到多余的字词一个不留。

二、重复的信息调整

在某一段文章中,如果同一个词语反复出现,或表达同样思想情感的词语并列出现,或同样句式结构的句子连续出现(特定修辞除外),都会给读者带来不简洁的阅读体验。因此我们在写文章时,应当避免出现上述情况,可以根据情况采取以下两种方法加以调整。

(一)替换

从简洁的角度,一句话中同一词语尽可能不出现两次,一个成语、熟语,在同一段落甚至整篇文章中尽可能不重复使用。但有时需要表达连续的动作,或连续表达同样的意思,免不了用到相同词语,这时就要尽可能用同义词代替。如:

我知道以群的死是在他逝世后的一周,知道老舍的"玉碎"却是在他自杀后的一段长时期,知道傅雷的绝笔则是在他辞世后的若干年了。

这句中的"逝世""玉碎""自杀""绝笔""辞世"都表示"死",这里如果连用六个"死"字,必然显得重复且啰嗦无比,替换成不同的同义词,效果就大不相同。

在同一组句子中,如果主语是同一主体,那在前后文中,我们可以把出现在前面的主语用名词(谁),后面用代词(他或她)来替换名词主语,如果句子较为复杂,还可以名词和代词交替使用。比如这段话:

大扫除开始了。我和李华负责拔教室墙根的杂草。我和李华劲头十足地干了起来。李华在拔一棵根扎得很深的野草时,因为用力太猛,仰面朝天摔在泥地上。李华从地上爬起来,好像一只泥猴。我和李华同时大笑起来。

短短的一小段中,连续出现了五个"李华",显得非常啰嗦、不简洁,我们可以把后面几个尝试用代词替换:

大扫除开始了。我和李华负责拔教室墙根的杂草。我们劲头十足地干了起来。李华在拔一棵根扎得很深的野草时,因为用力太猛,仰面朝天摔在泥地上。他从地上爬起来,好像一只泥猴。我俩同时大笑起来。

这样调整完，重复、啰嗦的感觉就没有了。

（二）省略

恰当运用省略句，也可以让文章更简洁。相邻的句子一般都处在同一语境下，所以有些有明确所指的信息就可以根据语境省略掉，不必重复说。比如：

中国人在他国工作的千千万，外国人来我国的又何止万万千？

这句中，"千千万"换成"万万千"是运用了前面所说的替换方式避免重复，而后半句中"来我国工作的"省略为"来我国的"，就是一种同一语境下的承前省略。这样字数少了，意思依然清晰明朗。再比如这句：

妈妈见我回来，不放心地问："你把车票退掉了吗？"我说："我把车票已经退了。"我拍拍胸脯，自豪地说："您看，这是退车票的钱。"妈妈说："把退车票的钱给我吧！"我说："给您。"妈妈接过了钱。

这段人物对话重复运用了大量人称代词，显得不够简洁，其实在这种情况下，把不言自明的部分省略，仍能准确表达意思，这段话可以改为：

妈妈见我回来，不放心地问："车票退啦？""退了！"我拍拍胸脯，自豪地说，"您看，这是退的钱！""把钱给我吧！""给您。"妈妈接过了钱。

三、繁复的信息浓缩

要想文章简洁，就要始终坚持能用一个字表达明白的不用两个字，能用一个词阐述清楚的就不用一句，能用一句概括全的就不用一大段。这种精简语言的过程，就像是把信息浓缩，放入一个更小更精致的容器中。我们可以尝试从以下三个方面进行浓缩。

（一）善于使用简称

表达中常会涉及一些复杂的专有名词，如果有已经约定俗成的缩略语，我们一定要使用缩略语，这样读起来语言更简洁。如：

东南亚国家联盟——东盟；北京师范大学——北师大；《三国演义》《水浒传》《西游记》《红楼梦》——四大名著；国内生产总值——GDP。

还有一种情况，当要频繁使用一个字数较多、比较繁复的专有名词时，我们可以在这个词第一次出现时用全称，并随即注明针对这个名词将在下文使用的简称。举例如下：

在这个案件中，原告方江苏省矿业集团总公司扬州分公司（以下简称"原告"）提出了如下诉讼请求……

这个例子中，通过注明的方式，用只有2个字的简称，来代替将在下文频繁出现的15个字的公司全称，这样使文章读起来简洁很多。但这个简称是特定语境下的特殊规定，并非约定俗成的固定简称，因此一定要做单独说明，以免引起歧义。

（二）善于运用成语、熟语和一些特定词汇

古代汉语中书面语的特点之一就是简洁。保留在现代汉语中的成语，因为往往都承载着一个典故，因此在非常简约的字面中，蕴含了丰富信息。而一些熟语和特定词汇，往往是针对特定社会现象或情感状态而产生的。很多我们费很大篇幅描述才能说清的境况、道理，只需一个简单的成语、熟语或一个特定词汇就能轻松达到。下面我们分别看一些例子。

1. 改用成语

原句：你们这种只顾眼前利益、完全不考虑子孙后代生存的脱贫方式坚决要不得。

改为：你们这种杀鸡取卵的脱贫方式坚决要不得。

2. 改用熟语

原句：财政局党委书记李某某，将国家应收账款私自截留不入账，开立私人账户后，将公款存入其中，供自己和同伙挥霍支配，这种行为给国家造成了巨大损失。

改为：财政局党委书记李某某私设小金库，给国家造成了巨大损失。

3. 改用特定词汇

原句：我的爸爸以前是一名工人，因为厂里不景气，所以现在回家了。

改为：我的爸爸是下岗工人。

（三）善于抓住最本质内容，用最简洁的方式呈现

与前两点相比，这一点更为宏观，它不是针对某一句或某个词，而是从全篇表达意图出发，提取出最核心的内容，将其浓缩在最简短的语言形式中。我们可以欣赏如下案例。

爷爷以打猎为生，爸爸以伐木为生，儿子以卖树墩子为生，孙子以卖根雕为生。（《树的故事》）

这段文字仅仅四句话，作者通过爷爷、爸爸、儿子、孙子与"树"的关系，巧妙地借一个家族的兴衰来印证环境的破坏，深刻独到，言约意丰，有一种振聋发聩的力量。

语言的浓缩过程是一个在意思不减情况下的字数缩减，下面这个例子最能体现什么是浓缩。有一段《制鼓诀》："紧紧蒙张皮，密密钉上钉，天晴和落雨，打起一阵声。"按说这四句话不算冗长，可有人认为还不够精练，改为："紧紧蒙，密密钉，晴和雨，一样声。"有人还不满意，又加以删改，压缩为："紧蒙密钉，晴雨同声。"这样改后，一目了然，言简意赅。

四、冗长的信息截断

把冗长的信息截断，是为了使读者更简单快速地理解信息，字数本身并不一定缩减。

（一）变长句为短句

在书面表达中，句子过长，内部各成分间关系会复杂臃肿，稍不留神就出现表意不明的情况。有的句子包含多重修饰成分，一连用好几个"的"，读起来给人一种不简洁的感觉。这时为了语言简洁，我们要尽可能地不连用两个"的"，尽量化长为短。短句简单易懂，在表达效果上更加简洁明快、活泼有力。举例如下。

长句：原子是由居于原子中心的带正电的质子和不带电的中子组成的原子核及围绕它做高速旋转的带负电的核外电子组成。

短句：原子由原子核和核外电子组成。原子核位于原子中心，由质子和中子构成，其中质子带正电，中子不带电。核外电子位于原子核四周，带负电，围绕原子核做高速旋转。

（二）变长段为短段

文章的单一自然段如果过长，一大片文字直接扑向读者眼帘，会造成很大程度的阅读理解困

难,也容易让人觉得不够简洁。因此我们在设置自然段时,应有意识地控制长度。以沟通汇报为目的的文字,每段最好控制在5句以内。当表达的意思转换时,要果断另起一段。这样读者理解起来会感觉更加简明清晰。

案例分析

一、案例呈现

我国古代的大作家都非常注重文章的简洁,善于把丰富的信息浓缩于洗练的文字中。比如北宋大文豪欧阳修的名篇《醉翁亭记》,首句"环滁皆山也"简洁而又有气势。可在他初写时,原文是"环滁四面皆山也,西有大丰山,南有花山,北有白米山,其西南诸峰,林壑尤美。"后来有人提出,开头写那么多山名,听起来有点啰嗦,欧阳修觉得有道理,就把前面几句统统删掉,凝练成一句"环滁皆山也",文章一下子显得简洁了许多。

一次欧阳修和两个青年在一起谈论修辞问题,刚好外面有一匹飞奔的马,把一条躺在路边的黄狗踩死了。他们都目睹了这番景象。欧阳修说,如果我们要把刚才看到的这一幕写下来,该怎样才能写得简洁一些呢?于是两个青年都试着写出了自己的"作品"。第一个青年用了二十个字:烈马正飞奔,黄犬卧通途。马从犬身践,犬死在通衢(qú)。第二个青年字数要少些,用了十一个字:有犬卧通衢,逸马踏而过之。欧阳修看完二人的话,笑而不语,直接在纸上写下六个字:逸马毙犬于道。两个青年一看,都很钦佩,连声称赞。

二、案例分析

我们在"知识积累"中学过,让文章更简洁,一个重要的方法就是善于抓住最本质内容,用最简洁的方式呈现。在上面这个案例中,欧阳修的表达很好地体现了这一点。请细细品味三个人对事件的不同表述,具体分析两位青年的表达存在的不足,以及欧阳修是怎么做到用六个字来表达出别人二十个字的信息的。

1. 对第一个青年的分析:_____

_____

2. 对第二个青年的分析:_____

_____

3. 对欧阳修的分析:_____

_____

扫码看答案

语言实践

一、删改余赘啰嗦的信息,让句子更简洁

1. 晚上的大功率的太阳灯,如夏阳照耀工地。

2. 快12点了,中午吃饭时间到了,那些负责搭建舞台(为了演出)的工人们,三三两两,一伙一伙来到食堂吃饭。

3. 虽然天空下着雨,但同学们还是在走廊上聊天、说笑。

4. 这天,风很轻,天很蓝,可是,发生了一件事,与这好天气形成了强烈对比,甚至让我潸然泪下,就是我的爸爸住院了。他在下坡时不小心滑倒,后脚跟的骨头碎了,我们一家人都马上赶到医院看爸爸。

5. 在生活中,每个人都会遭到别人的误解。有的是来自老师、同学的误解,有的是来自群众的误解,还有的是来自家长的误解。反正,每个误解都会使人的心里有股说不出的滋味。

二、找出下面句子中的重复信息并删去

1. 下午我买了些卫生洁具。
2. 八月一日是截止日期的最后一天。
3. 加强德育教育。
4. 付诸于实践。
5. 加强国际间的文化交流。
6. 切忌不要违规。
7. 学习先进楷模。
8. 警匪力量悬殊很大。
9. 父亲也忍俊不禁地笑了起来。
10. 到会的二十名与会者。
11. 他亲眼目睹了南京大屠杀。
12. 那人大约二十五六左右。
13. 欢迎市委领导到我校莅临指导工作。
14. 凯旋而归。
15. 这其中定有问题。
16. 他俩互相厮打。
17. 被打得浑身遍体鳞伤。
18. 对此不要抱过高的奢望。
19. 不要有过虑的想法。
20. 他们用身子相互温暖着对方的身子。

三、两人一组,每人撰写一篇文章,然后互相批改,指出文章中需要删除的无效和重复信息,以及需要压缩调整的内容。 修改后,进行全班展示

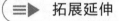 拓展延伸

简笔与繁笔(节选)

周先慎

从来的文章家都提倡简练,而列繁冗拖沓为作文病忌。这诚然是不错的。然而,文章的繁简又不可单以文字的多寡论。言简意赅,是凝练、厚重;言简意少,却不过是平淡、单薄。"繁"呢,有时也自有它的好处:描摹物态,求其穷形尽相;刻画心理,能使细致入微。有时,真是非繁不足以达其妙处。这可称为以繁胜简。看文学大师们的创作,有时用简:惜墨如金,力求数字乃至一字传神。有时使繁:用墨如泼,汩汩滔滔,虽十、百、千字亦在所不惜。简笔与繁笔,各得其宜,各尽

其妙。

一部《水浒传》，洋洋洒洒近百万言，作者却并不因为是写长篇就滥用笔墨。有时用笔极为简省，譬如"武松打虎"那一段，作者写景阳冈上的山神庙，着"破落"二字，便点染出大虫出没、人迹罕至景象。待武松走上冈子时，又这样写道："回头看这日色时，渐渐地坠下去了。"真是令人毛骨悚然。难怪金圣叹读到这里，不由得写了这么一句："我当此时，便没虎来也要大哭。"最出色的要数"林教头风雪山神庙"，写那纷纷扬扬的漫天大雪，只一句："那雪正下得紧。"一个"紧"字，境界全出，鲁迅先生赞扬它富有"神韵"，当之无愧。

字面上的简不等于精练，艺术表现上的繁笔，也有别于通常所说的啰嗦。鲁迅是很讲究精练的，但他有时却有意采用繁笔，甚而至于借重"啰嗦"。《社戏》里写"我"早年看戏，感到索然寡味，却又焦躁不安地等待那名角小叫天出场，"于是看小旦唱，看花旦唱，看老生唱，看不知什么角色唱，看一大班人乱打，看两三个人互打，从九点多到十点，从十点到十一点，从十一点到十一点半，从十一点半到十二点，——然而叫天竟还没有来"。在通常情况下，如果有谁像这样来说话、作文，那真是啰嗦到了极点。然而在这特定的环境、条件、气氛之下，鲁迅用它来表现一种复杂微妙、难以言传的心理状态，却收到了强烈的艺术效果。

刘勰说得好："句有可削，足见其疏；字不得减，乃知其密。"无论繁简，要是拿"无可削""不得减"作标准，就都需要提炼。但是，这提炼的功夫，又并不全在下笔时的字斟句酌。像上列几个例子，我相信作者在写出的时候并没有大费什么苦思苦索的功夫。只要来自生活，发诸真情，做到繁简适当并不是一件太困难的事。顾炎武引刘器之的话说："文章岂有繁简耶？昔人之论，谓如风行水上，自然成文，若不出于自然，而有意于繁简，则失之矣。"

第二节 让文字更生动

▶ 情景再现

一位售卖颈部按摩器的微商在自己的朋友圈发了一条广告,内容如下:

按摩颈部穴位,缓解颈椎酸、麻、胀、痛、僵硬,舒筋活络,远离头晕头痛。低周波技术,通过电磁揉、敲打、按等手法10挡调节,大师级的按摩享受。

这条广告发出后,反响冷淡,无人问津。这位微商邀请一位文案写作高手帮他改写,这位高手的新文案是这样写的:

如果你每天看很久电脑,脖子很酸,头昏脑涨,你的救星来了!这个颈部按摩器我用了3年,强力推荐!

别看这家伙只比巴掌大点,力气却很大,开关一开,你会感到两股电流刺激颈部穴位,一阵酥麻蔓延全身,震得脖子都左右摇动。

两种按摩模式,一种像小拳头,"哒哒哒"一下一下地敲打颈部,疲劳感一下就缓解了;另一种像单手按压,好像泰国技师用食指、中指、大拇指揉按穴位,阵阵酸麻,舒服得让你上瘾,希望它永远不要停。

15分钟一节,摘下仪器,颈部的紧张沉闷感竟然消失了,有一种连上5天班终于到周末的欣喜,你会情不自禁地长出一口气"呼……"感觉像是换了个新脖子!

如此生动形象的文字,带给了读者各种感同身受的感官体验,结果文案一发出,立刻吸引了众多的读者关注。

▶ 知识积累

语言表达能力的一个重要方面,就是能根据需要,把表达内容描述得形象生动,富有感染力。能把文字写得生动,吸引读者阅读,是我们驾驭人生、改造生活、追求事业成功的有力武器,是通往成功之路的必要途径。

把语言写生动是一个语言信息形象化、具体化的过程。文章是写给人读的,读的过程是一个在头脑中解码再现的过程。所有与人感官经验直接连接的文字信息最容易被人理解再现。把语言写生动,就是用形象、具体、可见可感的内容,将文字与读者的生活经验连通,使读者在头脑中形成画面感,从而更直观、细腻、深入地传情达意。

遵循这一基本规律,把语言写生动可以从两个维度入手:一是具体化,二是形象化。

一、具体化

所谓具体化,就是把对象描写得更细致、全面,给读者提供更多信息。换言之,只要想写生动,一定要比原来具体,一定要多费些笔墨,具体的过程包含三步。

（一）明确写的对象

可能是一个人、一件物、一处景的某方面特点,比如"这个男孩学习特别刻苦""这只烧鸡美味至极""春天郊外一片生机勃勃"。

也可能是一种行为、一种过程、一种情感,比如"父亲去车站对面给我买橘子""我的心从喜悦坠入忧伤""她非常喜欢吉米"。

还可能是一个道理、一个感受、一个观点,比如"身边的老实人往往会带给你冷不防的伤害""我的内心无比压抑""地球在宇宙中是一个微不足道的存在"。

上述内容都是表达时的某个具体表述对象,这些内容本身从含义上是明确的,但同时也是概括和干瘪的,不容易被人感知、理解、认同。要想写具体,首先要先明确这些中心主旨,然后才能围绕中心主旨使表达具体化。

（二）思考追问"怎么"

这一步思考并明确到底从哪些方面写具体,方法就是追问"怎么"。比如:

这个男孩学习特别刻苦——他怎么刻苦了,表现在什么方面?

父亲去车站对面给我买橘子——他怎么买的,有哪些具体动作?

地球在宇宙中是一个微不足道的存在——怎么就算微不足道了,有哪些表现?

这种"追问"仅提供了一个思考具体化的入口,在表达时,我们还要对"怎么"之后的回答方向有一个基本认知。有时候,回答"怎么",可以添加一个修饰语,有时候可以增加一个比喻句,有时则是增加一整段细致描写。

但无论添加什么,首先要明确,写具体的行文方向和侧重点。这里有两类基本思路和方向。

1. 对于静态对象,可尝试从不同角度、不同侧面写　如写景,可以从不同方位、视角、距离、感官体验来写。写人的外貌,可从眼睛、肤色、头发、身材、衣着等不同方面思考。写人的性格,可从语言、动作、神态等不同角度入手。比如朱自清《春》里面描写小草的句子:

小草偷偷地从土里钻出来,嫩嫩的,绿绿的。园子里,田野里,瞧去,一大片一大片满是的。坐着,躺着,打两个滚,踢几脚球,赛几趟跑,捉几回迷藏。风轻悄悄的,草软绵绵的。

怎样把"小草"写具体呢?作者选择了几个不同的角度:一是情态,"偷偷地从土里钻出来";二是观感,"嫩嫩的";三是颜色,"绿绿的";四是数量,"一大片一大片";五是与人接触的触感,"软绵绵的"。

这些不同角度和侧面是一种构思路径指引,本身内部没有太强的逻辑要求,写具体时,可以选多个角度,也可以只侧重一个方面。

2. 对于动态的对象,可以尝试抓住过程中的各个节点细节来写

（1）写动作,可将大的动作过程分成几个细微的动作,分别描写其情态。比如朱自清《背影》

描写父亲过铁道买橘子：

（父亲）蹒跚地走到铁道边，慢慢探身下去，尚不大难。可是他穿过铁道，要爬上那边月台，就不容易。他用两手攀着上面，两脚再向上缩；他肥胖的身子向左微倾，显出努力的样子。这时我看见他的背影，我的泪很快地流下来了。

一个过铁道的动作，被分解成"探身""攀""缩"分别进行描写，整个过程就十分具体，更能传达父亲为儿子一心付出的内心感情。

（2）写变化，可以抓住变化过程中几个节点的特征来写。如下面这段昙花开放的描写：

昙花开放了，在海带状的绿叶间，娇嫩的花蕾正在微微颤动，筒裙似的花托，拢不住丰腴的白玉般的花苞，渐渐地裂了开来；雪白的花瓣从花托中间轻轻地探了出来，一片，两片，三片……接着成束成束的金黄色的花蕊栩栩挺立，中间一根柱状雄蕊高高翘起。

先写花蕾微微颤动，次写花托渐渐裂开，再写花瓣轻轻探出，最后写花蕊栩栩挺立，抓住开花过程中的几个节点，细细写来，具体而生动，让人感觉如在眼前一般。

（三）确定方向写具体

写具体的最后一步就是在明确了表达的侧重点和方向之后，运用写作技巧，调用组织语言完成具体化的表达。这里没有一定之规，在很大程度上取决于写作者的文字功力。但有一条大的原则，就是要把文字写得形象，有画面感。

这也就是把语言写生动的第二个维度要解决的问题——把抽象的内容形象化。

二、形象化

人天生不喜欢抽象事物，对于语言文字，更喜欢有画面感、能和自己生活经验相连通的信息。因此在把语言写生动的过程中，具体化是一种整体策略，形象化则是具体化的内容追求。

把语言写形象的方法分两大类，一类是调动身体感官，另一类是打通生活经验。

（一）调动身体感官

身体感官就是人体的各种感觉：视觉、听觉、味觉、嗅觉、触觉，以及对温度、对疼痛、对身体感到舒适或异常的各种体验。

这些身体感官是人最熟悉的、最容易理解的感受。形象化的表达，经常借助这一规律，将表达对象的特点，与身体的各种感觉连通，从而让读者更加形象化地理解内容。调动身体感官的方法又可分为三种。

1. 表达对象本身具备感官可感性，直接调动感官来描写　感官可感性，是指表达内容本身通过人的感官是可感受的。我们从不同感觉入手，把它写得具体形象。比如老舍《骆驼祥子》中描写天气炎热的一段：

街上的柳树像病了似的，叶子挂着层灰土在枝上打着卷；枝条一动也懒得动，无精打采地低垂着。马路上一个水点也没有，干巴巴地发着白光。便道上尘土飞起多高，跟天上的灰气连接起来，结成一片毒恶的灰沙阵，烫着行人的脸。处处干燥，处处烫手，处处憋闷，整个老城像烧透了的砖窑，使人喘不过气来。

老舍调动了视觉（柳树、马路、尘土）、触觉（烫手）、身体感觉（干燥、憋闷、喘不过气来）把当时烈日下的酷热描写得非常形象可感。

2. 表达对象本身具备某方面感官可感性,但却用另一种感觉来表现　这种方式在修辞格上叫通感,就是打通不同感觉,用具有相通之处的A感觉描摹B感觉。这样会产生多感官叠加的形象感和新奇感,用得好会产生生动形象的表达效果,文学大师钱钟书和朱自清等都是通感高手,我们从他们的作品中摘录几例欣赏。

(1) 视觉——听觉:方鸿渐看唐小姐不笑的时候,脸上还依恋着笑意,像音乐停止后袅袅空中的余音。

(2) 视觉——味觉:唐小姐妩媚端正的圆脸,有两个浅酒窝。天生着一般女人要花钱费时、调脂和粉来仿造的好脸色,新鲜得使人见了忘掉口渴而又觉得嘴馋,仿佛是好水果。

(3) 嗅觉——听觉:微风过处送来缕缕清香,仿佛远处高楼上渺茫的歌声似的。

3. 表达对象本身不具备感官可感性,借助感官体验使之形象化　生活中一些虚无缥缈的心理感受,一些抽象的观点道理,如果与某种身体感受有相似相通之处,我们都可以拿过来,借感官体验使其形象再现。看下面几例:

(1) (苏小姐)冷淡的笑容,像阴寒欲雪天的淡日,拉拉手……鸿渐想去年分别时的拉手,何等亲热;今天握她的手像捏着冷血的鱼翅。(心理上的冷淡感——触觉上的冰冷感)

(2) 忠厚老实人的恶毒,像饭里的沙砾或者出骨鱼片里未净的刺,会给人一种不期待的伤痛。(心理上的冷不防——身体上的骤然伤痛)

(3) 这春气鼓动得人心像婴孩出齿时的牙龈肉,受到一种生机透芽的痛痒。(心理上的难言体验——身体上的复杂感受)

(4) 这一张文凭,仿佛有亚当、夏娃下身那片树叶的功用,可以遮羞包丑,小小一方纸能把一个人的空疏、寡陋、愚笨都掩盖起来。(抽象事物特性——可感视觉形象)

(二) 打通生活经验

当读者对于表达内容不熟悉、难理解、难想象的时候,我们可以借助于读者的生活经验,通过文字,在表述事物特征和读者生活经验之间架设一个桥梁,让读者易于理解、乐于接受、便于想象,从而达到形象生动的目的。

1. 打比方、作类比　用读者熟悉的生活场景、生活经验,通过比喻或类比的方式来描摹比拟表达对象,往往产生一种形象生动之感。我们可以参考借鉴下面几种典型类型。

(1) 以现象比现象。钱钟书《围城》中一段:

张先生(吉民)跟外国人来往惯了,说话有个特征……喜欢中国话里夹无谓的英文字。他并无中文难达的新意,需要借英文来讲;所以他说话里嵌的英文字,还比不得嘴里嵌的金牙,因为金牙不仅妆点,尚可使用,只好比牙缝里嵌的肉屑,表示饭菜吃得好,此外全无用处。

用镶金牙和牙缝嵌肉屑两个人们熟悉的生活现象来譬喻讽刺人物说话夹带英文的毛病。奇思妙想地将看似风马牛不相及的两类现象勾连在一起,让人感觉新奇而生动。

(2) 以景物比景物。苏轼《记承天寺夜游》中有关月色的描写:

庭下如积水空明。水中藻、荇交横,盖竹柏影也。

用更熟悉的积水清澈之景来比拟较难言说的月色清明之景。

(3) 以感受比感受。张爱玲《白玫瑰与红玫瑰》中的经典譬喻：

娶了红玫瑰，久而久之，红的变了墙上的一抹蚊子血，白的还是"床前明月光"；娶了白玫瑰，白的便是衣服上沾的一粒饭黏子，红的却是心口上一颗朱砂痣。

以具体的生活中的喜爱与厌恶感受来譬喻较抽象的情感。

(4) 以道理比道理。这种类比说理方式在中国传统的劝谏表达中非常常见，比如著名的"邹忌讽齐王纳谏"，邹忌借助生活中妻子、客人和妾出于不同心态和目的赞美其比城北徐公美使其受到蒙蔽一事，得出人应当有自知之明的道理，并用这个生活经验和道理去类比一国之君所受到的蒙蔽更甚，更要有自知之明、更要广开言路的道理，从而很好地达到了劝谏的目的。

2. 比拟 比拟就是将没生命的事物比拟成有生命的事物，把它们当成人或人们熟知的生命体来写。因为人对自身的各种生命体验和生活体验最熟悉。比拟是一种让普通事物鲜活起来、生动起来的重要手法。下面是《围城》中著名的拟人段落：

这辆车久历风尘，该庆古稀高寿，可是抗战时期，未便退休。机器是没有脾气癖性的，而这辆车倚老卖老，修炼成桀骜不驯、怪僻难测的性格，有时标劲像大官僚，有时别扭像小女郎，汽车夫那些粗人休想驾驭了解。它开动之际，前头咳嗽，后面泄气，于是掀身一跳，跳得乘客东倒西撞，齐声叫唤，孙小姐从座位上滑下来，鸿渐碰痛了头，辛楣差一点向后跌在那女人身上。这车声威大震，一口气走了一二十里，忽然要休息了，汽车夫强它继续前进。如是者四五次，这车觉悟今天不是逍遥散步，可以随意流连，原来真得走路，前面路还走不完呢！它生气不肯走了，汽车夫只好下车，向车头疏通了好一会，在路旁拾了一团烂泥，请它享用，它喝了酒似的，欹斜摇摆地缓行着。

这里，作者用比拟并非出于怕读者对车老旧难以理解，而是照直叙述非常无聊乏味，运用拟人的方法，老爷车真的宛然一个大老爷一样浮现在读者脑海中，鲜活的画面感倍增。

3. 举例子、讲故事 还有一种方法可以让表达具体形象起来，就是用鲜活的事例、熟悉的现象经验或充满画面感的故事场景来配合比较有概括性的、抽象的或枯燥晦涩的观点、感受。

当你说明一个专业术语时，应尽量借助受众熟悉的生活事例或经验来进行表达。比如有一个TED演讲，是关于男女大脑结构不同的理论，内容非常抽象难懂，作者为了让演讲生动起来，就非常熟练地借助生活事例来帮助观众理解。看下面这个片段：

这个叫胼胝体，两个脑半球中间的这个百万以上的纤维素，它是一个桥，连接两个脑半球，女生厚男生薄。

如果你的桥比较大，那你左到右、右到左跑得比较快，我们果然看到情绪在右边、语言在左边，女生比较会把她的情绪用语言的方式表达出来。我们看到先生太太吵架，先生讲一个字，太太讲十个字。

在教师节的时候，我们看到学生写谢师卡，女生就买空白的卡片，自己动手写：老师，我毕业了,现在在哪里做事,我的男朋友不是你上次看到的那一个。男生一样记得老师,可是不会自己动手写,买个现成的卡片,上面印着"师恩难忘"就给你寄来了。

里面讲完胼胝体的男女特点,立刻用了夫妻吵架和男女生寄贺卡两个场景事例来辅助说明,使晦涩的内容顿时变得浅显生动。

案例分析

一、案例呈现

滋补蒸鸡文案

某饭店推出新招牌菜"滋补蒸鸡",需要撰写文案推广。经理找到两个人同时写,结果如下。

第一个人的文案:

滋补蒸鸡,选用生态活鸡,奉献最纯正、最鲜嫩的鸡肉,呈现出食材的健康、新鲜与品质。以原味干蒸的方式加入滋补药膳烹制,肉嫩汁肥、甘美醇厚、溜滑口感,具有温中益气、补精填髓的功效,为滋补养生、提气醒神的佳品。

第二个人的文案:

整个蒸鸡有一颗小西瓜那么大,用精致光亮的锡纸包裹着。打开锡纸,一只完整的金灿灿的蒸鸡映入眼帘,一股烟向上飘起,你会闻到热鸡肉鲜香的味道,没有防备,你的口水已经悄悄流下。

你戴上两只手套掰下鸡腿,刚出炉的鸡腿有点烫手,你下意识地对它吹了口气。鸡皮渗着汁水晶莹发亮,咬了一口,鲜嫩的鸡肉终于进入你的口腔,你尝到鸡肉和盐混合的鲜美,还尝到枸杞的酸甜和一点当归的药香味。你以前可能吃过干涩难嚼的鸡肉,这次不同,你发现这整只鸡都充满了汁水,每一口都滑溜顺口,毫无阻力,大口咀嚼的时候,耳朵里好像能听到鸡汁四射的声音。

随鸡附赠了一包辣椒面——那是绝对的人间美味!倒在小碟里,变成一座红色碎末小山丘,拿一块鸡肉蘸一下,再放进你的嘴里,那一秒,咸辣味、茴香味、孜然味和鸡肉味在口腔里一齐"炸开",惊艳到你身体为之一颤。你发现自己莫名其妙嘴角上扬,忍不住微笑起来!

不到15分钟,整只鸡已经被你消灭干净,你会感觉有点撑,却意犹未尽。看到锡纸上残留着鸡汤汁,你毫不犹豫地往嘴里倒,温热的汤汁从喉咙流到胃里,全身一阵暖。

二、案例分析

1. 请说一说,读完两个文案的不同感受,从吸引顾客的效果看,你认为哪个文案更好?为什么?

扫码看答案

2. 请分析,第二个文案是从哪几个方面把蒸鸡写具体的?

3. 请分析,第二个文案在形象化表达蒸鸡特点时,调用了哪些感官描写?把它们整理出来。

4. 请分析,第二个文案在形象化表达时,哪里用到了类比和比拟手法?

语言实践

一、将下面一段文字改写,调动各种感官添加细节,让吃早餐的过程更加生动并表达一种喜悦的情绪

今天我起得很早。老公已经为我备好早餐,一个奶油面包、两根香肠、一个荷包蛋外加一瓶牛奶。我很喜欢面包上的奶油,就是有点甜。香肠烤得恰到好处,吃起来有嚼头。煎荷包蛋火候刚好,牛奶也很好喝。

二、从下面三个备选内容中任选一个,运用打比方的方式生动形象地表达一个关于"团队"的观点哲理。 表达时要抓住喻体某方面与观点之间的相似性,借助读者对喻体特点的认知经验理解你的观点

①一个团队就像一个木桶;
②一个团队就像一个手掌;
③一个团队就像一条铁链。

三、请完成一段不少于 300 字的景物描写,要求综合运用各种写作具体化、形象化的策略方法

拓展延伸

知识的诅咒

有一个很著名的心理学实验,叫知识的诅咒(curse of knowledge)。1990 年,伊丽莎白·牛顿在斯坦福大学通过研究一个简单的游戏而获得了心理学博士学位。在这个游戏中,她把参与

者分为两种角色,即敲击者和听众。敲击者拿到一张列有 25 首名曲的单子,每位敲击者挑选一首,把节奏敲给听众听(通过敲桌子)。听众的任务是根据敲击的节奏猜出歌曲。

这个游戏中听众的任务很艰巨。在伊丽莎白的实验过程中,人们敲出了 120 首曲子的节奏。听众只猜出了 2.5% 的曲子,即 120 首中的 3 首。但是,在听众猜歌曲名前,伊丽莎白让敲击者预测听众猜对的概率,他们预测概率为 50%。也就是说,敲击者传递的信息四十次中才有一次被理解,但是他们认为两次中就有一次,为什么呢?

当一个敲击者敲打的时候,听到的是自己脑子里的歌曲。但是,听众听不到那个曲调——他们所能听到的只是一串分离的敲击声。

在实验里,听众要付出很多努力才能辨出乐曲,敲击者会对此感到震惊:难道不是很明显就能听出来吗?当听众猜错时,敲击者的想法可能是:你怎么会这么蠢呢?

敲击者已拥有的知识(歌曲题目)让他们想象不到,听众在缺乏这种知识情况下,听敲击会是什么情形。当他们敲击的时候,他们不能想象听众听到的是那些独立的敲击声而不是一首曲子。这就是"知识的诅咒"。一旦我们知道某样东西,我们就会发现很难想象不知道它是什么样子。我们的知识"诅咒"了我们。

"知识的诅咒"实验告诉我们,当我们向他人传递知识信息时,想要避免过于概括、抽象和晦涩,就要善于运用各种方法,将语言变得形象、具体,与读者和听众的感官体验及生活经验产生联系。

第三节

让文字更顺畅

▶ 情景再现

某总公司的计算机网络管理员小赵应总部要求,为各个分公司举行信息安全与风险管理的交流分享活动。活动中他只是简单按照总部出台的相关规定向大家边读边讲相关内容,结果效果不太好。

回来后,他认真反思,决定重新修改自己的分享内容。他首先明确了举行分享活动的目的是让同事们明确信息如果不加防范后果很严重,要让全员都重视信息风险防控,掌握规避信息安全风险的技巧。主题是"防微杜渐——远离信息安全风险"。然后按图 4-1-1 所示的结构重新设计了分享内容。

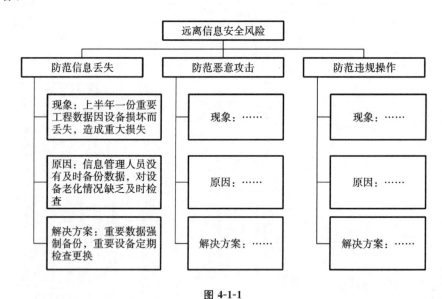

图 4-1-1

小赵带着修改后的内容再次与各个分公司进行分享交流,同事们听得非常认真,结束时小赵赢得了大家的热烈掌声。

▶ 知识积累

从上面的情景案例能够看出,表达内容的逻辑性和条理性,对于表达效果起着至关重要的作用。想让写出的文字更加顺畅,尤其是议论说理的文字,就要加倍重视内容的内在逻辑性。

一篇文章,内容之所以在信息接收者心里形成清晰明确的印象,是因为其内在的逻辑推理判断符合人们的思维规律,因此我们对于思维层面的推理判断规律也要有所了解。

一、说服别人——用演绎推理

要让别人接受一个观点、见解或建议时,我们往往需要借助演绎推理的方式来增强表达内容的内在逻辑性和说服力。

(一)什么是演绎推理

所谓演绎推理,就是由一个具有普遍性、一般性的认知判断,去推论一个个别的、特殊的现象的推理方法。举例如下(图4-1-2)。

图 4-1-2

在这个例子中,"所有鸟都有羽毛"就是一个具有普遍性、一般性的认知判断,在逻辑学中把它称为大前提,"麻雀有没有羽毛"就是需要利用大前提去推断的个别现象。"麻雀是鸟"是这个推理过程中的关键一环,这个判断被称为小前提。如果大、小前提同时成立,则可以无可辩驳地推出结论"所有麻雀都有羽毛"。

(二)演绎推理在实际表达中的应用

演绎推理的标准三段论样式在语言表达的实践中,既有比较完整的标准样式,也有根据需要发生变形的变式。下面列举几个应用样式供参考。

1. 标准式演绎推理　在表述中,大、小前提和结论均明显出现,能够展示出论证的强大逻辑。比如鲁迅先生在《"丧家的""资本家的乏走狗"》中,为了论证"梁实秋是资本家的走狗"这一观点,就运用了标准的演绎推理模式,我们来看一下。

大前提:凡走狗,虽或为一个资本家所豢养,其实是属于所有的资本家的,所以它遇见所有的阔人都驯良,遇见所有的穷人都狂吠。不知道谁是它的主子,正是它遇见所有阔人都驯良的原因,也就是属于所有的资本家的证据。即使无人豢养,饿的精瘦,变成野狗了,但还是遇见所有的阔人都驯良,遇见所有的穷人都狂吠的,不过这时它就愈不明白谁是主子了。

小前提:梁先生既然自叙他怎样辛苦,好像"无产阶级"(即梁先生先前之所谓"劣败者"),又不知道"主子是谁"。

结论:那是属于后一类的了,为确当计,还得添几个字,称为"丧家的""资本家的乏走狗"。

2. 半变形式演绎推理　演绎推理包含一个大前提和一个小前提,所谓半变形式演绎推理,分为两种。

一种是把大前提作为不言自明、大家公认的一般公论直接隐去不提,主体主要证明"小前提"

的成立,从而论证表达者的观点。以谢冕的《读书人是幸福人》中的一句为例。

隐含不提的大前提:凡是做不断增广知识、感化陶冶精神的事的人就是幸福的人。

着重论述的小前提:读书加惠于人们的不仅是知识的增广,还在于精神的感化与陶冶。

结论:所以说读书人是幸福人。

另一种是把小前提当成不言自明的前提条件直接隐去或一笔带过。主体着重论述大前提的成立,从而雄辩地得出结论。以陶铸的《崇高的理想》中的句子为例。

着重论述的大前提:理想是有社会性、阶级性的。在什么样的社会,就会产生什么样的理想;什么样的阶级,更确切地说,站在什么样的阶级立场上,就有什么样的理想。

隐含不提的小前提:同学们处在社会主义社会,站在无产阶级立场。

结论:我希望每一个同学都要有这个(指共产主义)崇高的理想,把自己最好的年华、把自己的一生贡献给这个崇高的伟大的共产主义事业。

3. 全变形式演绎推理　在语言表达实践中,最常见也是最实用的方式是采用**"发现问题—分析问题—解决问题"**的论述结构,有人也称之为**"现象—原因—解决方案"**的论述结构。这种方式是将演绎推理的大、小前提,全都隐含在论述中不明确提出。如下面这个生活中的实例:

某人参加一个好友的婚礼,典礼上主持人邀请他上台发言。这位新郎的朋友这样说道:"今天出门前,我儿子问我'爸爸,什么是结婚?'我告诉他,结婚就是两个人决定幸福地生活在一起。他又问我'结婚就能幸福吗?'我得承认,这个问题难住了我……然后,我做了一下功课,看了看怎样才能幸福。于是发现了三个关键:第一是夫妻之间能够互相体谅;第二是彼此能做到互相欣赏;第三是双方总是能很好地控制情绪。刚好,这就是在大家眼中,你们俩的样子。现在我儿子就坐在台下,这是他第一次参加婚礼。我相信,这将会是他眼中最幸福的婚礼,祝愿你们成为孩子们幸福的楷模,我们真诚地祝福你们!"

在这个案例中,发言人采用的就是典型的"发现问题—分析问题—解决问题"的论述结构,但其中暗含的是一个演绎推理的过程(图4-1-3)。

二、展示内容——用归纳推理

当我们的表达目的是向他人展示我们的方案设计、分析研究、经验体会等内容时,就可以通过归纳推理的方式,清晰地罗列要点,增强表达的逻辑严谨性。

(一)什么是归纳推理

归纳推理就是从许多个别的事物中概括出一般性概念、原则或结论的推理方法。举例如下(图4-1-4)。

从表达的角度,"所有三角形的内角和都是180°"相当于一个要表达的中心观点,它往往以标题的形式出现,如何让人深入理解、认同这一观点呢?这时可以采用归纳的方式,把三角形按角度分成锐角、直角、钝角三类,在这一级标题下分列出几个要点,每个要点说明一种三角形的内角和的情况。三个要点表述完了,自然就能归纳出本部分的中心观点,即"所有三角形的内角和都是180°"。

(二)归纳推理应用的关键——列出要点

前面我们已经知道,表达中的归纳推理,本质特征是在一个中心观点下清晰地呈现几个并列

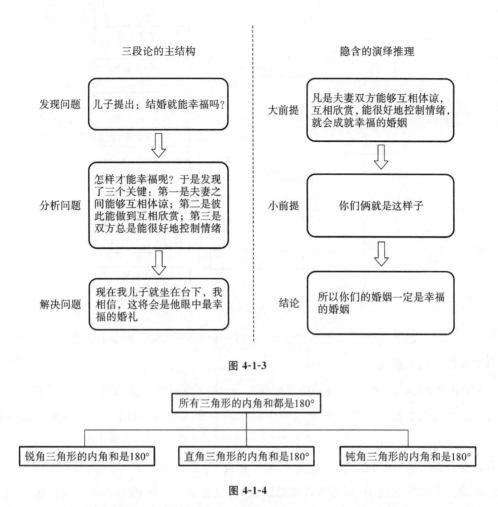

图 4-1-3

图 4-1-4

关系的不同要点。通过列出要点，就能把要表达的内容迅速结构化，这既可以帮助我们顺畅表达，也有助于听众或读者高效率接收信息。

比如在一个培训结业仪式上，主持人邀请你代表学员发言。你如果站起来语无伦次地说一大堆，把自己的评价、感受、建议混在一起毫无章法地说出来，效果一定大打折扣。如果把自己的众多感受进行合理归类，按不同性质分成三个方面，每个方面的感言都分列出几个小的要点，就是典型的运用归纳推理形式展开表达内容，如此条理清晰的表达结构，一定会让你的发言获得满堂喝彩(图4-1-5)。

(三) 列出要点的关键——把握分类角度

从上面培训感言的例子，我们不难看出，对于如何列出条理清晰、逻辑严谨的要点，选择什么样的分类角度（维度）至关重要。要想让信息接收者清晰顺畅地接收信息，分类角度的选择必须简单明了，符合人类的认知习惯，容易被人接受。

1. 常用的分类角度　常用的角度有以下两大类。

(1) 时间角度：所有带有过程性的事物，我们都可以按时间、进程进行归纳分解。

(2) 结构角度：适用于比较复杂的事物。我们可以尝试从构成该事物的不同种类、不同性质、不同特征、不同级别、不同功能、不同路径、不同构成要素等众多角度进行归纳分解。

2. 科学分类的原则　有人认为只要在表达时拟定小标题，列出了一二三，就算有要点了，其

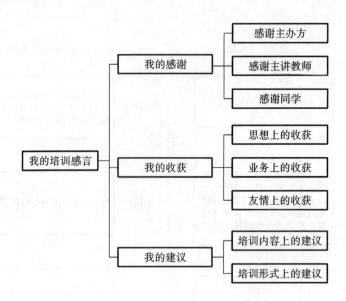

图 4-1-5

实不然。表达时列出的要点是不是条理清晰,本质上取决于要点分类是否恰当。科学严谨的分类应当遵循以下两个原则。

(1) 标准角度一致原则。针对一组思想观点,一次分类必须只能采用一个标准或角度,不能两个标准或角度混杂使用。混杂两个或两个以上的标准或角度,会给人造成思维混乱的感觉。比如将"笑"分解成"尴尬的笑""哈哈大笑""得意的笑",就明显使用了两个标准。会让人产生疑惑和混乱:"得意的笑"不可以是"哈哈大笑"吗?因此,我们在罗列要点时,所有同一级别的要点,要选定一个固定的标准或角度,当然在构思阶段,可以尝试用不同的标准或角度多次分类,但要确保每一次只用一个标准。

(2) 不重叠、不遗漏原则。为了保证结构的逻辑严密,我们在分类时,应该确保所分解的各个子项,在这一角度下,既相互独立没有交叉重合,又涵盖了所有可以划分的类型没有遗漏。比如推断一个人死亡的原因,如果分成以下四类原因,即意外事故、自杀、生病、自然灾害,就明显存在着问题,比如遗漏了"被别人谋杀"这一种可能。而"自然灾害"显然不和前三个在一个层面上,它只是"意外事故"里的一个方面。这样的分解就容易让人产生思维的混乱感。因此我们在分类列出要点时,要尽可能地全面,同时避免相互之间交叉重合。

需要指出的是,不重叠、不遗漏只是理想状态,是出于逻辑严谨、思考周密的要求。在实践中,能不能科学分类,往往取决于表达者对思考对象本身的认知水平。换句话说,只有对表达对象的功能有透彻了解,才能想到按功能来进行分类,并做到不重叠、不遗漏。

另外,表达不都是做学术研究,在一些领域和场合,要点列得不全,但只要逻辑方向正确,也并不会对结论的得出产生重大影响。

(四)列要点的最后一步——排好顺序

当中心思想下面各个"分说"的要点已经归纳或划分出来之后,我们还有一个重要的工作,就是按照人类认知习惯,遵照一定逻辑对内容进行合理排序。常见的顺序如下。

1. 时间上的先后顺序　包括从古到今、从开始到结束、从过去到未来、从兴到衰等。叶圣陶的文章《景泰蓝的制作》，就是按时间先后顺序，叙述了景泰蓝这一手工艺品由制胎到掐丝、点蓝、烧蓝、打磨、镀金的工艺流程。

2. 方向上的依次顺序　方向上的依次顺序包括前后顺序、左右顺序、高低顺序、远近顺序、内外顺序、顺时针顺序、逆时针顺序等。贾祖璋的《南州六月荔枝丹》对荔枝果的介绍就采用了由外到内的顺序，先后介绍了荔枝的壳、膜、肉、核等部分。

3. 属性上的程度顺序　属性上的程度顺序包括轻重顺序、大小顺序、高低顺序、急缓顺序、多少顺序、快慢顺序等。冯友兰的《人生的境界》就是按觉解程度的由低到高，依次阐述了自然境界、功利境界、道德境界和天地境界。

4. 抽象的逻辑顺序　抽象的逻辑顺序包括因果顺序、主次顺序、主客观顺序、内外因顺序、事物不同等级顺序等。谢冕的《读书人是幸福人》分析读书人是幸福人的两个原因，就是按照由次要到主要顺序排列：先是"读书可以增广人的知识"，然后是"读书可以感化陶冶人的精神"。

对于表达的条理性，顺序本身不分好坏，但不能混用两种顺序，或在同一顺序中打破习惯的排列顺序。比如可以是"大—中—小"，也可以是"小—中—大"，但不可以是"大—小—中"，也不可以是"小—大—中"。

案例分析

一、案例呈现

在"情景再现"中我们提到了小赵准备分享活动发言稿的故事，请参看前文小赵的发言稿提纲。

二、分析与思考

1. 请结合所学知识，分析小赵发言稿提纲中，一级标题体现了哪种推理论证方式？其要点是按什么角度划分的？这样设计一级标题有什么优势和不足？

2. 通过二级标题给出的内容，请你判断，小赵在这一层级，采用的具体论证结构是什么？这样设计有什么好处？

语言实践

一、请从下面观点中任选一个，遵循"先总后分，结论先行"的表达策略，尝试从"是什么""为什么""怎么做"三个角度选择一个，列出三个二级论述要点，构成一个**三段式论述提纲**

备选观点：

- 走进职校是我无悔的选择
- 实践是学好专业的钥匙
- 我热爱烹饪专业（可改成自己的专业）
- 打游戏不一定是坏事
- 学习需要自主精神
- 学校不应该实行手机管制

我的三段式论述提纲：

扫码看答案

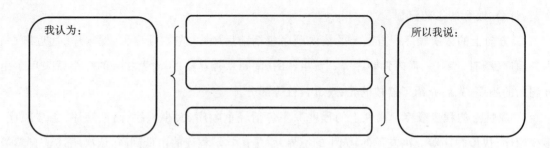

二、林立在服务行业担任销售经理,近期,公司要求他给公司的客服和销售人员进行一个培训,主题是"如何与顾客拉近距离"。林立做了一番功课,罗列了下面一些与顾客拉近距离的具体方法技巧,但苦于没有构建出一个重点突出、条理清晰的表达结构。请你选择一定角度,对下面素材进行归类概括,帮林立构建一个三级发言提纲

林立整理的与顾客拉近距离的方法技巧素材如下:

- 我一直保持微笑和目光的接触
- 我不只是单单回答顾客的提问
- 我让顾客把话说完,也不打断和猜测顾客还没有说完的话
- 我提出适当的问题来询问顾客以保持对方的兴趣
- 如果顾客表现出不耐烦或是不要被打扰时,我尊重顾客的意愿
- 如果顾客在某项产品前逗留时间较久,我会轻柔地再次询问顾客是否需要协助
- 我会展现我个人的风格和提供我个人的建议
- 我总是使用正面的语言
- 当顾客没有购买什么东西要离开时,我会递上产品宣传册,欢迎他们再次惠顾

参考结构图:

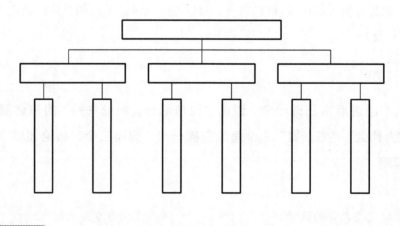

▶ 拓展延伸

MECE 原则

MECE,是"mutually exclusive collectively exhaustive"首字母的缩写,中文意思是"相互独

立,完全穷尽"。也就是对于一个重大的议题,能够做到不重叠、不遗漏地分类,而且能够借此有效地把握问题的核心,并形成有效解决问题的方法。

它是麦肯锡的第一个女咨询顾问芭芭拉·明托(Barbara Minto)在《金字塔原理》中提出的一个很重要的原则。

所谓的不遗漏、不重叠指在将某个整体(不论是客观存在的还是概念性的整体)划分为不同的部分时,必须保证划分后的各部分符合以下要求:①各部分之间"相互独立"(mutually exclusive);②所有部分"完全穷尽"(collectively exhaustive)。

MECE是麦肯锡思维过程的一条基本准则。"相互独立"意味着问题的细分是在同一维度上并有明确区分、不可重叠的,"完全穷尽"则意味着全面、周密。

在我们分析事实、创建假设、证明或证伪假设的每一步上,都贯穿着MECE的思维准则。结构化思维的本质就是逻辑,其目的在于对问题的思考更完整、更有条理。但"结构"不是"解构",结构化的思维并不意味着将问题机械、简单地肢解。事实上,客户的问题多是一团相互纠缠、纵横交结的乱麻,结构化的思维在于帮助我们一个一个找到源头,理清思路,而不是否认事物之间的相互联系。

主题二
职场文书有规范

◆主题说明

对于一名立志走上管理岗位的服务工作者，能够写出符合规范的各种职场工作需要的文书，是必备的技能。

在这个主题中，我们将会学到工作中比较常用的三种商务文书：商务信函、致辞和工作总结。通过学习这些文书的格式和写作技巧，力争每个人都能写出一份符合规范的职场文书。

第一节

商务信函

▤▶ 情景再现

9月8日上午9:00，××国际会展中心3号大厅将举办大型厨房用品展览会的开幕典礼，现举办方×××厨具集团公司李总经理拟邀请国内厨具行业知名企业专家郭阳先生为开幕式剪彩。作为该厨具集团公司总经理秘书，请你代李总经理撰写邀请函。

接到这样的任务，你该如何完成好呢？

▤▶ 知识积累

在商务礼仪活动中，邀请函和请柬经常用于正式邀请嘉宾出席会议、庆典、展览、宴请活动，起到礼仪活动通知书的作用。这类文书字数不多，但却充当着"商务大使"的作用，需要认真严谨地书写。"情景再现"中的秘书要想完成好总经理交给的任务，首先要了解邀请对象的身份，其次要掌握邀请函的结构与写法等。

一、邀请函

1. 概念及特点 邀请函是活动主办方为了郑重邀请其合作伙伴参加其举行的重要礼仪活动而制发的书面函件，具有文字性、广泛性和非保密性等特点。

2. 结构与写法（表4-2-1）

表4-2-1

主要内容	具体说明
标题	由礼仪活动名称＋文种构成。如"××公司春季订货会邀请函"
称谓	使用统称，并在称谓前加敬语。如"尊敬的××先生/女士"或"尊敬的××董事长"
正文	（1）问候语："您好"。 （2）活动内容：活动目的、主题、内容、时间、期限、地点、要求、联系方式等。 （3）其他要求。重要的庆典活动一般要对被邀请对象提出参加活动的要求。如参会人数、参会人员性别、参会人员的民族习俗、参会证件等
结尾	书写常用的邀请函用语。如"届时恭请光临""敬请光临"等
署名和日期	

3. 写作要求

（1）邀请函的细节必须交代清楚。

（2）邀请函的内容一般较简单，除注重礼节外，还要热情诚恳，措辞讲究。

（3）写邀请函的重要原则是提前发出。

4. 注意事项

（1）应使用尊称，感情真挚，表达得体。

（2）语言要精准、热情、友好、礼貌。

（3）篇幅应短小，言简意赅。

下面列举两个邀请函的正文模板，一个是直截了当型，另一个是娓娓道来型。

直截了当型邀请函的正文模板如下：

某某单位将于某年某月某日某时某分在某地举办某活动，特邀您参加，谢谢！

可能大家会认为这样的邀请函过于简陋。的确是的，但邀请函中的信息已经全部给出来了，而对方需要的也只是这几项信息而已。

娓娓道来型邀请函的正文模板如下：

为（目的），由（某单位）主办的（活动名称）将于（时间）在（地点）举行。会议将邀请（人员）出席，就（方面）进行交流。大会分为（议程/部分）。诚邀贵单位相关负责人出席活动，如蒙参加，请于（某）月（某）日前反馈。

期待您的光临！（或"仅此敦请，恭候来仪！"）

以上介绍的是两种风格邀请函的正文模板，还缺少标题、称呼、落款，你能结合上述所讲解的知识自己完成吗？

二、请柬

1. 概念与特点　请柬是邀请客人时发出的专用信件，又叫请帖。它是各级机关、企事业单位、社会团体或个人邀请有关人员参加某项活动而专门制发的信柬。请柬虽小，却可以传递许多重要信息，具有告知性、礼节性特点。

2. 种类　从外观来看，请柬可以分为折叠式和正反式。折叠式比较豪华讲究，正反式比较简洁朴素（图 4-2-1）。

折叠式　　　　　　　　　正反式

图 4-2-1

从排版形式看，请柬可以分为横式和竖式。如果企业有规范的企业标识，在设计请柬时也要与之统一，以强调和宣传企业形象（图 4-2-2）。

图 4-2-2

3. 文体结构(表 4-2-2)

表 4-2-2

主要内容	具体说明
标题	写"请柬"二字。如果请柬是折页纸,封面上写"请柬"二字,封面还要做些艺术加工,文字使用美术字体,并可烫金或套红。如果请柬是单页纸,第一行正中写"请柬"二字
称谓	写被邀请者(单位和个人)的名称。如"××公司""××先生""××教授"等。称谓有时写在正文之上抬头顶格处;有时将请柬放入信封,称谓写在信封上,请柬上就不再写称谓
正文	要写清被邀请者何时、何地参加是什么活动或会议等
敬语	可写"敬请光临指导""敬请届时出席""敬请莅临"或"此致""敬礼"等
落款	注明发请柬的单位或个人,并写明发请柬的日期(年、月、日),若单位发请柬有时还需加盖公章

4. 写作要求

(1) 文字要通顺明白,不要堆砌辞藻或套用公式化语言。

(2) 要讲究文字美,体现雅致,让人看了觉得礼貌、舒服。

(3) 措辞要根据具体场合、内容、对象等,尽量用口语,通俗简洁。

尽管现在是信息时代,但设计一款漂亮的结婚请柬是每对新人都十分期待的,毕竟这是一生中十分值得记忆和珍藏的时刻。外在的设计可以别出心裁,里面的文字也要字斟句酌。

请　　柬

送呈张××台启：

谨定于×年×月×日(农历××、星期×)为××、××举行婚礼,恭请张××夫妇(张××携家人)光临××酒店,敬邀!

酒店地址:北京市朝阳区复兴路1号××酒店×楼×厅。

婚礼时间:中午11:30。

行车路线:地铁1号线复兴门站或1路、4路公交车复兴门站。

注意事项:天气炎热,望各位宾客注意防晒防暑。

邀请人:××、××

×年×月×日

上面这份请柬具备了正文的三大基本要素:事由、时间、地点。通俗来讲就是:谁的婚礼,婚

礼举行的准确时间、地点、婚宴酒店名称、地址和厅号。此外，这份请柬还注意了三点：首先是正确书写被邀请人的全名，其次是提示携带家属，最后是做了天气的温馨提示，当然第三点不是必需的，但显得很亲切。

5. 邀请函与请柬的区别（表 4-2-3）

表 4-2-3

		邀 请 函	请 柬
相同之处		(1) 功能上，二者都是邀请对方参加某项活动的书面通知，可作为入场券证。 (2) 特点上，二者均须庄重、明达、美观。 (3) 写作要点上，二者在标题、称谓、署名等处有相同或相似之处	
不同之处	使用人、使用范围有区别	多为单位发出的公务活动	偏重于礼节性活动，如开幕式、婚礼等
	是否需要回复有区别	一般需被邀请者回复是否接受邀请	不用回复
	写作要点有区别	(1) 标题有两种写法。 (2) 正文内容相对于请柬更详细，多采用条项形式或分段式，写明活动内容、时间、地点、联系方式等。 (3) 一般不写结语，如果写，可写"此致""敬礼""敬请光临"等祝颂语	(1) 标题只写"请柬"二字。 (2) 正文较简单，只需说明活动时间、地点等。 (3) 正文写完，另起一行用敬语作为结语，敬语必须用雅语

三、电子信函（电子邮件）

1. 概念与特点　电子邮件是当今时代人际交流的重要文书样式，它既可用于处理公务，又可用于私人交往，起着沟通信息、交流感情的作用。使用电子邮件不仅安全、保密性强、节省时间，还不受篇幅、时空的限制，传输速度快，而且可以大大降低通信费用。电子邮件为信息时代人们的快节奏、高效率信息传递提供了便利。

2. 结构与内容　电子邮件由邮件头和正文构成。邮件头包括收件人、抄送人地址、主题（邮件名称）、发件人地址等内容。正文包括三部分内容。

(1) 信头：第一行顶格写对收件人的称呼。

(2) 信体：开门见山直入主题，告知事宜、传递信息、分享情绪等。

(3) 信尾：写明发件人姓名、日期。

3. 写作要求及注意事项

(1) 主题要明确。一封电子邮件，通常只有一个主题，使收件人一目了然。

(2) 语言要流畅。电子邮件要便于阅读，引用的数据、资料最好注明出处，以便收件人核对。

(3) 内容要简洁。时间宝贵，所以电子邮件内容应简明扼要，短小精悍。

(4) 结构要完整。要有"头"有"尾"，有称谓有署名，保持应用文体格式规范。

(5) 礼节要注重。一般而言，收到他人的电子邮件后，应即刻回复，既是回复对方所提事宜，又是一种交往礼节需要。

案例分析

案例一

一、案例呈现

尊敬的××先生/女士：

新年即将来临，我们倾情实现网商两大家庭的欢乐相聚，为了感谢您一年来对本公司的大力支持，我们特于××年××月××日14:00在天津××大酒店一层××厅举办××年度客户答谢会，届时将有精彩的节目和丰厚的奖品等待着您，期待您的光临！

让我们同叙友谊，共话未来，迎接未来更多的财富、更多的欢乐！

二、案例分析

1. 请采用"活动名称＋文种"方式，给这份邀请函加个标题。
2. 邀请函正文都写了哪些内容？

3. 邀请函需要落款吗？如果需要，请补充。

扫码看答案

案例二

一、案例呈现

张先生：

您好！我是北京××管理顾问有限公司的王梅，很高兴能够认识您，并有幸将我们公司介绍给您。我们公司的培训主要以素质技能技巧为主，曾经成功地为IBM、惠普、三星、微软、北京移动、信息产业部电信研究院服务过，欢迎您访问我们公司网址，对我们公司进行更多了解。

附件是我们公司擅长的培训课程及讲师简历，请您查收。如有任何问题或者建议请您随时与我联系！

希望我们在未来有合作的机会！感谢您对我工作的支持！祝您工作开心快乐！

二、案例分析

1. 这封电子邮件基本符合写作要求，如_____、_____、_____。
2. 为使电子邮件写作更加规范，信息传达更加准确，这封电子邮件还有哪些需要改进之处？

服务语文

扫码看答案

语言实践

一、制作一份赴宴请柬

学校的"星期五餐厅"从9月的第一周开始正式营业。第一餐想邀请20位老师（新学年被评为"师德标兵"）品鉴。一是为庆祝教师节，为教师送祝福。二是为弘扬师德，用行动表达对教师这一职业的敬重。请以小组为单位，制作请柬。制作完成后各组选派代表做介绍，最后选出一份最佳作品作为活动正式请柬。

二、本节"情景再现"提到的某厨具集团总经理秘书有一个重要任务，即草拟一份邀请函，邀请国内厨具行业知名企业专家郭阳先生为大型厨房用品展览会开幕式剪彩。请以小组为单位讨论，应该如何写好这份邀请函

拓展延伸

1. 礼出于俗，俗化为礼，不仅是往来文书，实际交往中也要注重礼仪。阅读下面这则小故事，希望能给你一点启示。

玉帛成干戈

公元前592年，当时的齐国国君齐顷公在朝堂接见来自晋国、鲁国、卫国和曹国的使臣，各国使臣都带来了墨玉、币帛等贵重礼品献给齐顷公。献礼的时候，齐顷公向下一看，只见晋国的亚卿郤克是个独眼，鲁国的上卿是个秃头，卫国的上卿孙良夫是个跛脚，而曹国的大夫公子首则是个驼背，不禁暗自发笑：怎么四国使臣都是有毛病的。

当晚，齐顷公见到自己的母亲萧夫人，便把白天看到的四个人当笑话讲给萧夫人听。萧夫人一听便乐了，执意要亲眼见识一下。正好第二天是齐顷公设宴招待各国使臣的日子，于是便答应让萧夫人届时躲在帷帐后面观看。第二天，当四国使臣的车一起到达，众人依次入厅时，萧夫人推开帷帐向外望，一看到四个使臣便忍不住大笑了起来，她的随从也个个笑得前仰后合。笑声惊动了众使者，当他们弄明白原来是齐顷公为了让母亲寻开心，特意做了这样的安排时，个个怒不可遏，不辞而别。四国使臣约定各自回国请兵伐齐，血洗在齐国所受的耻辱。

四年后，四国联合起来讨伐齐国，齐国不敌，打败，齐顷公只得讲和，这便是春秋时著名的"鞍之战"。

不尊重别人，不仅是礼仪的缺失，往往还会造成意想不到的恶果。

2. 在各类专用信函中，感谢信也是比较常用的一种。扫二维码，观看微课"表达感谢有套路"，学一学如何写感谢信吧。

微课：表达感谢有套路

Note

第二节

致辞

▶ 情景再现

专业建设是职业学校的核心工作,为了保持专业的生机与活力,促进专业转型升级,学校每年都要举办专业建设指导委员会年度会议。届时,相关专业行业企业专家、教育专家、合作企业代表都会莅临学校,与学校共商发展大计。会议中的一个环节是校长致欢迎词,撰稿这个任务落在了新入职的行政办公室职员小吴头上。

在这样的场合,校长的致辞该怎么写呢?

▶ 知识积累

在商务庆典、吉庆佳节、迎送宴会等各种礼仪活动场合,宾主双方经常用简短讲话表达自己的心情和美好的祝愿,这些讲话稿是商务礼仪场合中经常使用的文本,通常称为致辞。主要的礼仪致辞包括致开幕词、闭幕词、欢迎词、欢送词、祝酒词、答谢词、告别词等。

一、开幕词

1. 概念、特点及注意事项 开幕词是重要会议、重大活动必不可少的致辞,对会议或活动分别起着统筹安排或总结评价的作用。同时它也具有宣告性、提示性和指导性,对弘扬会议或活动的精神主旨具有积极的意义。

开幕词应具有鼓动性,其精神、风格、提法应注重呼应和连贯,语言要简洁流畅,篇幅应短小精悍。

2. 开幕词的结构(表 4-2-4)

表 4-2-4

主要内容	具体说明
标题	通常用会议(活动)名称+文种,也可用主、副标题形式
称呼	通常用"各位代表""各位来宾""同志们""朋友们"
正文	一般是宣布开幕及说明会议(活动)的名称、性质、参与者情况、指导思想、主要任务和过程、意义和作用、希望和要求等
结束语	通常用概括性语句对会议(活动)做出预示性评价,如"本次会议(活动)必将……"最后以"预祝会议(活动)圆满成功"为结束语

在党政机关会议及企事业单位会议上,我们会经常看到领导致开幕词。下面我们来看一篇例文,是某校校长在学校教职工代表大会所致的开幕词。

开幕词

各位代表、同志们：

  学校第八届第二次教职工代表大会现在开幕了！这是我校发展史上一次重要会议,也是我校政治生活中的一件大事！我代表大会主席团向大会的召开表示热烈的祝贺！

  这次代表大会是在全国人民积极贯彻党的十九大报告精神和全国教育大会精神等新形势下召开的一次盛会。朝阳区教育工作委员会对我们的大会非常重视,会前专门听取了筹备工作汇报,对如何开好这次大会做了重要指示,这充分体现了上级党组织对我校工作的高度重视和关心支持。在此,我代表大会主席团和全体代表,向出席大会的各位领导和同志表示热烈的欢迎和衷心的感谢！

  同志们,这次会议的召开,是全体教职工政治生活中的一件大事,广大教职工对我们这次大会寄予了殷切的希望,全体代表肩负着广大教职工的重托。我们一定要珍惜自己的光荣使命,认真严肃地履行好自己的职责,齐心协力地开好这次大会。我们相信,在上级党委的正确领导下,经过全体教职工代表的共同努力,一定能够胜利地完成大会预定的各项任务,把这次大会开成一个团结的大会、胜利的大会！

  最后,预祝大会圆满成功！

这篇开幕词基本上遵循了开幕词的一般结构,比较规范。闭幕词与开幕词结构基本一致,除标题和称呼外,正文部分可简明扼要地总结、评价会议(活动)情况,强调会议(活动)的意义,对会后如何贯彻会议(活动)精神提出要求,最后表示感谢、提出希望、表示祝愿等。

二、欢迎词

1. 概念与特点　欢迎词是行政机关、企事业单位、社会团体或个人在举行隆重庆典、大型酒会、欢迎仪式上,主人对友好团体或个人的来访表示欢迎的讲话稿。欢迎词有三个主要特点:注重礼貌、感情真挚；篇幅短小、简洁精练；偏重口语化、体现欢愉性。

2. 文体结构(表 4-2-5)

表 4-2-5

主要内容	具体说明
标题	标题构成的三个要素:致辞场合、致辞人、文种
	三种写法:只写文种；活动内容＋文种；三要素具备
称呼	两种称呼:
	(1)尊称:姓名＋头衔。
	(2)泛称:可加修饰语"尊敬的""敬爱的"等
正文	(1)开头:写明事由(介绍来访背景,表示欢迎、问候或致意)。
	(2)主体:阐述和回顾宾主双方共同的立场、观点、目标、原则等,同时指出本次到访对增加宾主及合作交流的意义

续表

主要内容	具体说明
结语	再次表示欢迎与祝愿,如"再一次对你们的光临表示热烈欢迎""祝你们的来访取得圆满成功",或同时表达想进一步合作的意愿,如"期待我们今后合作愉快"等
落款	致辞单位名称、致辞人、日期

3. 注意事项

(1)应使用尊称,感情真挚,表达得体。

(2)语言要精准、热情、友好、礼貌。

(3)篇幅应短小,言简意赅。

三、欢送词

1. 概念与特点　欢送词是行政机关、企事业单位、社会团体或个人在公众场合欢送友好团体或密友出行时所使用的讲话稿。主要具有口语性和惜别性特征。

2. 文体结构(表4-2-6)

表 4-2-6

主要内容	具体说明
标题	两种写法: (1)只写文种,如"欢送词"。 (2)活动内容+文种,如"在××论坛结束典礼上的讲话"
称呼	两种称呼: (1)尊称(姓名+头衔),如"尊敬的××先生"。 (2)泛称,可加修饰语"尊敬的""敬爱的"等,如"尊敬的先生们、女士们"
正文	(1)开头:说明欢送仪式种类、发言人身份及代表哪些人向宾客表示欢迎。 (2)主体:回顾双方在合作或访问期间在哪些问题和项目上达成了一致的立场、取得了哪些有突破性的进展,陈述本次合作交流中双方的合作和交流给双方所带来的益处,阐述其深远的历史意义。对于私人欢送词还应注意表达双方在共事合作期间彼此友谊的加深及分别之后的想念之情。若为朋友送行,还要加上一些勉励的话。 (3)结尾:再次向来宾表示真挚的欢送之情,并表达期待再次合作的心愿
落款	致辞单位名称、致辞人身份、姓名、日期

欢送词的注意事项与欢迎词基本一致,请看下面的欢送词例文。

欢送词

尊敬的女士们、先生们:

首先,我代表×××,对你们访问的圆满成功表示热烈的祝贺。

明天,你们就要离开××了,在即将分别的时刻,我们依依不舍。大家相处的时间是短暂的,但我们之间的友好情谊是长久的。我们欢迎各位女士、先生在方便的时候再次来××做客,相信我们的友好合作会日益加强。

祝大家一路顺风,万事如意!

×××　××
×年×月

这篇欢送词使用了尊称,感情真挚,表达得体;语言简练、热情、友好、礼貌。

四、答谢词

1. 概念与特点　答谢词是在专门仪式、宴会、招待会上,由宾客出面发表的对主人的热情接待表示感谢的讲话稿,也指客人在举行必要的答谢活动中发表的感谢主人的盛情款待的讲话。其主要特点有三个:讲究客套、充满真情;注重照应、尊重习惯;篇幅简短、气氛热烈。

2. 文体结构(表 4-2-7)

表 4-2-7

主要内容	具体说明
标题	三种写法:只写文种;致辞场合＋文种;致辞人＋致辞场合＋文种
称呼	一般用敬称,人名前加敬辞,后加头衔或"先生""女士"两种称呼
正文	向主人表示感谢,回顾欢聚的美好时刻,充分肯定取得的收获,热忱地表示感谢
结语	再次表示感谢和良好祝愿
落款	致辞人身份、姓名、日期

3. 注意事项

(1) 应注重客套,充满真情。

(2) 应与欢迎词相互呼应。

(3) 要尊重对方习惯。

(4) 篇幅应简短。

案例分析

案例一

一、案例呈现

北京××商贸公司刚好成立二十周年,公司举办了庆典活动。为感谢宾客的到来,公司总经理发表了热情洋溢的讲话。

欢迎词

女士们、先生们:

值此公司成立二十周年之际,请允许我代表北京××商贸公司全体员工,向远道而来的宾客表示热烈欢迎!

朋友们不顾路途遥远专程前来贺喜并洽谈贸易合作事宜,更是为我公司二十周年庆典增添了一份热情和祥和,我由衷地感到高兴,并对朋友们为增进双方友好关系所做出的努力表示诚挚的谢意!

"有朋自远方来,不亦乐乎!"我真诚地祝愿各位朋友在短短的几日来访期间愉快幸福!

北京××商贸公司总经理　张晓
×年×月

二、案例分析

根据欢迎词的内容结构要求,这篇欢迎词缺失的内容有:_____

_____

_____

扫码看答案

案例二

一、案例呈现

学校一年一度的春季运动会在4月底举办,全校师生欢聚在一起,共同期待运动会的开幕。下面是校长在开幕式上的讲话。

运动会开幕词

各位运动员、裁判员、老师、同学们:

　　在这春暖花开的美丽季节,我们迎来了春季田径运动会。我代表学校对此次运动会的如期举行表示热烈的祝贺,向各位领导、各位来宾表示热烈的欢迎,向筹备、组织这次运动会各项工作付出艰辛努力的相关人员表示衷心的感谢,向刻苦训练、积极备战的所有参赛运动员表示亲切的问候。

　　教育的本质是培养人的精神,而素质教育则是一种超越性的教育。在过去的几年里,我校师生发扬拼搏创新的精神,在校园文化建设、教育特色、教学改革等方面均取得了可喜的成绩。但挑战自我的步伐不能停止,追求卓越的思想不能松懈。我们不仅要在学业上勇于争先,而且还应在德智体美等方面实现新突破,尤其是体育运动。一个人没有健康的体格,就没有健全的人格,因此一个合格的中职生必然是一个全面发展的学生。

　　在此,我希望全体裁判员、工作人员忠于职守、严守规则、热情服务;每位运动员精神饱满,斗志昂扬,拼出成绩,赛出风格,让青春的活力迸发在赛场上的每个角落;每名助威同学服从大会管理,文明观赛、主动服务,为运动员摇旗呐喊,争创精神文明班级。

　　体育是力量的角逐,体育是智慧的较量,体育是美丽的展示,体育是理想的飞扬。参与就是成功,坚持就是胜利。好的名次值得骄傲,而顽强的毅力更是每位运动员优良品格的展示。让我们用实际行动去践行"品如松、劲有为"的校训,发扬"更高、更快、更强"的体育精神,我相信通过全校师生的努力,我校本届田径运动会一定会开得安全、有序、健康、精彩!最后,预祝大会取得圆满成功!

二、案例分析

1. 请评析这篇运动会开幕词。

（1）标题属于_____＋_____形式。

（2）称呼是否得体？

（3）正文部分说明了哪些内容？

（4）结束语（用原文回答）：

2.开幕词和闭幕词在精神、风格、提法上应呼应和连贯，若要根据这篇开幕词，为运动会闭幕词拟写提纲，除标题和称呼外，正文部分可简明扼要地总结评价_____情况，强调_____，提出_____要求，最后_____等。

语言实践

一、病文修改

××学校高星级酒店服务与管理专业师生去环湖宾馆参观学习，宾馆总经理在欢迎仪式上致词。欢迎词内容如下。

欢迎词

尊敬的各位教师，各位同学们：

在此谨代表本宾馆全体员工欢迎大家光临环湖宾馆。

环湖宾馆坐落于风景秀丽的东湖岸边，三面环水，环境幽雅，具有岛国风情，是××区对外接待和开发的窗口。希望我们的服务能够让阁下有宾至如归的感觉，在此就宾馆内设备及服务向你们作一介绍。

我们将忠诚地为阁下服务、效劳，并希望你们能够提出宝贵意见。

环湖宾馆
总经理谨致

这篇欢迎词有什么问题？小组讨论，合作完成修改。

二、本节"情景再现"中提到的行政办公室小吴有一个重要任务等着完成，就是校长在即将召开的专业建设指导委员会年度会议上要致欢迎词，请你帮帮小吴，分小组讨论，应该如何撰写这篇欢迎词。

拓展延伸

除了开幕词、闭幕词、欢迎词、欢送词、答谢词，致辞类文体还包括祝词与贺词、告别词等，这在实际工作和交往中都有可能用到。下面我们一起来看一篇周总理给朱总司令写的祝寿辞，大致了解一下这种礼仪文书的结构及内容。

扫码看答案

为庆贺朱总司令六十大寿的祝辞

亲爱的总司令朱德同志：

你的六十大寿，是全党的喜事，是中国人民的光荣！我能回到延安亲自向你祝寿，使我万分高兴。我愿代表那反动统治区千千万万见不到你的同志、朋友和人民向你祝寿，这对我更是无上荣幸。

亲爱的总司令，你几十年的奋斗，已使举世人民公认你是中华民族的救星，劳动群众的先驱，人民军队的创造者和领导者。亲爱的总司令，你为党为人民真是忠贞不贰，你在革命过程中，经历了艰难曲折，千辛万苦，但你永远高举着革命的火炬，照耀着光明的前途，使千千万万的人民，能够跟随着你充满信心向前迈进！

在我们相识的二十五年当中，你是那样平易近人，但又永远坚定不移，这正是你的伟大！对人民你是那样亲切关怀，对敌人你又是那样憎恶仇恨，这更是你的伟大！

全党中你首先和毛泽东同志合作，创造了中国人民的军队，建立了人民革命的根据地，为中国革命写下了新的纪录。在毛泽东同志旗帜之下，你不愧为他的亲密战友，你称得起人民领袖之一！

亲爱的总司令，你的革命历史，已成为二十世纪中国革命的里程碑。辛亥革命、云南起义、北伐战争、南昌起义、土地革命、抗日战争、生产运动，一直到现在的自卫战争，你是无役不与。

你现在六十岁了，仍然这样健壮，相信你会领导中国人民达到民族解放的最后胜利，亲眼看到独裁者的失败，反动力量的灭亡！

你的强健身体，你的快乐精神，象征着中国人民的必然兴旺。

人民祝你长寿！

全党祝你永康！

选自《周恩来选集》

这篇祝寿词用饱含感情的语言，回顾了朱德总司令几十年来的革命历程，充分肯定了总司令为中国革命和人民的解放事业建立的丰功伟绩，高度赞扬了朱德同志的伟大人格和风范，字里行间洋溢着对总司令的衷心祝愿和对革命事业的无比信心。全篇内容充实、情真意切，语言精准、凝练，是值得我们学习和借鉴的范例。

第三节 工作总结

情景再现

××集团是一家致力于为中国教育信息化提供数字资源、课程及校园移动服务的公司,王一是其中一名职场销售新人,主要负责北京地区职业学校的业务联系。最近,工作近一年的王一有些苦恼,年终工作总结该怎么写?如何在总结中突出自己的努力,体现对公司的贡献力?虽然每月都做工作汇报,但内容汇总起来多而杂。网上的工作总结模板似乎也没有适用的。

案例中王一的苦恼应该是每一位职场新人都会遇到的,该怎么帮助他解决呢?

知识积累

撰写工作总结,是每一个职场人的必修课。工作总结一般以年终总结、半年总结和季度总结最为常见。就其内容而言,工作总结就是把一个时间段的工作进行一次全面系统的总检查、总评价、总分析、总研究,得出成绩,找出不足,获得经验,吸取教训,提高认识,明确方向。一份好的工作总结能够帮助我们总结过去、立足现在、展望未来,更好地实现工作目标。

一、工作总结基本知识概述

(一)种类

工作总结可根据以下四种标准进行分类。

1. **按内容分** 工作总结、教学总结、学习总结、科研总结、思想总结、项目总结等。
2. **按时间分** 月度总结、季度总结、半年总结、年度总结等。
3. **按性质分** 全面总结、专题总结等。
4. **按范围分** 班组总结、单位总结、地区总结等。

例如《××学校2017—2018学年度工作总结》,按范围讲是单位总结,按内容讲是工作总结,按时间讲是年度总结,按性质讲又是全面总结。所以,总结的分类是为了明确界限,清晰框架,各类别之间可以交叉和相容。

(二)主要内容

工作总结主要内容撰写的基本思路如表4-2-8所示。

表 4-2-8

主要内容	具体说明
基本情况	简要介绍自身情况和形势背景
成绩与措施	列举工作取得的成绩、采取的措施及收到的效果,以事实和数据做支撑
经验与教训	分析、总结、提炼经验,形成规律性认识。针对问题找不足,进行反思性总结
下一步工作思路	结合问题和今后工作目标,提出解决对策和下一步工作计划概要

在对个人工作进行总结时,"基本情况"中可以先介绍形势背景,再总体叙述自己在领导的关心、同事的帮助及自身的努力下在哪些方面取得了成绩。进入"成绩与措施"版块,则要重点说明核心业绩,方便他人快速获取关键信息。在说成绩的同时应强调对单位的贡献,即完成了哪些关键核心指标,在表达时,不要只是停留在陈述单一数据上,例如"完成了 200 万销售额",这样看起来没有感觉,而是应该进行对比。可以和任务比,如"完成计划的 120%";和去年比,如"同比增长 30%";和别人比,如"区域排名第二";和行业比,如"在行业平均增速为 5%的背景下,实现 10%的业绩增长"。

在分析"经验与教训"时,一定要注意总结提炼,如本年度业绩提升主要凭借三点:一是团队合作共创佳绩;二是深度调研摸准市场;三是灵活应对积极应变。没有哪项工作是完美无缺的,所以,不要害怕写自己的不足。写不足并不是承认错误,重点应放在如何改进现有做法,如何拥抱挑战背后的机遇。更多的,是对不足的思考,对未来的展望。

谈及"下一步工作思路",如果没有详细的方案,可以用并列的方法来表达。例如使用"关键词法":明年将围绕三个关键词开展工作,一是"走出去",二是"练内功",三是"强服务"。也可列举三至五项重点工作,一定是结合现有的问题和发展方向而形成的重点工作。

(三)结构形式

这里主要讲总结的标题和正文的结构形式。

1. 总结的标题 公文式标题通常由"单位名称+时限+事由+文种"构成,如"北京市××职业高中 2017—2018 学年度教科研工作总结"。有时也可省略单位名称、时限及事由,只用"工作总结"。例行公事的工作总结多采用公文式标题。文章式标题一般直接标明总结的基本观点,常用于专题总结,如"实施内部督导促进工作增效提质"。有时总结也采用双标题形式,如"立德树人、实践创新——北京市××职业高中 2017—2018 学年度德育处工作总结"(图 4-2-3)。

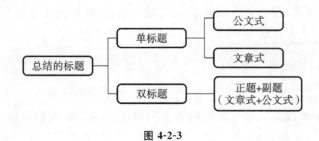

图 4-2-3

2. 正文的结构形式 正文是工作总结的主体,应包括主要工作内容、成绩、经验、教训等。工作总结主体常见的结构形式有横式结构、纵式结构、纵横式结构。具体阐释见表 4-2-9,具体选取哪种结构类型依总结内容而定。

表 4-2-9

结构类型	使用说明	主要特点	难度系数
横式结构	按事实性质和规律不同分门别类展开内容，各层之间是并列关系	各层次内容鲜明集中	☆☆
纵式结构	按事物或实践活动过程安排内容，分阶段按时间顺序分别叙述	易呈现事物发展或社会活动全过程	☆☆
纵横式结构	先用纵式结构写事物发展各个阶段的情况或问题，再用横式结构总结经验或教训	既能呈现事物活动发展全过程，又能体现各内容之间的逻辑关系	☆☆☆☆

二、撰写工作总结的技巧

撰写工作总结的过程，就是系统回顾和梳理以往工作，将丰富的感性材料集中起来，使之条理化、系统化，上升到理论高度的过程。工作总结种类繁多，但不管撰写什么类型的工作总结，都应从以下几个方面去着手。下面列举了五个锦囊妙计。

（一）锦囊一：选材"软硬兼施"

撰写工作总结离不开大量的材料，选材"软硬兼施"是给大家提供的第一个锦囊。所谓"软"材料，是指人物的日常表现、事件的细节、典型事例等。所谓的"硬"材料，是指获得的荣誉、收到的成效以及一些重要数据，如增长率、获奖等级等。在撰写工作总结时，不管是写做法还是写经验，既离不开"硬"材料的支撑，也离不开"软"材料的烘托。如果说"硬"材料是支持总结主旨的"钢梁骨架"，那么"软"材料就是工作总结的"血肉"，两类材料相辅相成，二者有机结合方能成就一份有血有肉的优秀总结。

（二）锦囊二：结构"模式引领"

根据工作总结的不同类型，经常要用到如下三种结构模式。

一是工作式结构模式，即总结现在，指向未来，按照四步展开：主要成绩及做法—存在的问题—经验教训—今后努力方向，这种模式普遍适用，承载了工作总结的主要内容。

二是经验式结构模式，即从经验写起，以议论为纲目，带动具体材料的陈述，内容的几个层次之间是并列或递进关系，与上面讲到横式结构类似。经验总结多采用这种写法。

三是分项式结构模式，即把工作分成几类，逐项介绍，每项介绍又套用工作式结构模式，较为复杂，一般适用综合性工作总结。

（三）锦囊三：标题"一目了然"

标题是文章的眉目，也是文章主题的显现，用层次标题来表述观点，可使主题明确、突出，起到提纲挈领、纲举目张的效果。如何拟出恰当又醒目的标题呢？我们可以在观点句上做文章。工作总结的观点句有三种常见类型。

（1）措施式观点句：如"名师引领，骨干先行，建设师资队伍"，这个观点中就包含着措施。

（2）效果式观点句：如"学校品牌影响力持续增强"，突出了工作效果。

(3) 措施+效果式观点句：如"智慧校园建设促进信息与教学深度融合"，同时体现了措施与效果。

（四）锦囊四：特色"先声夺人"

写工作总结时，要善于挖掘工作特色，巧妙呈现，通常可采用三种方式，让总结特色"先声夺人"。

(1) 按由主到次顺序排列。把重要的、主要的工作排在前面，按重要程度依次排列，从而起到"先声夺人"之功效。

(2) 按"浓妆重彩"原则打造亮点。单位或者个人最突出、最重要、最有成效的工作着重勾勒；其他工作可以轻描淡写甚至一笔带过。

(3) 以诗句为小标题述说心路历程。例如一名教师述说自己从迷茫到求索、从学习到收获的教学改革过程，用了"乱花渐欲迷人眼""众里寻他千百度""为伊消得人憔悴""吹尽狂沙始到金"四句诗，精彩又贴切。

（五）锦囊五：语言"平实精准"

工作总结既要言之有物，突出重点和特色，又要坚持实事求是的原则，语言简明准确。叶圣陶先生说："公文不一定要好文章，可是必须写得一清二楚，十分明确，句稳词妥，通体通顺，让大家不折不扣地了解你说的是什么。"因此，我们在写工作总结时，谨记要以客观事实为依据，做到讲真话、不做假、有逻辑，言简意赅。

三、撰写工作总结的注意事项

撰写工作总结的目的是回顾工作、总结经验、找出问题、分析原因、明确方向，因此，我们在写工作总结时通常有以下禁忌。

(1) 忌脱离实际、夸夸其谈。这种做法不符合工作总结的客观性特征。

(2) 忌平铺直叙、面面俱到。工作说了一大堆，却总结不出经验，缺乏特色，这不符合工作总结经验性特征。

(3) 忌结构混乱、篇幅冗长。文字没有思路说明工作本身就缺乏思路，加之长篇大论，重复枯燥，就会使工作总结的目的大打折扣。

案例分析

一、案例呈现

小梅是×公司新入职一年的员工，由于工作表现优异，获批转正。下面是她对一年来工作及学习的总结。

2019—2020年度工作总结

今年是我工作的第二个年头，也是我职业生涯的一个转折点。通过一年的工作和学习，我受益匪浅，感受颇深。我非常珍惜这样一个良好的工作环境和工作机会，通过一年来的工作和学习，以及同事、领导的帮助，我已完全融入×公司这个大家庭，个人的工作技能也有了明显的提高。虽然工作中还存在这样那样的不足，但我感觉自己成长了，也逐渐成熟了。现将一年的工作总结如下。

一、文件收发工作

公文轮阅归档及时。文件的流转、阅办严格按照公司规章制度执行,保证各类文件拟办、传阅的时效性,并及时将上级文件精神传达至其他部门,确保政令畅通。待文件阅办完毕后,负责文件的归档、保管及查阅。

下发公文无差错。做好公司的发文工作,负责文件的套打、修改、分发、寄送,电子邮件的发送,同时负责各部门发文的核稿,以确保发文质量,同时负责各类活动会议通知的拟写。

二、会务工作

会务工作主要是各类大小会议在召开之前需要做好场地布置、人员安排等各项准备工作。会后做好会场的清理、善后工作。在工作中密切配合,有效沟通,确保了一年来各类会议的正常开展。

三、盖印工作

在公司正常运行中,其他部门或部分员工需要开具一些介绍信或证明之类的文件,而这些文件需要加盖公司公章。盖印这项工作看似简单却同样需要耐心和细心。我在每盖一个印章之前都会细心地审阅该文件的真实性和可靠性,确认无误后再盖印,在遇到有疑问或无法解决的问题时,及时向上级领导请示,以确保盖印无误。

四、积极参加公司各项活动

本年度我参与了公司团委组织的团队拓展训练活动,在活动中进一步体验团队意识与合作精神的重要性,并将所学运用到实际工作中,提高了工作效率。作为一名年轻的共产党员,我还参加了"十九大"报告的学习与分享活动,并对照标准要求开展了批评与自我批评,提高了思想觉悟。

五、业余时间加强学习

办公室工作需要进行文字处理的方面很多,于是我利用业余时间对相关办公室软件进行系统学习和思考,提高了办公效率。办公室为管理部门,办公室工作人员应拥有良好的管理理念和丰富的管理知识,我利用周末进行管理理论方面的学习,用以指导自己的工作。

六、踏实肯干,努力适应办公室工作特点

办公室是公司运转的枢纽部门,对公司内外许多工作进行协调、沟通。做到上情下达,这就决定了办公室工作繁杂而且不允许有半点疏忽的特点,从而也对办公室工作人员提出更高更严格的要求。"今日事今日毕"是我对待工作的基本原则之一,为此我经常加班,直到把事情处理完毕才回家。办公室人手少,工作量大,遇到会务工作,就需要多部门齐心协力、团结合作。这一年中,我从不计较个人得失,把集体利益放在第一位,力求做好每项工作。

虽然这一年来,我无论是在思想认识上还是工作能力上都有了很大进步,但还存在一些不足,例如学习研究还不够,有时思路还不够清晰,解决问题的方法还不够灵活等。今后我会继续努力,不断进取。

二、案例分析

1. 小梅工作总结的标题属于_____式_____行标题。
2. 小梅工作总结的结构属于_____式结构。
3. 这份工作总结有哪些优点？哪些不足？

扫码看答案

语言实践

一、结合小梅工作总结的优缺点，尝试给总结的主体部分分出层次，拟出小标题，帮助小梅完善她的工作总结

二、还记得本节"情景再现"中××集团销售王一的烦恼吗？通过前面的学习，我们一起来帮助他解决困难吧！通过连线，王一提供了一些基本素材：他把每月的工作汇报（表格式）进行了简单汇总

年度业务开展情况

序号	客户名称	电子书	泛雅学习平台	智慧教室	歌德阅读机	移动图书馆	学习通	课程服务
1	中职学校1	√			√		√	√
2	中职学校2		√	√			√	
3	中职学校3					√	√	√
4	中职学校4		√					
5	中职学校5			√			√	√

××集团销售每年的业务额度是100万，王一超额完成15%。他态度谦和，服务意识强，注重团队合作，个人业务能力较强。上一年他共联系了5所北京的中职学校，开展了7项业务，其中泛雅学习平台、智慧教室、歌德阅读机属于付费项目，电子书、移动图书馆、学习通是共享资源，课程服务是与平台使用配套的培训与指导。王一入职才一年，对于中职学校的智慧校园建设、教学改革等还不是很了解，对泛雅学习平台的功能挖掘还不够，能够超额完成任务实属不易，但还有需要改进和提升的地方。

请结合这些基本信息，以小组为单位，为王一拟一个年度工作总结提纲。具体要求如下：①标题一目了然；②正文结构清晰；③适当运用总结写作技巧；④语言简练，表达准确。

拓展延伸

工作总结与述职报告的区别

现实工作中,一些干部的述职报告与工作总结存在混淆现象。的确,二者在内容和结构上有相似性,但还是有差异的,下面列表进行说明(表4-2-10)。

表 4-2-10

区 别	述 职 报 告	工 作 总 结
文种概念不同	述职报告是干部向所在单位的组织人事部门、上级机关和单位职工陈述本人一定时期内履职情况的一种事务文书	工作总结是单位或个人对某一阶段工作或任务进行系统回顾、检查、分析和研究,从中找出经验教训,得出有规律性的认识,以备查考和指导工作的一种事务文书
写作目的不同	述职报告的写作目的主要体现在以下几点:第一,是干部管理的一种重要措施。公开述职并将述职报告提交上级部门,有利于干部管理部门考察述职人员的理论水平、道德品质、文化修养、业务和廉洁奉公等情况。第二,是群众评议和监督干部考核工作的重要文字依据。第三,有利于促进干部自我认识、自我学习和自我提高	工作总结主要是个人或集体通过对计划任务按完成情况进行全面检查、对照和总结,试图找出带有规律性的内容,提高认识,以指导和改进以后的工作,或借以推广经验,提高工作能力和水平
内容侧重不同	述职报告是关于履职过程中德、才、能、绩、廉等方面情况的报告,主要包括工作内容、开展效果、个人在其中所起的作用、形成了哪些规律性的认识,有什么不足、准备如何改进等。述职报告具有自述性、自评性、报告性	工作总结一般以归纳、汇总工作为主,侧重介绍做了哪些工作、有哪些成绩、获得了哪些经验,要吸取什么样的教训以及今后的打算,具有客观性、概括性和与工作计划的呼应性
表达方式不同	述职报告采用夹叙夹议的方式,并辅以适当说明	工作总结一般采用叙述的方式

当然,除了上述几点不同,述职报告和工作总结在时效性、使用范围等方面也是稍有差异的。作为职业人,工作总结肯定是按单位规定要求写的。一旦经过努力成为干部,就要在一定范围内进行述职,那就要了解述职报告与工作总结二者的区别。

主题三
宣传文案有创意

◆ 主题说明

　　文字的重要功能是宣传。发挥宣传展示功能的文章，是语言书面表达的高级形式，需要更具有创意性和表现力的文字，如何写一份有语言表现力的宣传文案是本主题要解决的问题。

　　在这个主题中，同学们将主要学习创意广告和创意海报两大类宣传文案的写作技巧和方法，我们的学习重点将瞄准语言的创意性和表现力，结合大量的案例分析和实践练习，力求让每个人在这方面都有所提高。

第一节

创意广告文案

▶ 情景再现

小李学的是广告营销专业,从事的是产品广告宣传。毕业后他如愿以偿地进入心仪的某乳业集团,成为一名广告策划员。现在公司将推出一款低乳糖风味发酵乳,广告主管要求小李根据此款产品进行广告文案创作,可设计出来的文案上交一次被上司否定一次,理由是缺少创意。

小李心急如焚,你能帮他想想办法吗?

▶ 知识积累

在服务型职业岗位上,我们常需要用文字宣传商品、服务,展示机构理念、价值观。这类工作本质上都属于广告文案设计。一份广告作品一般包括文案和画面(视频或图片)两个部分,文案是广告核心,它能详细、准确、直接地传递广告信息。

创作广告文案既要有语言文字功底,又要有创意思维;既要了解宣传对象的核心特点,又要洞悉受众心理。可以说广告文案写作,是一个人基于语文素养的综合素养体现。

一、不同类型广告的文案构成

一份标准广告文案包括标题、正文、广告语、随文四部分,有时还包括插图说明。广告类型不同,文案结构也有所差异,下面分别来学习几种不同类型的广告文案。

(一)平面广告

平面广告是指以文字和静态画面为呈现形式的广告,一般出现在报纸、杂志、宣传单上,或者出现在数字媒体终端网页上,或张贴、印刷、书写在物体表面。下面我们来看一份万达地产的广告(见二维码)。

万达地产广告

1. 标题　标题是整个广告作品的总题目,一般出现在广告最突出位置,字体最大,颜色最醒目。"父母的唠叨,永远是你最思念的音符"就是这则广告的标题。

标题的作用在于吸引公众注意力,打出广告商品的核心诉求点和卖点。这则广告的核心诉求是指向人们报答亲恩的情感,鼓动精英人士用一套万达精品房产来表达亲情。

标题是平面广告的核心要素,尤其是在信息时代。网络上,如果受众不在一两秒甚至零点几秒的时间内被文案标题吸引,即使文案写得再精彩,也不可能被点开阅读。同样,实体印刷广告,如果标题不能吸引人们,人们也绝不会拿出时间去阅读更详细的广告正文。

2. 正文　广告文案正文是对标题的具体解读。如果标题给出一个问题,正文就要解释这个问题;标题给出一个惊喜,正文就要说清这个惊喜的具体内容;标题给出一个关键词,正文就要围绕这个关键词展开叙述或解读。

在这则地产广告中,正文是下面那一段小字,这段正文是标题关键词"唠叨""思念"的具体展开,继续用充满温情的诗句,调动、引起读者对父母养育之恩的感怀与共鸣。

3. 广告语　广告语是为了加强受众对企业、商品或服务的一贯印象,在广告中长期反复使用的一两句简明扼要的、口号性的、表现商品特性或企业理念的句子。比如海尔的"海尔,中国造"等。

广告语和标题容易混淆,我们只需抓住广告语的特性就能较好地区别二者。广告语具有以下三个特性。

(1) 简洁:一般不会超过 10 个字,简明并带有标签特征。

(2) 稳定:一个企业,一个品牌,一旦确定一句广告语,一般会稳定地使用一段时间,这句广告语,会出现在这个企业或品牌各种途径和方式的广告中。

(3) 诉诸理念:广告语内容一般超出商品服务的具体表述,是企业一贯价值理念的表达。

标题则不具备上述特征,标题是对特定广告具体内容的提炼概括,在一则广告中出现的先后次序上,一般标题在前,广告语在后。

在这则地产广告中,"万达地产,温情常在"就是广告语。它的内涵是表达"万达用房子给民众带来温暖舒适,让生活充满家的温情"这一企业理念文化。该广告的主打创意是"报答亲恩",只是其"温情"的一种表现,其标题内容只针对这一点。

4. 随文　随文又称附文,是对正文的有效补充,包括购买商品、获得服务的方法,机构名称、地址、电话、联系人、网址,反馈表格或特别说明等内容。

在这则地产广告中,"56—98 m², 全城热销中,等你同行,从这里开始""电话:×××××× ××"这些信息就属于随文。

(二) 音视频广告

音视频广告指广播、电视、网络上播放的广告,音视频广告在当前媒体环境下,是主流广告形式。

1. 音视频广告定位特征　音视频广告,特别是视频广告,主要营销目的是将品牌植入人心,让公众认知品牌、记住品牌特色、认同品牌理念,是通过提高市场知名度和认可度来间接提高销售业绩的广告手段。

2. 音视频广告文案的结构及呈现特点　在这类广告中,标题仍是广告文案的灵魂,会出现在文案文本中,但在制作完成的广告中,一般会在话语、画面中呈现出来。

音视频广告的文案正文可以看作一个微型情景剧脚本,语言描述要突出视听特色,作品最终由视听语言、人物对话或配音构成,有的会辅以字幕或特效文字。

音频广告一般不会出现广告语,视频广告一般不出现随文,往往以商品广告语结束。

(三) 营销软文

营销软文是移动互联网时代兴起的一种营销广告形式。之所以叫软文,是指其往往把广告包装成一种传播某种有价值信息的可读性文章,明显区别于身份明确的"硬广告"。营销软文主要靠文字辅以部分说明解释性图片来打动读者,主要目的是提高销量。营销软文文案一般包括标题、正文和随文三部分。

1. 标题 营销软文标题要求与平面广告基本一致,由于其特殊呈现方式(初始处于折叠状态,点击才能展开正文),标题吸睛功能被进一步放大,为了能吸引读者点击,有人甚至认为营销软文如果用 10 个小时完成的话,其中 5 个小时要用在标题的写作上。

2. 正文 营销软文的正文内容围绕三个方面展开:①取得读者对品牌的信任;②激发读者购买欲望;③引导读者直接下单。

在一篇典型营销软文中,取得读者信任和激发购买欲望这两个步骤常常多层次、多角度地多次交叉出现。直到读者完全信任和愿意购买,才会引导下单。

3. 随文 营销软文的随文一般会以提供商品购买链接或商品入口二维码的形式呈现,读者通过点击链接或扫码进入网店进行购买。所有通过此链接的成交业绩,都能准确记录。所以一个营销软文的广告效益,可以通过其引流数据准确统计出来。

二、广告文案的整体创意方法

如何创作一个有新意的广告,其过程总结起来大概分成五步。

(一)第一步:收集资料,了解产品对象信息

首先应尽可能多地收集与宣传推广对象相关的各种资料,通过阅读调研或者访谈,全方位了解产品对象。

通常可以分两种情况来收集资料。

(1)之前已经进入市场的品牌:收集的资料包括已有的宣传资料如广告企划案、产品宣传单、公关新闻稿,产品的技术资料如产品说明书、产品技术文件、年度报告、产品用户反馈意见等,还包括竞争对手广告及相关资料等。

(2)新上市的品牌:可以要求客户提供公司内部备忘录、技术信息来往信件、产品的设计图纸、企划案、说明书,产品原型的设计图与照片、工程制图,营销企划案、产品质检的相关报告等。

(二)第二步:提炼卖点,确定产品对象特质

在充分研读、消化资料的基础上,提炼以下特质:品牌在同类竞品中的差异化特质;面对市场,品牌最吸引人的卖点;品牌最想向消费者传达的价值观念。明确这些特质后,应该尝试从顾客角度,思考这些特质能给顾客带来哪些效益和效果。

比如在众多洗发水品牌中,几个大品牌都各自找到了自己最大的卖点:A 品牌主打去头皮屑效果;B 品牌主打头发柔顺效果;C 品牌主打头发的营养保健效果;D 品牌主打调节头发水分与营养效果。每个品牌只有将自己的特质搞清楚了,才能在广告策划中明确自己的主攻方向。

(三)第三步:定位市场,明确针对消费人群

确定了品牌的核心卖点与核心理念,下一步要明确品牌市场定位,也就是针对的目标客户是哪类人群。

市场定位考虑因素包括性别、年龄、职业、受教育程度、收入等。通过这些信息,明确消费群体后,要进一步分析这一群体中,占 80% 销量的大客户群体是什么人。最后虚构一个这群人中的一个典型个体,具体描绘出他日常生活场景与流程,他的生活习惯、消费习惯,他对同类产品使用上的好恶特征,尽量做到详细。比如某润滑油品牌的市场定位:

注重生活品质,注重消费品牌;收入水平较高,对一定水平的价格不过分敏感;受教育水平高,注重服务体验和品牌带来的精神享受;年龄介于 30~50 岁;渴望精神放松与自由,注重提高自身独特生活品位;关注时尚类及时事新闻类媒体,路上多听电台;标准上下班时间,朝九晚六;不十分在意价格因素,但也考虑经济性;去美容保养换油中心或大中型汽修厂换油,注意店内环境与服务水平;肯听专家意见;在多数情况下,品牌吸引力是决定因素之一;对精美的广告作品有认同度。

(四)第四步:针对需求,选择诉求主题方向

1. 明确广告目的需求 一个品牌在不同阶段、不同媒体上做广告的目的不同,总结起来大致如下:鼓励目标客户主动询问产品信息;鼓励目标客户购买产品;回答目标客户提出的疑问;筛选潜在客户;增加商店的客流量;引进新产品或经过改良的老产品;与当前用户及潜在客户联络感情;传达最新的产品情报等消息;提高产品的品牌认同度;树立企业形象。我们的广告文案应该为具体广告目的服务,在广告目的导向下,确立主题及诉求方式。

2. 提炼形成广告主题 所谓广告主题,就是一则广告要表现的主旨,是将产品的核心卖点和核心理念融于其中的一个中心话题。比如在某品牌手表广告创意策划中,策划人针对该品牌手表设计简单大方、黑白两色、表盘只有几个简单的数字甚至连刻度都没有的特征,将广告主题确定为传达"简单就是美"的观念。

3. 选择广告主题诉求方向 商业广告是以销售为目的营销行为,在消费心理层面,消费者购买决策可能源于某种情感,也可能是一种基于理性思考的利弊判断,还有可能二者兼有。因此在进行广告创意时,就有了两个基本路径——情感诉求和理性诉求。

(1)情感诉求方向:就是试图从情感上打动读者或观众,让他们赞同广告传达的精神理念,触动于广告传达的某种情感,从而从情感上接纳、认可品牌。

在情感诉求方向上,常选择的主题包括快乐、健康、幸福、爱情、亲情、友情、温暖、思念、荣誉、奋斗、梦想等。

(2)理性诉求方向:就是把人当成经济动物,从品牌提供的价值功效上去表达自身值得购买的事实和理由,从而让读者或观众在经过理性思考后接受、认可品牌。

在理性诉求方向上,常选择的主题包括性价比高、有先进工艺技术、有独特功效、有重大象征意义、有额外奖励、带来精神或物质方面的重大收益等。

高明的广告会兼顾到情感诉求和理性诉求两个方面。

(五)第五步:设计广告创意表达形式

根据主题诉求的两个方向,在广告内容切入方式上,主要存在"引导认同"和"强化卖点"两条思考路径。对于每条路径,众多广告文案从业者已经总结出一些行之有效的结构模式,我们在创作自己的广告文案时,不妨借鉴参考。

1. 引导认同 就是制造感动认同:满足心理需求,产生同理心,认同品牌,记住品牌。有以

下几种比较典型的创意路径。

（1）诉诸故事：人们喜爱故事，广告文案围绕一个故事展开，是触动情感、直指人心的最佳方式。读者或观众接受了故事的情感观念，也就接受并认同了产品。设计一个故事，根本在于如何与品牌产品相融合。在实践中，产品和故事发生关联的方式有以下几种。

①讲述创始人的创业故事：如果品牌创始人或产品研发者有着比较励志或传奇的经历，就可以此作为一个卖点，以故事的方式打动读者和观众，他们在接受了创始人的同时，也就接受了产品。

②讲述具体某个产品生产者的故事：选取品牌企业某个普通员工，讲述他在生产产品过程中的故事，通过他的故事体现企业对品质的追求，体现该品牌企业的一贯理念与价值观念。故事会让这种抽象的精神更加具体可感，更容易为读者或观众接受。

③讲述名人的故事或心灵追求：邀请某领域名人，讲述他的感人故事或者让他本人讲述自己的心灵追求，故事内容本身在精神层面和品牌的精神理念契合，表面说人的故事，实际指向品牌的宣传。

④故事中某个节点会巧妙出现产品：讲述一个关于情感的故事，故事主题本身和品牌没有必然联系，但创作者会让品牌在某个情节节点出现，成为推动故事情节的一个元素，在貌似不经意间宣传了品牌，彰显了品牌在生活中的情感价值。

⑤围绕产品的使用设计一个故事场景：为了表达品牌所承载的某种精神、某种情怀，刻意设计一个故事场景，整个故事围绕品牌展开，比如使用它、购买它、体验它，借助这个故事场景，传情达意，触动读者和观众。创作这类广告故事，既可以从品牌的历史中发掘灵感找素材；也可以利用品牌名字的谐音双关做文章，还可以利用当前的热点事件来说自己的故事。

（2）诉诸权威：想让大众认同品牌，一定要让品牌具有公信力。让品牌取得公信力是广告的重要功能，如何做到呢？一个可行的做法就是诉诸权威。

借助权威来宣传品牌应当从两方面用力。

①突出权威的含金量和高地位：权威地位越高，带给品牌的公信力就越强，所以我们在创作文案时，要着力强调权威的含金量。常借用的高等级权威包括：本品牌拥有大牌明星使用者；本品牌获得高等级标准认证；本品牌获得高等级奖项；本品牌赢得权威机构或大牌企业合作或认可；本品牌得到业内权威专家推荐。

②描述权威的高标准：在借助权威构思广告时，千万谨记要特别强调权威对于同类产品要求很高，不是特别优秀的品牌根本无法得到权威的青睐和认可。在这样的条件下，权威认可了我们的品牌，就自然证明了我们品牌的优秀。

2. 强化卖点 就是顺着理性诉求方向，通过多种方式强化品牌的最大卖点，让消费者认同品牌的优点好处，激发消费者的消费欲望。

（1）诉诸感官：要想让观众和读者感同身受地体验到品牌价值，我们一定要创设一定情景，把对产品的体验过程形象地表现出来，不能过于笼统抽象。我们要充分调动各种感官，让别人通过文字（或转化成画面）仿佛能用眼看到、用鼻子闻到、用舌头尝到，仿佛真实体验到身体和心里的感受。

文案撰写者要想发挥好感官体验的作用，就要从体验者角度，充满好奇地去真实体验一次并做好记录，然后充满激情地写出感受。

诉诸感官还有一种情况,就是当品牌的特点较抽象、陌生,人们难以具体感知时,可以引入熟悉的感官来比拟,如想突出汽车噪声小,分贝值只有30,但人们很难理解分贝值30是个什么概念,这时就可以引入微风的声音、秒针滴答声等熟悉的感官体验,让读者、观众能够具体可感,这样品牌的卖点才更容易打动人。

(2) 诉诸恐惧:人们对于生活中带来痛苦、烦恼的情况本能地具有恐惧和厌恶,我们利用这种心理,也可以创造出有吸引力的广告文案。这类广告创意思路分三步。

第一步:将消费者某种场景下的痛苦、烦恼、尴尬表现出来,越具体越清晰越好。

第二步:突出这种情况可能带来的严重后果。

第三步:推出自己的品牌,将这一问题完美解决。

比如在某灰指甲治疗药物的广告中,先描述妈妈得了灰指甲不在意,结果手脚都被传染了,这是第一步,描绘患病的痛苦,突出病情蔓延的恐惧。

第二步进一步强化这种情况会带来的严重后果——怕传染家人,不敢抱孙子,连孙子的小手都不能牵,成为生活中多余的人。

第三步自己的品牌"闪亮登场",完美解决妈妈的灰指甲问题。

(3) 诉诸比较:俗话说不怕不识货,就怕货比货,货比三家是人们普遍的购物消费心理。我们利用这一心理来创意广告,也非常奏效。

第一步:就是在广告中先说同类竞品的坏处、缺点,或消费者从中获得的利益多么少。当然,贬低同行产品,不宜点名道姓,要有理有据,让公众信服。

第二步:描述购买我们的品牌,有哪些好处、优点,这样,观众在前后对比中,自然更加容易接受和认同这个品牌。

(4) 诉诸场景:诉诸场景,其核心在于思考产品"何时用"。我们可以通过观察目标客户一天或一年中常见行程,充分想象在哪些场景下需要我们的产品。

这些场景包括洗漱、早餐、上班路上、工作、午休、晚餐、加班、读书、看剧、小聚、运动、看电影、逛街、出游、出差、探亲、过节等。我们从中选出几个经典场景,在主人公的生活中加入我们的品牌,展现出我们的产品能为主人公增添更多生活的幸福与快乐,这样自然能够打动读者或观众。

在某凉茶广告中,创意者并列选取了"夏天运动时""晚上吃火锅时"和"熬夜加班时"这三个年轻人生活中经常出现的生活场景,三个场景共同特点是容易上火,这时配上冰凉的凉茶,立刻清凉倍增,幸福平添,年轻消费群体在此类生活场景下,就更容易想到来瓶该品牌凉茶去火。

三、撰写普通广告文案标题的方法

1. 体现产品独特之处 在标题中提炼出品牌某方面与众不同的特色,让人看到标题就有一种新奇、惊讶、想一看究竟的愿望。提炼品牌的特色,可以从不同角度设计。

(1) 先进独特的工艺技术:比如某视听多媒体冰箱的广告标题"同步视听,开启娱乐厨房"突出产品在技术上的概念突破。

(2) 超出一般的产品品质:比如某罐头平面广告文案的标题"我们添加的唯一的东西就是盐",突出自己品牌原料——鲑鱼的高品质。

(3) 与众不同的产品理念：比如某汽车的广告文案标题"和我一样,贝尼觉得朋友越多越好",副标题"没错,高尔夫,很生活",突出表现品牌在产品设计理念上的特质——贴近生活,为生活服务。

(4) 追求极致的服务态度：如城市别墅平面广告文案标题"不花心思的作品,不值得珍藏",意在彰显企业在服务和生产中为达到顾客满意而进行极致追求的状态。

2. 显示消费者实际利益　也就是在标题中突出自己品牌能给消费者带来哪些明显的实际利益,这是理性诉求最直接的表现。

(1) 设问表达：例如某牙膏广告标题"我们的目标是？——没有蛀牙"。

(2) 双关表达：①某盐业平面广告文案标题"养盐驻容,天天健康靓丽"。②某处理器广告文案标题"得'芯'应手"。

有时为了直接促进销售,标题在显示可以给顾客利益的同时,还会故意加上一些限时限量的内容,以此制造一种紧迫感,促使读者快速转化为购买者。这种类型一般以招贴形式的平面广告居多。比如房地产广告标题"品牌学区房,全市仅100套！"比如某化妆品的广告标题"现在订购,就送价值280元的好礼！"

3. 融入动人情感　借助某些煽情的元素,从人们对温情、自由、快乐、荣誉、幸福等美好感情向往的心理出发,融入动人情感,用一些词句快速抓住人心。

某品牌龟鳖丸广告文案标题"每个父亲都记得孩子的生日,又有多少孩子记得父亲的生日？"

某保险公司的广告文案标题"一辈子,求的就是平安"。

4. 设置问题悬疑　广告文案标题的一个核心功能是吸引注意力,吸引注意力最好的方式就是挑起公众的好奇心。因此在标题中提出一个有意思的问题,或抛出一句能勾起人好奇心但又没有给出具体说明的观点,就可以产生悬疑效果,有效吸引读者去读正文。

(1) 直接提出问题：也就是用问句的形式表达标题,包括只问不答的疑问和自问自答的设问,但无论如何,疑问式标题的含金量在于你提出的问题必须具备足够的吸引力。

比如某功能饮料的广告文案标题"还在用这种方法提神？"用疑问方式勾起好奇：是在说哪种提神方法？还有什么新方法？从而吸引读者读正文。

(2) 给出让人好奇的信息：这类标题不直接提出一个问题,而是在标题内容上让人感觉新奇又有一丝不明就里。

比如麦氏咖啡更名报纸广告文案标题"麦氏换上新名字",告诉读者换了新名字,但却不告诉读者换成什么了。这么有名的咖啡改叫什么新名字了？让人倍感好奇。

四、撰写营销软文标题的方法

在移动互联网终端呈现的营销软文,其呈现形式决定了标题的重要性,如何让人在海量网络信息中仅通过浏览标题就对文案产生兴趣,标题的表达方式至关重要。

对于如何撰写营销软文标题,著名文案创作者关健明老师在他的著作中总结出一些规律可供我们模仿借鉴。

(一) 新闻社论式标题

人们普遍不爱看广告,更喜欢看权威、及时又有意思的新闻。因此营销文案在标题上可以向新闻标题靠拢,把广告包装成新闻,这样能明显增加阅读量。

如何写一个新闻社论式标题呢?大家谨记下面一个公式:

1. 新闻主角"傍大款" 新闻一定有主角,如果自己的产品品牌实力不够,就要尽量将新闻主角与大型的、权威的、知名度高的机构或人物关联起来。

2. 时间词汇选当下 在标题中加入如"今天""2020年""本周日""双十一"等体现新闻时效性的词汇,以勾起人们对最新发生新闻事件的关注。

3. 重大字眼刺神经 要在标题中加入一些能体现新闻重大性的字眼,如"全新""引进""宣布""曝光""突破""发现""发明""风靡""新款"等。让这些字眼刺激读者神经,让他们感觉到此条新闻是件值得关注的大事。

(二)意外故事式标题

我们还可以把文案包装成故事。在讲文案创意方法时,大家已经知道了如何创意一个故事,写营销软文同样适用,但文章故事要想被人看到,首先要让故事标题吸引人,读者才会点击阅读,因此在故事标题上要拼命突出戏剧性反差,意外故事式标题常遵循下面一个公式:

1. 先写故事糟糕开局 故事的魅力在于情节反转,制造反差,设置一个糟糕的故事开局,并将其核心点体现在标题中,比如主人公学历低、年龄大、初期境遇极差等。

2. 再展现完美反转结局 逆袭成功是人们爱看到的结局,在标题的后半段一定将主人公成功的具体状态点睛呈现出来,最好有数字。

这样标题前后两段就形成强烈反差:如此糟糕的开局,主人公是如何做到这样成功的,读者带着这样的好奇心就容易点进去阅读。

例如推销一门演讲课程,如果标题写成"这门课程让你学会大方、自信地演讲",就不如写成"我从小口吃,昨晚两万观众听我演讲,持续鼓掌5分钟!"更具吸引力。

(三)实用锦囊式标题

人们的消费总是出于满足某种需求,这种需求很多时候源于身处的某些烦恼、痛苦境况。我们在营销商品时,应对该产品的目标人群进行清晰定位,找到他们的痛点,并直接体现在标题中,然后用自己的产品完美解决问题,这样的标题就是实用锦囊式标题。我们模仿时可以参考这样的公式:

1. 点出读者的苦恼和痛点 这里一定要把苦恼写得具体可感,最好能让读者一看到这几个字,就有触目惊心的效果,直接戳中痛点。比如"天天失眠",就不如"天天数羊到凌晨"让人有

感觉。

2. 点出完美解决方法　注意这里也是点出,点而不破,让读者知道有方法或产品能完美解决苦恼,但并不直接说出具体内容,而且最好借助权威人物或机构来呈现,以此吸引读者点开标题详读正文。

例如针对已婚女性推销一款理财产品,如果标题写成"已婚女性首选理财产品隆重登场"就很普通,如果按照实用锦囊式标题公式写成"你和老公总是存不下钱?理财专家给你三个建议",就会对目标人群产生很强的吸引力。

(四)惊喜优惠式标题

这种标题是典型的理性诉求,充分利用人们对产品高性价比的无限喜爱心理,尽量综合运用高品质、低价格(或有优惠)、限时限量三种手段,充分调动人们的消费冲动。

惊喜优惠式标题可参考以下公式:

1. 写出产品最大亮点　标题开始不要先报价,先要用一些吸睛词汇说出产品在销量、美誉度、功效价值和受欢迎程度等方面的亮点,比如"冬季爆款""畅销7年""榜单前十""2020年度人气王""英国女王御用"等。

2. 写明具体低价优惠内容　写产品低价优惠内容时,注意不要笼统地写,而是写出具体优惠政策,甚至直接写出价格,比如"免费""省下80元""买一送一""100元抵150元""68元抢到"等。不要写"欧美当红款包包超低价秒杀中",而要写"××社交平台上晒疯了的设计师包包,居然只要1元钱!"这样更有吸引力。

3. 用限时限量制造紧迫感　读者在标题中看到了高性价比,可能产生了想买的欲望,但未必就马上下单,这时加上一些限时限量信息,如"限时1天""3小时后涨价""最后抄底机会""教师专享""今日免邮"等,就能给读者带来紧迫感,进而会刺激他们点击进入阅读。

五、撰写创意广告语的方法

广告语,通常是一个句子或一个短语。一条个性鲜明的广告语,不仅有助于塑造企业或产品的品牌形象,还能给客户留下深刻而持久的印象。据调研结果显示,有50%~70%的广告效果要归功于广告语。

如何写出精彩有创意的广告语呢?我们可以从三个方面提炼。

(一)确定一个功能诉求

企业的广告宣传目的性很强,一般广告语的功能诉求,通常分为以下几个类型(表4-3-1)。

表 4-3-1

类　型	特　征	举　例
形象建树型	树立企业形象,体现服务宗旨,表现鲜明个性,打出品牌知名度	好空调,格力造
观念表现型	强调企业精神,体现时代特色,倡导消费时尚	海尔,真诚到永远
优势展示型	突出产品优势,强化产品利益点,唤起受众购买欲望	滴滴香浓,意犹未尽
号召行动型	具有强烈的宣传鼓动性,督促消费者采取购买行动	爱她,就送她××××
情感唤起型	表现企业对消费者的关爱,用真挚的情感打动消费者,具有亲和力	钻石恒久远,一颗永流传

我们构思广告语时,首先要明确这条广告语的功能诉求指向哪个类型。一般来说,一条广告语只满足一个功能诉求。选定功能诉求类型是构思大方向问题,必须要先确定下来。

(二) 围绕一点创意主题

在确定广告语的功能诉求类型之后,就要在这一类型的方向上具体确定广告语的主题。广告语虽然简短到一句话,但它对主题的要求却更加明确单一。一条广告语只能有一个唯一确定的主题。

如果我们确定了撰写情感唤起型的广告语,那就要具体思考:是选择打亲情牌,还是突出爱情;是表现友爱与关爱,还是强化思念与感怀。主题具体如何确定,取决于产品的主打卖点和企业价值理念。

如果我们确定用广告语展示品牌优势,那就要进一步提炼品牌在市场和同类竞品中的比较优势与核心竞争力,能带给消费者的最大利益点是什么。明确之后再围绕这一点做文章,选择语言。

例如,某洗发水品牌的广告语"头屑去无踪,秀发更出众",功能类型是优势展示型,该品牌提炼的广告语主题就是其核心卖点——去屑。

(三) 选择一类语言形式

广告语字数虽少,却像诗歌或格言警句一样要求语言高度精练。一条广告语传播效果好不好,和它的语言形式有直接关系。广告语在语言形式上要做到表达主题巧妙,读来要么朗朗上口,要么通俗明快。

从具体表现形式上,广告语分为对句和散句两大类型,对于初学者,句式整齐、节奏鲜明的对句更容易上手,所以我们可以先从对句广告语练起。

1. 对句广告语　对句广告语,有三字对、四字对、五字对和七字对等不同形式,其中最常用也最好把握的是四字对。

(1) 要想让对句更朗朗上口,可以适当押韵,这样有韵脚的对句更容易让人记住。

(2) 要想让对句更巧妙,可以采用双关、仿词等修辞手法。

(3) 要想对句给人深刻印象,可以适当采用夸张、比喻等手法。

2. 散句广告语　散句就是采用一句话,或前后半句不对称形式的语句形式。散句貌似平易简洁,其实对语言的应用技巧要求更高。

散句广告语要想写得好,第一要用口语化词语。比如农夫山泉的广告语"农夫山泉有点甜",也是纯口语,谦逊、柔和地表达了自己的品牌特质。

散句广告语要想写得好,第二要尽量走对话路线,也就是以第二人称"你"的方式,和顾客说一句话。这样更具有亲和力,让读者或观众有种互动感,在心理上也更容易接受。如自然堂的广告语"你本来就很美",如同在鼓励对方;欧莱雅的广告语"巴黎欧莱雅,你值得拥有"仿佛在真诚地建议对方。这些都让人十分受用。

散句广告语要想写得好,第三种策略是可以采用简洁有力、表达不容置疑态度的短句。人们态度坚决地表达观点时,一般都采用这种简洁有力短句,这对于传播理念,引导认同,打造品牌的广告语十分适用。比如:美特斯邦威的广告语"不走寻常路";李宁的广告语"一切皆有可能";飘柔的广告语"就是这么自信"。

散句广告语要想写得好,第四种策略是运用一些巧妙的双关、比拟、夸张手法,让句子读起来更加有趣味。例如:运用比拟手法的"波导手机,手机中的战斗机";运用夸张手法的"鄂尔多斯羊绒衫,温暖全世界";运用谐音双关手法的广告语"喂(胃),你好吗?"

案例分析

案例一:某房地产平面广告

一、案例呈现

二、案例分析

1. 这则广告文案的标题是：_____。
2. 请分析这则标题的创意思路及其好处：_____
_____
3. 文案正文中理性诉求体现在哪些句子中：_____
_____
4. 文案正文中情感诉求体现在哪些句子中：_____
_____

案例二：速读课程营销文案

一、案例呈现

李强是一名职业读书教练，潜心研究阅读方法多年，他发现人们经过科学训练，真的能做到"一目十行"，用几天碎片时间就能读完一本书，并且充分理解书中内容。他把自己的训练方法整合制作成音频课，在网络上售卖，标题为"李强教你十倍速读"。当他在其他微信公众号上推广时也用这个标题，结果反响平平，这让他有些沮丧。

一次偶然的机会，他认识了一位营销前辈，前辈很直接地指出：这个标题太平淡，缺乏吸引力。

人们为什么需要速读？大家在读书这件事情上有什么烦恼？营销前辈经过调研和思考，敏锐地发现：这门课的受众以职场白领为主，职场竞争激烈，他们害怕被社会淘汰，买了很多书想充电学习，然而到家后，他们又常常斗不过自己的惰性，偷懒看剧打游戏，新书翻了几页就不再读。有一天，他们看着书堆积蒙灰，又为自己的拖延症感到懊悔自责。

针对这种普遍心理，营销前辈建议李强换上新标题"新年礼物|拖延症晚期也能1年读完100本书"。

换了这个标题后在一个女性电商公众号首次投放，投放后仅3小时，阅读量就创下该公众号3个月以来的新高。

二、案例分析

请分析这个营销前辈建议的标题运用了哪种标题技巧公式？请运用该公式的结构，试分析这个标题。

语言实践

一、请根据下面文案主题，给某品牌牙膏拟定一条简洁的广告语

画面一：夜晚，屋子里唯一的光亮是桌子上的台灯，一位男青年在灯光下写着东西。

画面二：男青年在写信。

声音:男青年写信的声音,哭泣的声音。

特写:妈妈我已经找到一份工作了,近几天,找工作的历程让我学到了很多,到过的几家公司都是因为我不懂得为公司着想,不懂得节约,把我解雇了,记得小时候……(开始回忆小时候)。

画面三:牙膏还没完,我喊:"妈妈,没有牙膏了。"妈妈走过来把剩余的牙膏挤在牙刷上,递给我说:"看牙膏不是还有吗!你已经11岁了,你一定要懂得节约,父母工作都不容易,你要懂得节约!"我很不高兴地说了声:"知道了!"妈妈说:"你现在也许不理解,等你以后工作的时候你就知道了。"

画面四:写信的纸被男青年的泪水浸湿了一块,男青年继续在信上写道:"妈妈,我现在理解你的苦心了,我知道节约了。"

画面五:"＿＿＿＿＿＿＿＿＿＿＿＿＿＿＿＿＿＿＿＿＿＿＿＿＿＿＿"(广告语)

二、综合训练:请为某公司新发售的"青春版"智能手机撰写文案(标题＋正文)

(1)优势卖点:同其他品牌手机相比,价格具有一定的优势。

(2)主题:强调"青春"。

拓展延伸

广告文案写作与其他类型写作的比较

1. 广告文案写作与文学写作的区别

(1)写作目的的不同。文学写作自身的规律和自身独具的表达方式,使形式本身的创造成为文学写作的重要目的之一。让读者陶醉在对文学形式的审美过程之中,是文学写作者的写作意义之一。广告文案只是传达广告信息、获得与目标消费者沟通机会的、能促使消费者产生购买行为和购买愿望的文本形式。

(2)写作的主体与客体关系不同。广告文案写作首先注重的不是如何表达撰稿人的思想与才情,而是如何运用才情将信息处理、表达得更准确、更完美、更有吸引力。写作者的主体为客体表现服务,主体风格为了客体的目标而存在。

(3)文学表现手段运用的不同。为加强文案的吸引力,诱导受众读完整个文案,广告文案写作往往采用文学的表现手法。而与文学写作不同的是,在广告文案写作中,文学语言、文学笔法、文学句式的运用,只是为了让受众在文学的氛围里受到感染,并对产品产生感激之情和购买欲望。文学的表达,在这里只是广告作品实现自身目的的手段。

2. 广告文案写作与新闻写作的区别

(1)真实性要求的区别。新闻写作与广告文案写作都要求真实。但是,两者对于真实性的要求在范围、尺度、对象等方面都有本质的不同。

(2)媒体运用的区别。新闻作品的发表和传播,有一定的媒介制约。而广告文案作品的发布和传播,对媒介无特殊要求。

(3)时效性的区别。新闻写作强调作品所体现的时效性,时效性是新闻作品的生命,但广告文案写作对时效性问题没有特殊要求,它所传达的信息内容可以是任何一个时期发生的。

第二节

创意海报文案

▶ 情景再现

中央电视台中文国际频道播出的大型人文纪录片《传承》(第二季)是一档充满传统与人文气息的纪录片。这部纪录片不仅内容上精工细作,在节目周边的细节上也是精益求精,尤其是海报和文案设计得十分亮眼,让人过目不忘。

如果说纪录片的观看是一场舒适而又震撼、有趣而又郑重的文化旅程,那么节目的宣传海报就是开启旅程的门票。《传承》(第二季)制作的这一张张"门票",可谓匠心独运,十分出彩。

纪录片播出之前的一张预热海报,在"中国风"特色的水墨山水背景中,画出一条蜿蜒的河流,象征着中华文化的源远流长和代代传承。而所谓传承,"传自历史,承自人心",打动人心才是最重要的。于是海报右侧配上了"每一条路都是万水千山,每一个故事都是你的故事"这样"戳心"的文案,成功拉近与观众的距离,吊足了观众胃口,让纪录片还未开播就攒了一波"观众缘"。

《传承》海报

▶ 知识积累

一、什么是海报

海报是现代广告中使用频繁、广泛、便利、快捷和经济的传播手段之一,是向公众宣传有关电影、戏曲、杂技、体育、学术报告会、产品、品牌形象等消息时所使用的一种平面图文广告形式。

(一)海报的呈现形式

互联网兴起之前,海报主要是手绘或印刷在纸张上,张贴于公共场所。互联网时代,海报更多的是在网络中以图片的形式展示。

(二)海报的类型

海报根据不同功能可以分为活动预告型海报、推广宣传型海报两类。

1. 活动预告型海报　活动预告型海报的主旨是向公众介绍一个即将开始的活动。这些活动包括各类演出比赛等文娱活动,各类报告会、招聘会、展览会等社会活动,各类商业营销促销活动。

活动预告型海报的共同特征:活动名称、主题明确,活动的核心特点明确,活动参与的时效、方式明确。

2. 推广宣传型海报　推广宣传型海报的主旨是向公众传达一种理念、情怀、观点、态度,引导公众思考、接受并采取行动。这种类型的海报分为商业推广和公益宣传两大类。商业推广类海报的目标是引导潜在客户采取购买行动;公益宣传类海报的目标是引导公众采取主题所引导的行为。

推广宣传型海报的共同特征:宣传口号标语简洁、生动、有吸引力,图文高度融合,共同表达主题。

商业广告通常内容更完整、具体、丰富,往往讲一个较为完整的故事,呈现一个较完整的情景,有逻辑地展开一系列描述说明。其可以采用平面的形式,也可以采用影像的形式。而商业海报只用于平面形式,内容更像一个商业广告标题和正文的压缩版,往往精简到一两句有特色的话语,以特定视角表达出来。

二、活动预告型海报的文案设计

(一)一般结构

活动预告型海报文案一般包括三个基本构成要素:活动名称、活动特色和活动信息。

1. 活动名称——告诉公众我是谁

(1)如果演出有剧目名称、主题名称,如影视剧、舞台剧等,海报标题一般就是这个特定名称。

(2)如果是一般音乐会、演唱会、见面会、展览会、报告会等,一般活动名称就是"××演唱会""××报告会""××盛典"等。如果演出、报告等有特定的主题名称,活动名称一般会是二者的结合。

2. 活动特色——告诉公众我值得光顾 活动特色的内容是将本次活动最吸引人、打动人的元素以简洁而又生动的文字传达给公众。这些特色可能包括主角的高端身份、活动的亮点内容、参与的利益优惠等。有时活动特色通过图片形式来呈现,有时则采用图文结合的形式。

3. 活动信息——告诉公众怎么参与 活动信息的内容是明确告知公众活动的时间、地点、参与方式、制作方、主办方等。这些信息是公众对活动感兴趣时,会进一步关注的信息。

(二)文案写作要求

1. 文字务必简洁、易读 海报都出现在信息繁杂之地,要想在众多信息中成功吸引公众,文字必须简洁、易读。在海报文案中,简洁就是尽量减少字数,能一个字说清的,不用两个,找重点,捞干货。易读就是尽量用短句,别用长句,尽量避免使用专业术语和生僻、晦涩词语。

2. 特点具体有吸引力 呈现活动特点最考验写作功力。我们不仅要分析活动本身,更要分析受众对象。在两者结合中确定活动的特色卖点在哪里。

在表达活动特点时语言要尽量简短有力,不用缥缈空洞的形容词,尽量多用自带形象感的名词、动词。比如学校体育社团招新,不要直接写"体育社招新""想成为运动高手吗""要不要动起来"等,用"爱运动玩生活"这 6 个字来表达就会更有吸引力。

3. 附件信息明确 关于活动举办时间、地点、参与方式等信息,是公众真正想参与时的必备信息,因此一定要准确无误、清晰简洁地呈现给观众。这部分信息一般是由活动主办方确定,并提供给海报制作者,因此在制作海报时,一定要和委托方反复确认这部分信息的准确性。因为这

活动海报

部分出现错误,将是海报的致命伤。

三、推广宣传型海报的文案设计

（一）一般结构

推广宣传型海报文案包括推广宣传语、机构标识信息和随文信息三部分。

1. 推广宣传语 海报文案主体内容和画面配合共同表达宣传主题。推广宣传语如果是以某个特定人物的身份发出的,则正文中还要有此人的身份标识信息。

2. 机构标识信息 显示推广宣传的实际发出机构,一般是此海报的推出方。这种标识信息有时是文字,有时是机构的徽标或带有标志性的视觉符号。以上两类信息是推广宣传型海报的必备信息。

3. 随文信息 随文信息指涉及机构联系方式的信息如举报电话、订购热线、网址、厂商二维码等,或者本海报指向的具体产品名称、特色、广告语等信息,此类随文信息,根据需要可有可无。

（二）推广宣传型海报与普通广告创意形式的异同

推广宣传型海报文案是创意型文案,海报宣传效果主要取决于海报的内容创意。我们在广告文案中已经重点学习了广告文案的创意思路方法。海报文案的整体创意思路与之基本相同：

——都要根据宣传目的、产品自身特点和受众对象差异确定主题和主题诉求方式(理性诉求或情感诉求)。

——都要选择有新意的主题呈现方式。

海报文案和普通广告文案比起来,主要特色体现在其主题呈现方式上——画面图片是背景、场景、故事人物、情节等要素的主要建构者。文案语言起到点睛明旨、吸睛生趣的作用和效果。

（三）商业推广类海报的创意切入点

在推广宣传型海报中,商业推广类海报创意性更强,应用也更广泛,下面重点介绍此类海报的创意切入点。

1. 从品牌产品自身特征中找灵感

（1）品牌的名称含义：比如"回家吃饭"订餐平台,就围绕自己品牌名字中的关键字"家+吃饭"来创意,一直变着花样地讲述每个家常菜背后的故事。比如各个地域的特色食物和做法。

（2）品牌的视觉符号：视觉符号就是这个品牌独有的,别人一看到就知道是这个品牌的标志物。比如外卖和快递公司的电动车、瓶装饮料的特殊瓶形等。

（3）品牌的产品规格：如果海报确定以理性诉求为主,想突出产品某个卖点,就可以尝试从产品本身去找到支撑卖点作为创意展示素材。比如某食用油在一段时间的主打卖点是营养均衡,他们在营销时,从产品成分入手,提出了"1∶1∶1"的概念,于是以此为创意生发点,创作了众多经典营销海报。

（4）品牌的生产流程：观察品牌产品的整个生产流程,发现支持海报主题卖点的有力支撑证据,然后作为创意素材进行文案构思。比如给一款水果做海报,海报主题确定为"新鲜",那怎么体现新鲜呢？我们可以从生产流程出发找到支撑素材和创意灵感,比如"清晨四点采摘,下午四点送到您家"。

2. 从品牌产品实际应用中找灵感

（1）品牌的应用场景：观察产品使用场景，想一想：消费者使用时会接触到哪些卖点？这个卖点如何影响产品使用？把使用这个卖点的场景和使用过程中的优点明确下来，就可以作为海报创意切入点。如牙膏品牌海报，主题是突出预防牙龈出血，那就可以从场景出发，将刷牙出血的场景呈现出来，然后用品牌产品完美解决。

（2）品牌的使用者：如某打车平台会经常从使用平台的出租车司机视角去创意海报，通过讲述普通司机的故事，传达服务理念，塑造品牌形象。打车平台不光司机在使用，还有乘客，所以该品牌也经常从乘客的角度去创意海报，了解他们的痛点，通过解决问题来宣传品牌价值。

3. 从节日时令中找灵感 节日营销是商家常用的手段方式，随着竞争的激烈化，商家在节日时令方面的海报创意也是不断翻新，如何从节日时令中生出好的创意来呢？作为初学者，我们可以借鉴业内一些常用思路。

（1）借助节日符号：比如冬至，人们想到的是饺子；中秋节的视觉符号是月亮。借助这些符号的角色意义，可以帮助我们生发灵感创意。

（2）解读节日字面意思：直接解读节日名称有时能形成一些好创意。

（3）设想节日活动内容：设想自己品牌在节日场景中会怎么出现，哪些事是这个节日会做的；或者这个节日与哪些事相关，这些事中自己的品牌会怎么出现；然后联系品牌卖点，最终形成创意。

比如某家电品牌的创意：五一小长假是休闲娱乐享受生活的日子，家电就是为人们享受生活服务的，但现实中，很多打拼的年轻人被迫在假期加班，不能休闲做自己；这样把节日和品牌联系起来，再加上一点不愿加班的煽情，一个宣传海报的创意就形成了。

4. 从热点事件找灵感 蹭热点是近年来随着信息传播速度的加快而备受商家重视的营销手段。海报创意很多都是结合当前社会热点事件而得来。

可以被营销借用的热点事件包括周期性热点事件。比如：一年一度的高考、春运，四年一届的奥运会、世界杯等，还包括一些偶发新闻事件、热播影视剧等。

（1）发现热点事件的精神特质：从情感诉求角度，倡导宣扬某种精神、品格、情怀或哲理，这些都是热点事件本身所蕴含的；比如高考热点，既可把高考体现的拼搏精神定为创意点，也可将高考不是唯一出路作为创意点。

（2）找品牌在热点事件中的应用联系：找一找自己品牌在热点事件中能有哪些应用场景，如果有发挥作用的点，就可以联系起来形成创意点；如高考期间，从为考生提供营养早餐的角度进行创意。

5. 从公众熟悉的文艺作品中找灵感 在一些公众熟悉的文艺作品，如四大名著、经典老电影、著名电视剧、有名的美术音乐艺术品中找"梗"，借助一些巧妙的移花接木、时空穿越，将作品卖点植入其中，也能产生较好的创意效果。

(四)宣传推广型海报的表述视角

一则有创意的宣传海报,特别是商业推广类海报,核心创意在于主体部分的广告宣传语,要想在简短的两三句话,甚至是一句话中蕴含丰富含义,选择恰当表述视角至关重要。

广告宣传语表述视角是指我们在表达广告语时,站在谁的立场上向谁说。我们的说话对象,决定了说话语气和方式。

1. 品牌对顾客说 站在品牌自己的角度,向顾客表达,本质上就是"我对你说"。按不同话语类型,"品牌对顾客说"主要有三种方式。

(1) 向顾客提问触发思考:站在品牌自己的角度,向顾客提出一个触发思考的问题,让人不禁反躬自问,进而引发消费实际行为。比如一个读书公众号推出的共读计划项目海报,用一个问题"你有多久没读完一本书了?"来触发顾客想读书但不能坚持读书的自责愧疚感,进而引发他们的项目参与行为。

向顾客提问触发思考海报

(2) 给顾客行动建议和召唤:就是站在品牌的立场上,针对本品牌主体顾客的身份特点,给他们一个有价值、有说服力的行动建议,或向他们发出行动召唤。

有的行动建议用幽默双关的方式,将行动建议和自己品牌联系起来,如某品牌轿车的高考热点海报,"选C"一语双关,把自己的C级轿车巧妙代入。

(3) 向顾客传达一定理念、态度、价值观或某种情感:就是站在品牌的视角,向潜在顾客传达一种理念、态度或者向顾客表达一种情感。

某广告主服务商提供付费投放引流的广告平台的两则海报中,"连流量都嫌贵的人,估计也不适合搞大事情吧""别把预算留在账户里,把客户堵在大门外"这两句广告宣传语都是站在品牌自己的角度,向潜在顾客传达一种理念:没有哪个创业者不希望自己的事业能够做大。创业者要做大事,就需要不拘小节,舍得投入。

2. 顾客对顾客说 站在一名已经使用本品牌产品的顾客角度,向潜在顾客说。本质上也是"我对你说",但这个"我"是品牌之外的第三方。"顾客对顾客说"主要分两种形式。

(1) 顾客直接说自己的建议主张:一般是分享一些生活中的经验心得、观点看法,明示或暗示,使用这个品牌就是一个正确选择。如某品牌厨具的一则海报,"别让一天三次的油烟在脸上留下岁月的印迹"。这句宣传广告语就是海报中的女顾客在向潜在顾客表达自己的建议主张,暗示潜在顾客使用该品牌抽油烟机。

(2) 间接转达顾客的评价观点:就是用转述的方式,将已经使用该品牌产品顾客的感受和想法传达给潜在顾客。比如某打车平台车的海报,就用据说的方式,转达了众多乘客的信任。

3. 顾客讲自己 从一名已经使用本品牌产品的顾客角度表述,让这个顾客讲自己的故事或经历,或讲述自己的内心想法。这样阅读海报的潜在顾客就成了一名旁观者,心理感受更自在。

(1) 讲自己的故事或经历:某品牌厨具的海报中,海报女主角告诉读者"30年厨龄的老妈还是败在了我的手艺下"。这里面包含着一个与自己有关的温情故事。海报借这个故事暗示读者,用该品牌厨具也会和她一样幸福。

(2) 讲自己的内心想法:如某电器品牌的五一宣传海报,宣传语是海报主角即一名程序员的内心想法"黑夜总是给我黑色的眼圈,让我寻找……一月1700000个代码,这个5·1不做码农,做自己"。顾客这样讲自己的内心感受,更容易引起同处境中人的同感,从而认同并接受品牌。

4. 品牌讲自己 品牌站在自己的立场,向公众讲自己的理念追求或价值卖点,这种视角虽然有时还是会用到"你",但话语重心不是指向潜在顾客,给对方建议或观念,而是指向自己,向公众表白自己的追求。

(1)讲自己的理念追求:某汽车品牌在海报中,向读者传达了自己的价值追求"你的路不平坦,我却想把它变坦途",表达了自己为顾客提供舒适驾驶体验的价值追求。

(2)讲自己的价值卖点:以直接促销为目的的海报,往往直接站在自己的视角向公众展示自己品牌产品的优势、价值,以理性诉求直接打动顾客。

(五)宣传推广型海报文案的语言技巧

确定了海报主题,明确了创意思路和表述视角,接下来就要用具体语言文字来写出海报文案的核心内容——广告宣传语。海报文案要想有创意,不仅需要较高的语言文字功底,还要运用一些常用语言技巧。

1. 运用类比联想技巧让语言更有画面感 运用类比联想技巧,让文案内容和读者熟悉的事物发生联系,唤起他们头脑中的既有信息,使读者在头脑中构建一幅场景画面。

如果想说"每100克鱿鱼干含胆固醇871毫克",换成类比方式可表示为"吃一口鱿鱼等于吃20口肥肉",对于大部分人来说,"871毫克胆固醇"很抽象,而吃肥肉的场景大家都很熟悉,这样说让人印象更深刻。表示咖啡销量可用"一年卖出七亿多杯,杯子连起来可绕地球两圈"这种类比的方法,就比说"销量惊人"更具画面感。

类比是一大类,打比方、用比喻、拟人、拟物等都属于此类。比如:"现实中的麻烦总是免费还包邮"一句,就暗含把麻烦这一抽象感受,比拟成一件能邮寄的可见商品。"灯灭了,幸好还有满天关不掉的星星"一句,暗含把星星这样遥远的事物,比拟成由开关控制的灯。"画出母亲安详的姿势,还有橡皮能擦去的争执"一句,暗含把争执这种动态场景比拟成一幅能擦掉的画。

2. 运用对比技巧,让语言更有冲击力 所谓对比就是用结构相同、字数相近的一对短语或句子,来表达相对、相反或相近的意思。文案的核心诉求点更容易在读者心中留下痕迹,对比手法,是使语言让人印象深刻的重要手段,通过反差对比,语言会更有冲击力。同时对比手法还可以让句子读起来感觉有某种哲理,给人耐人寻味、思想深刻之感,因而汽车、地产、名酒等需要展示品位、内涵的品牌更加喜欢选用此种语言技巧。

海报文案中运用对比手法,常常从以下角度下笔。

(1)数字反差对比:数字表意最明确,数字大小对比反差强烈,容易让人印象深刻。找到自己品牌在卖点方面的数字,找到对比点,就能形成一个文案语言结构。如:

三毫米的距离,一颗好葡萄要走十年——红酒品牌文案

充电5分钟,通话2小时——手机品牌文案

你有一颗比十万八千里还远的心,却坐在不足一平米的椅子上——轿车品牌文案

(2)语意相反对比:让两句话的语意相反且相对,是形成对比的主要技巧。我们可以从产品

的核心理念和优势卖点中找到诉求点,从此诉求点出发,想一想能不能找到它的对立面,找到后放在一起,就能构成一个不错的对比。如:

只要碗里满满的,人生就不会空虚——消费点评网站品牌文案

不在乎天长地久,只在乎曾经拥有——手表品牌文案

不喧哗,自有声——汽车品牌文案

(3)无情关联对比:有时人们在运用对比手法表达文案时,会巧妙运用一些看似无关,但相互之间又有某种微妙联系的一对词汇,放在一起,形成对比,有点类似中国传统楹联中的无情对,这种对比不是为了制造反差,只是为了有趣,如:

想在有酒有肉的日子,款待没心没肺的自己——消费点评网站品牌文案

3. 运用重复技巧,让语言更有趣味性 这里说的"重复"不同于普通修辞中的"反复",而是指在宣传文案中经常用到的一种制造"金句"的语言技巧。重复手法就是将同一个字或词或句在文案前后两部分重复地或交错地加以运用,故意制造一种表面相同相近,而实际所指错位的趣味感。

(1)利用同语素词语反复:同语素词语,是指构成词语的字有一部分或完全相同,比如"流泪"和"流汗","目光"和"月光","一言难尽"和"一饮而尽","潮人"和"人潮"等。这样的同语素词语,单看二者之间没什么关联,但将它们放在同一个句子中,共同表达一个完整的意思,就会产生一种特殊的趣味感,容易让人觉得话语很巧妙,从而让人印象深刻。如:

将所有一言难尽一饮而尽——白酒品牌文案

没人上街,不一定没人逛街——线上购物网站品牌文案

掀波澜,也能挽狂澜——汽车品牌文案

利用同语素词语技巧还有一种更特殊的方式,就是"同语素+同音"。这样一组词语放在一起用,还能连成一句表达同一个明确的主题,其趣味感就会成倍增加。比如:

每次都跑出最饿感,当然不会吃出罪恶感——球鞋品牌文案

(2)利用同成分短语或句子反复:这是以词语为单位的重复,在一句话中,一个词语通过搭配不同句子成分构成一组有相同成分的短语或句子,从而产生一种同中有异、异中有同的错落对比趣味感。比如

追忆黄金一代?不如把自己变成更难被打破的黄金一代——球鞋品牌文案

来全联不会让你变时尚,但省下来的钱能让你把自己变时尚——零售品牌文案

(3)利用一词多义反复:利用语言的一词多义特点,让同一个词语出现多次,但表达的意思却不相同。字面相同却又意义不同的两个词,合起来表达一个主题,这种异同错落会让语言产生趣味感,让读者读后有一个小小回味的空间。比如:

你爸我老跑老跑,所以看着就没那么老——球鞋品牌文案

4. 运用声韵技巧,让语言更有观众缘 押韵是一种较为常见的海报文案玩法,就是采用句式整齐、字数相等的上下两句,让尾字押韵。这样读起来朗朗上口,节奏鲜明,非常受大众喜爱,是一种容易讨巧的文案语言手法,想不出什么新点子,就来个合辙押韵。

比如某交友平台的海报文案"世间所有的内向,都是聊错了对象",其实不过是将"生人面前

害羞,熟人面前话痨"换了个押韵的说法,就让文案变得新鲜有趣不少。类似还有某线上打车平台的系列宣传海报文案,如:

　　灯火若阑珊,幸得你相伴

　　心怀湖海山川,无须评论点赞

5. 运用双关技巧,让语言更有意蕴美　　运用双关是文案的惯用技巧,在字数有限的海报文案中,运用双关更能创造一种言简义丰的意蕴美。

　　(1) 谐音双关:谐音双关较为浅显,更近乎一种文字游戏,看完让人觉得很巧妙,含义上意蕴美并不是特别突出。如:

　　美味的庆典——火辣多"椒",玉米给"粒"——玉米彩椒猪肉水饺宣传文案

　　日丰管,管用五十年——灯管宣传语

　　(2) 语义双关:在文案中运用语义双关,会显得文案语言很有哲理,耐人寻味,更容易给人深刻印象。如某男装的父亲节广告,一位小女孩在家里穿大人的鞋子,文案为"才发现,爸爸每一步都不容易"。既是指小女孩穿爸爸鞋子这一具体之事,也是抽象到讲爸爸的人生,让天底下的父亲看到都能有所共鸣。某球鞋品牌的"跑下去,天自己会亮",既是指晨跑,也是指人生。

(六) 宣传推广型海报文案的套路句式

宣传推广型海报文案都是在非常有限的语言容量中,准确、丰富、有趣地表达一个主题。为了取巧,文案写作者经常故意把貌似不相关的一些事物放在一起说。这就需要一些逻辑关系明确的连接词来把它们串起来,使表达更顺畅。学习使用一些比较定型的广告文案连接词套路,有助于我们写出有新意而不晦涩的精彩文案语句。

1. 判断式

　　(1) ……就是(是)……　　如"理想就是离乡""买保险就是买平安"。

　　(2) 所有的……,都是……　　如"世上所有的偶遇都是久别重逢,所有的巧合都是命中注定""所有的精打细算,都是在为爱打算"。

　　(3) 所谓……,就是……　　如"所谓孤独,就是有的人无话可说,有的话无人可说""所谓擅长,就是日复一日"。

　　(4) 有一种……叫作……　　如"世界上有一种专门拆散亲子关系的怪物,叫作长大"。

　　(5) ……是……,……是……　　如"爱对了,是爱情,爱错了,是青春"。

　　(6) ……不只是(有)……,还是(有)……　　如"结婚不只是爱情的见证,还是我变成你铠甲的证明""生活不止有诗和远方,还有中场休息一下"。

　　(7) ……,就是最好的……　　如"传递美好,就是对生活最好的感恩""别让他闲着,就是最好的归宿"。

　　(8) 最……的,是……　　如"最美的礼物,就是将这个世界呈现在孩子面前""世界上最重要的一部车,是爸爸的肩膀"。

　　(9) 除了……,都……　　如"除了汗水,什么水都不要浪费""这里除了安全,什么都不会发生"。

2. 突转式

(1) ……未必……，但…… 如"你未必出类拔萃，但一定与众不同""世界未必是真的，但你知道，你自己是真的"。

(2) 很……，但…… 如"它很丑，但它能带你到想去的地方"。

(3) ……（指出用户痛点），幸好/好在有…… 如"匆忙的生活让我们看本书不容易，好在有Kindle"。

(4) 再……也…… 如"再小的力量，也是一种支持""再小的个体，也有自己的品牌"。

3. 因果式

(1) 因为……，所以…… 如"因为顾家，所以爱家""因为专注，所以专业"。

(2) ……，因为…… 如"陌生并不存在，因为我们都有同样的孤独"。

(3) 越……越…… 如"年纪越大，越没有人会原谅你的穷""越读，越明白自己"。

4. 并列式

(1) 没有……，只有…… 如"没有CEO，只有邻居""没有恰到好处的事情，只有恰如其分的心情"。

(2) 不必……不必…… 如"你不必把这杯酒干了，你不必放弃玩音乐，你不必改变自己，你不必背负那么多，你不必成功"。

四、海报文案创意写作的策略指导

（一）善于收集积累

建立自己的语言创意素材库，平时生活中，要注意收集积累那些打动你的话语，无论是自己的生活感悟，还是从书籍、网络、电视节目、影视剧中看到听到的，尽量将它们用自己的语言转化后，收录在你的素材库中，厚积才能薄发。

（二）善于模仿转化

就像临摹是绘画的提升途径，打谱是围棋提高棋艺的途径，对优秀海报文案的模仿转化，也是提高文案写作水平的重要策略。我们可以从自己积累的优秀文案素材中，根据需要选择自己的模仿对象，先将文案内容转化成一般语言，然后结合自己的风格及写作对象的卖点，针对不同消费对象，就可以模仿出一个较为有新意的新文案。

（三）善于放空自己

文案创意是语言的智慧，很多时候都是灵光一现，妙手偶得，因此我们在创作文案时，如果已经积累很多素材，对主题也有了透彻把握，不妨在经过密集思考后，暂时放空自己，让紧绷的神经松懈下来，调用潜意识，也许在松弛的不经意间，灵光一闪，一个好的创意就跳出了脑海。

（四）善于借助团队

创意的火花最容易在彼此精神碰撞中闪现，产生精彩的文案创意，最好的策略之一就是借助团队，来一场先做加法再做减法的头脑风暴。每个成员都踊跃提出自己的想法，同时不否定任何其他人的想法，力争穷尽所有角度和可能。然后隔一段时间，再对所有方案和想法进行逐个审视和批判，举出其弊端和风险。经过一次加法和一次减法，挑选出最佳创意。

服务语文

案例分析

案例一：纪录片《传承》系列预告海报

一、案例呈现

在本节开篇的"情景再现"中，我们呈现了央视大型纪录片《传承》(第二季)的精彩预告海报，其实每一集，制作方都精心制作了单独的预告海报，它们不但内容符合活动预告型海报的标准，在文案创意上堪比商业推广类海报。下面选其四则(见二维码)。

四则海报案例

扫码看答案

二、案例分析

（一）上述四则海报是系列预告海报，他们具备活动预告型海报的三部分内容要素，请就其中一则加以分析

活动名称：_____

活动特色：_____

活动信息：_____

（二）上述四则海报在创意设计上，均把活动特色作为海报标题，其语言表述很有文案语言特色，请你具体分析，四则海报文案在语言技巧上运用了哪种相同的方法，并就每一句进行单独分析

1. 四则海报的共同语言技巧：_____
2. 四则海报的具体分析：
(1) _____
(2) _____
(3) _____
(4) _____

案例二：品牌大米商业推广海报

一、案例呈现

某品牌大米是近年国内众多大米品牌中迅速崛起的新锐品牌。其之所以能够脱颖而出，它的品牌营销宣传功不可没。

两则海报案例

二、案例分析

请你结合所学商业推广类海报知识，分析两则海报文案(见二维码)。

（一）海报1分析

1. 文案的推广宣传语：_____。
2. 该文案的创意切入点：_____。
3. 该文案的表述角度：_____。
4. 该文案语言的手法技巧分析：_____。

（二）海报 2 分析

1. 文案的推广宣传语：_____。

2. 该文案的创意切入点：_____
_____。

3. 该文案的表述角度：_____。

4. 该文案语言的手法技巧分析：_____
_____。

语言实践

一、海报文案基础写作练习

1. 请运用类比联想技巧仿写文案

例文：针对肥胖者的健身房宣传文案：你有160斤重，你的悲伤和耻辱比你更重。

仿写：针对体型瘦弱男生的健身房宣传文案。

_____

2. 请运用对比技法仿写文案

（1）数字反差对比。

例文：人只有一辈子，但电影可以让你体验一百万种人生——第十放映室公众号。

仿写：为图书馆写一个宣传文案。

_____

（2）语意相反对比。

例文：故乡很远？有熟悉的味道"香"伴就近了——肯德基。

仿写：为麦当劳写一则宣传文案。

_____

二、根据所给海报画面内容和卖点提示，请为下面宣传海报撰写文案

1. 吸尘器——主题：噪声低

我的设计：_____
_____

吸尘器广告海报

2. 刀具——主题：锋利

我的设计：_____
_____

刀具广告海报

三、海报文案创意实践

（一）选择一款合适的商品或品牌，以母亲节为主题，以情感诉求为主，创作一则海报宣传文案

1. 商品或品牌名称：_____

2. 海报文案主题：_____

3. 文案表述角度：_____

4. 我的文案内容：_____

_____

_____

（二）为你所在社团设计一则纳新海报文案。

要求：(1) 明确以活动名称为主标题还是以活动特色为主标题。

(2) 活动特色要适当运用文案语言技巧，力求有创意、有吸引力。

1. 活动名称：_____

2. 活动特色：_____

_____

3. 活动信息：_____

_____

拓展延伸

文案创意思维训练方法

以下三种发散思维训练法，对文案创意写作有极大的帮助。

1. 看图写文案 随便找一张图，尽情、充分发挥想象。找到与任意产品或服务的相关点，然后为产品或服务写一句文案。看图写文案，主要是先捕捉图片里面所有的信息点，捕捉得越多，发散的信息就越多。捕捉图片信息主要是从形、象、意三个方面去发散，去捕捉画面里面所有的信息，然后根据信息去关联相关的产品，继而写出最后的文案。

2. 换一种说法 表达同一个意思，看看你可以有多少种说法。尽量接地气、形象有趣，这与写文案的性质是一样的。一个产品的特点，我们用更简单有趣的语言表达出来，这就是好文案。比如用一句话形容饿，看看你能说出多少样。

换一种说法，要表达同一个意思，这里就点小技巧。用名词和动词去代替形容词，这样更有画面感。比如说一个人的发型好乱，我们会说它像个鸡窝。比如说一个人的发质好差，我们会说跟枯草似的。总之，用侧面去表述清楚这个事实。

3. 解决问题训练法 其实，写文案就是要解决问题。目的地可能只有一个，但通往目的地的路却有很多条。比如我们可以想象一下：不想下床关灯，有什么解决办法？看我们能想出多少种不同的解决办法。

我们只要结果，所以要"不择手段"地去达到这个结果。这种做法可以打破固定思维，采用很多非常规的方法。只要能明确目标，即便用很离谱的方式，只要把脑洞打开，就达到了训练目的。

单元主题诵读——以德服人

在人的职业生涯发展中，有德无才，仅仅带来职业发展层次的限制；而有才无德，则会带来更严重的危害后果。所以正确的职业理想、真挚的职业道德情感、坚韧的职业意志、良好的职业道德习惯都需要在实践中磨炼，在实践中提高。

千百年来，先人们将"德"理论运用到修身、齐家、治国、平天下的日常行为规范中，起到了重要的作用。在本单元的主题诵读中，我们精选了部分"德"（这里指品德、德行、修养）文化经典名言，同学们可以反复诵读，从而理解"德"的深层含义，并将"德"文化的精魂融入自己的职业道德中，做一位有德之人。

一、古人论德

1. 上善若水，水善利万物而不争，处众人之所恶，故几于道。
——春秋·老子

2. 以力服人者，非心服也，力不赡也。以德服人者，中心悦诚服也，如七十子之服孔子也。
——战国·孟子

3. 形器不存，方寸海纳。
——晋朝·袁宏

4. 凡吾所谓道德云者，合仁与义言之也，天下之公言也。
——唐朝·韩愈

5. 臣闻以德服人，天下欣戴，以力服人，天下怨望。
——宋朝·范仲淹

6. 博观而约取，厚积而薄发。
——宋朝·苏轼

二、《诫子书》选读

诸葛亮《诫子书》

夫君子之行，静以修身，俭以养德。非淡泊无以明志，非宁静无以致远。夫学须静也，才须学也。非学无以广才，非志无以成学。淫慢则不能励精，险躁则不能治性。年与时驰，意与日去，遂成枯落，多不接世，悲守穷庐，将复何及！

《曾国藩诫子书》

余通籍三十余年，官至极品，而学业一无所成，德行一无许可，老大徒伤，不胜悚惶惭赧。今将永别，特将四条教汝兄弟。

一曰慎独而心安。自修之道，莫难于养心；养心之难，又在慎独。

二曰主敬则身强。内而专静纯一，外而整齐严肃。敬之工夫也。

三曰求仁则人悦。凡人之生，皆得天地之理以成性，得天地之气以成形，我与民物，其大本乃同出一源。

四曰习劳则神钦。人一日所着之衣所进之食,与日所行之事所用之力相称,则旁人姬之,鬼神许之,以为彼自食其力也。

此四条为余数十年人世之得,汝兄弟记之行之,并传之于子子孙孙,则余曾家可长盛不衰,代有人才。

选文注解

参考文献

[1] 芭芭拉·明托.金字塔原理[M].汪洱,高愉,译.海口:南海出版公司,2019.

[2] 毕传福.淘宝客服超级口才训练与实用技巧[M].北京:人民邮电出版社,2015.

[3] 张静,周久云.实用口才训练[M].2版.上海:东华大学出版社,2016.

[4] 谭芳.销售口才与技巧提升训练[M].北京:中国纺织出版社,2016.

[5] 戴尔·卡耐基.魅力口才与演讲的艺术[M].曹顺发,高楠,译.北京:中国法制出版社,2016.

[6] 迈克尔·波特.演讲的技术[M].杨清波,译.北京:中信出版集团,2016.

[7] 天野畅子.书面沟通的艺术[M].何璐璇,译.南昌:江西人民出版社,2017.

[8] 关健明.爆款文案[M].北京:北京联合出版有限责任公司,2017.

[9] 朱雪强.吸金广告文案写作训练手册[M].北京:民主与建设出版社,2018.

[10] 韩笑.说服力:如何讲好一个故事[M].武汉:华中科技大学出版社,2017.

[11] 安妮特·西蒙斯.故事思维[M].俞沈彧,译.南昌:江西人民出版社,2017.

[12] 李忠秋.结构思考力[M].北京:电子工业出版社,2014.

[13] 格里高利·哈特莱.非语言沟通[M].梅子,郑春蕾,译.北京:中华工商联合出版社,2014.

[14] 苏东明.实用口才训练[M].北京:中国人民大学出版社,2011.

[15] 许倩.《围城》人物对话言外之意的语用分析[D].湘潭:湘潭大学,2010.

[16] 刘祥.细节,破译文本意义的密码[J].新课程研究,2016(10):46-49.

[17] 沈国英.语言·细节·语境——文本细读的三个视角[J].小学教学参考,2018(22):33.

[18] 庄亚芳.抓住文本细节,成就课堂精彩[J].现代语文,2017(10):50-52.

[19] 焦娇.从文本细节深读《合欢树》[J].中学语文教学参考,2015(12):52.

[20] 曹希伟.抓住文本细节进行阅读教学[J].文学教育,2014(6):93.

[21] 沈玲玲.捕捉细节,深度探究小说文本[J].语文知识,2017(6):30-31.

[22] 孙汝建.句末语气词的四种语用功能[J].南通大学学报(社会科学版),2005,21(2):76-80.

[23] 金智妍.现代汉语句末语气词意义研究[D].上海:复旦大学,2011.

[24] 赵聪.应答词"是、对、行、好"的话语功能分析[D].延吉:延边大学,2006.

[25] 杨福亮.网络语言中的委婉交际用语[J].兰州文理学院学报,2016,32(6):102-106.

[26] 李宗江.表达负面评价的语用标记"问题是"[J].中国语文,2008(5):423-426.

[27] 刘丽艳.口语交际中的话语标记[D].杭州:浙江大学,2005.

[28] 于海飞.话轮转换中的话语标记研究[D].济南:山东大学,2006.

[29] 张金圈,唐雪凝.汉语中的认识立场标记"要我说"及相关格式[J].世界汉语教学,2013,27(2):202-213.

[30] 李鑫.汉语口语话语标记"我说""你说"研究[D].锦州:渤海大学,2013.

[31] 曹秀玲,杜可风.言谈互动视角下的汉语言说类元话语标记[J].世界汉语教学,2018,32(2):206-215.

[32] 周明强.坦言性话语标记语用功能探析[J].当代修辞学,2013(5):57-64.

[33] 许佳.口语习用语的言外之意分析与对外汉语教学[D].福州:福建师范大学,2017.

[34] 李洒茜.浅析日常言语交际中的言外之意[J].湖北科技学院学报,2015,35(3):165-166.

[35] 马振.会话中的合作与礼貌——以《雷雨》为例解读文本的言外之意[J].时代文学,2012(3):200-201.

[36] 崔雪.言外之意的生成与解析[J].贵州民族学院学报(哲学社会科学版),2011(5):85-89.

[37] 邱凌.论语境对解析言外之意的作用[J].湖南社会科学,2010(3):190-192.

[38] 崔美荣,胡利民.怎样使修改的材料言简意赅[J].应用写作,2017(11):4-6.

[39] 靳伟男.文章贵在简洁——《语林采英》对写作的启示[J].商业文化,2015(6):143-144.